清史镜鉴

部级领导干部清史读本

第十辑

国家清史编纂委员会
文化部清史纂修与研究中心　编

國家圖書館出版社
National Library of China Publishing House

图书在版编目（CIP）数据

清史镜鉴：部级领导干部清史读本·第十辑 / 国家清史编纂委员会，文化部清史纂修与研究中心编. -- 北京：国家图书馆出版社，2017. 10

ISBN 978－7－5013－6183－0

Ⅰ. ①清… Ⅱ. ①国… ②文… Ⅲ. ①中国历史－研究－清代－干部教育－学习参考资料 Ⅳ. ①K249. 07

中国版本图书馆 CIP 数据核字（2017）第 195577 号

书　　名	清史镜鉴——部级领导干部清史读本·第十辑
著　　者	国家清史编纂委员会 文化部清史纂修与研究中心　编
责任编辑	景　晶
出　　版	国家图书馆出版社（100034　北京市西城区文津街 7 号） （原书目文献出版社　北京图书馆出版社）
发　　行	010－66114536　66126153　66151313　66175620 66121706（传真）　66126156（门市部）
E-mail	nlcpress@ nlc. cn（邮购）
Website	www. nlcpress. com→投稿中心
经　　销	新华书店
印　　装	河北三河弘翰印务有限公司
版　　次	2017 年 10 月第 1 版　2017 年 10 月第 1 次印刷
开　　本	850×1168（毫米）　1/16
印　　张	22. 5
字　　数	290 千字
书　　号	ISBN 978－7－5013－6183－0
定　　价	65. 00 元

序

清朝是我国历史上最后一个封建王朝，统治中国长达268年之久，其前期在发展经济文化、巩固国家统一、加强民族团结等方面甚有功绩。中叶以后，内外矛盾尖锐，外敌入侵，国内动荡，政治日益败坏，其失误和教训，实足发人深省。清亡距今不足百年，离我们时间最近，对我们的现实生活影响较大。“今天的中国是历史的中国的一个发展”，要根据中国国情，建设中国特色社会主义，就要学习和研究历史，特别是离我们今天很近的清史。

新中国成立后，为了弘扬文化、传承国脉，党和国家领导人十分重视清史纂修，曾成立相关机构进行筹备，但由于种种原因，修史之事，几起几落，一直未能启动。2002年8月，中央领导作出纂修清史的重大决定，相继成立了清史纂修领导小组、清史编纂委员会，清史纂修工程，于焉肇始。

清史纂修不仅具有重大的学术价值，还和现实生活有着密切的关系，它不是网罗奇闻逸事，不是观赏陈迹古董，不是“发思古之幽情”，而是和时代脉搏的跳动息息相关。中国封建社会发展缓慢，延续了两千多年，到了清代，它具有什么特点？它的经济、政治、文化发展到了怎样的高度？清代众多的历史人物应该怎样评价？清代很多扑朔迷离的事件真相如何？为什么古代中国一直处于世界的先进行列，而到了清代却愈来愈落后？在统一多民族国家和整个中华民族发展史上，清朝统治的268年究竟处于什么地位？应该对其如何评价？如果没有外国的侵略，中国将会沿着什么方向发展，发展的前途可能会是怎么样？这些都是此次清史纂修所要研究和揭示的重大问题。

清史编纂工作自2002年启动以来，在党中央、国务院的关心下，经过海内外专家们的鼎力合作和辛勤努力，目前已有大批阶段性研究成果相继产生。在有计划、按步骤推进清史纂修的同时，为了更加全面、广泛、客观地反映纂修中取得的重要成果，及时将其应用于我国新时期新阶段社会主义现代化建设，充分发挥清史纂修在资政、存史、育人等方面的重要作用，经清史纂修领导小组副组长、文化部副部长周和平同志提议，在清史纂修领导小组办公室诸同志的努力下，于2006年7月开始编发《清史参考》。刊物集学史和资政于一体，兼顾资料性和时政性，择要刊登在清史纂修中形成的部分科研成果。内容大致涉及典章制度、名人史事、轶闻掌故、档案文献、学术争鸣、资料考证等，力求如实反映三百年清朝历史的真实面貌，给读者以较丰富、较切实之清史知识。

历史是已经逝去了的人和事的记录，是各个国家和民族的文化创造。人有反思往事的感情，有寻根问先的愿望，有从自身的经验教训中学习的天赋。人类在不断前进，但每一代人都是在前人的基础上进行创新，不断前进的。这就形成了文化的传承和历史的延续，形成了历史、现实、未来之间相通的无穷无尽的长链。现实深深植根于历史之中并通向遥远的未来。历史研究可以帮助人们在过去的远景中认识自己，并为未来的创新指点方向。历史学虽然不能像应用科学那样快速而直接地取得实用效益，但它的功能是长期的、巨大的。人类如果忘记了自己的历史，将会在现实和未来中迷失方向。历史学是传承文明、陶冶心灵、提高素质、建设社会主义精神文明所必需，也是了解社会、掌握国情、管理和建设国家、进行战略决策所必需。

《清史参考》创刊后赢得了较好的社会反响。办刊两年来，共有50余位专家在《清史参考》刊发文章。《清史参考》的作者，大多为清史纂修工作的项目承担者，也有一些是清史编纂委员会的骨干专家，都学有所长，是各自研究领域的佼佼者。所载文章不仅有很强的学术性，还多富深刻的现实意义，具有一定的参考价值，且篇幅短小、风格朴实、文字流畅、可读性强。应该说，对于现阶段社会上流行的种种“戏说”清史的文艺作品，能够起到一定的校正作用，用真实的历史史实来教育青年，教育大众。这本身也是历史学家们理应担负的一种社会责任。

近日，欣闻国家清史纂修领导小组办公室计划将《清史参考》结集出版，以扩大清史纂修的社会影响，使刊物资政、存史、育人之价值泽及社会、服务学界、繁荣文化，心喜之余，略缀数语，以为序言。

戴　逸

2008年7月28日

目　录

制度

案件

社会

人物

汤若望笔下的明清之变

李雪涛

作为耶稣会来华的传教士，汤若望是明清之际唯一同两代最高统治者有过间接或直接接触的，他直接参与到了清初统治集团内部的政治纷争之中。1665 年（康熙四年），汤若望用拉丁文出版了《耶稣会传教士汤若望主持下的中国传教史》（以下简称《中国传教史》），主要记述了当时基督教在中国的发展，以及他所经历的明清之变和明末清初的宫廷情况。此书内容截止于 1661 年顺治帝驾崩，记载了很多他与顺治帝交往的逸事，可参考之处颇多。本文所使用的译本系由曼塞克翻译的德译本，1834 年出版于维也纳。汤若望笔下明清之变的材料有一部分是他从当时的社会上收集而来的，尽管不一定是史实，但也反映了当时社会舆论的状况。另有一些是作者的亲身经历，或可以与中国史料相印证，或补中文正史之阙如。汤若望对崇祯皇帝之殉国以及山海关之战的描述，以及他对明亡原因的思考，对晚明史研究都极具价值。本文拟依据此书的德译本对以上提到的几方面内容作一介绍。

一、对崇祯帝末日的陈述

明末李自成所率领的起义军于 1644 年占领西安之后，建立了大顺政权。二月，起义军兵分两路进攻北京，其中一路由李自成亲自率领，经大同、宣府直逼明王朝的首都，并于三月十八日围城，次日攻入北京城。而此时，身在紫禁城中的崇祯皇帝对此依然所知甚少。汤若望写道：

> 可惜，宫中的人至今还对皇帝隐瞒这种混乱的局势，面对全国到处风起云涌的起义，他们却向皇帝解释说，这纯粹是子虚乌有的事情，或者把皇帝所承受的沉重的精神负担，看作是一件轻描淡写的事情。最后，皇帝终于被整日在耳边响起的武器的嘈杂声所惊醒，虽然为时已晚，但他还是想全力以赴地制止这场灾难。（第八章）

据《明史》记载："贼游骑至平则门，京师犹不知也。"三月十九日，北京的外城已被李自成的军队攻破，内城危在旦夕，而守卫京城的大营兵已经溃散，城内的喊杀声、兵戈相接声惊醒了崇祯皇帝。据汤若望的记载，最终还是他转告了崇祯皇帝灾难已经到来的消息：

> 因此，神父唯一能做的只剩下一件事。他作为一个坏消息的转达者，一无所获地重新回到了朝廷。在那里，他发现所有的一切都已经陷入了绝望的境地，他劝说皇帝，说他最终决定要坚持不懈地部署防御工事以保卫皇宫。同时，他没有忘记用这种方式推心置腹地和皇帝进行交谈，他说，无论是社会的道德，还是基督教的博爱，或者是作为一个神父的坦率，都不容许他在这种纷乱的境况下有任何作为。（第八章）

在分析太监们不愿将真相告诉皇帝的原因时，汤若望认为：

> 那些至今还一直用欺骗和阴谋包围皇帝的太监们，导致了皇帝在高度危险的境地中还丝毫不考虑自己的安全。这并不单单是疏忽大意的原因。这些人的心中还隐藏着另一个恶

毒的阴谋，想让他们的主人垮台。这些从性别上来说，接近男人的太监们，无法控制自己的狂热，他们不去想怎样保护他们的君主，而是盼着他的灭亡。由于先前他们的私利曾受到过损害，为了报仇，他们和敌人勾结在了一起，全然不考虑自己也要灭亡。(第八章)

崇祯即位后，尽管铲除了魏忠贤及其党羽，逐步扫除了阉党的余孽，但最终仍不免走上宠信宦官的老路。

他们一会儿将皇宫的珍宝隐藏起来，一会儿又将用于战争的粮食埋起来，以挑起起义，然后又和这些起义的强盗们暗中勾结，隐瞒因此而造成的损失，使皇帝不去关注显然日益逼近的危险。他们任凭这位可怜的君主完全按照自己的判断行事，而此前他的判断曾促使他去反对这些无耻之徒。最后终于导致了这些无赖在叛乱者逼近皇宫时，背信弃义地打开了城门，首当其冲地去欢迎这些敌人的到来。(第八章)

尽管皇城之中有七万禁军，但他们却听命于三千太监的指挥，而守城太监曹化淳已经打开了外城的西门——彰仪门（此门原系金都西城门名，后用以指称广安门）：

现在的这座皇城配有足够的武器装置，几乎每段城墙的城垛上都排列着新铸的火炮，虎视眈眈地盯着入侵的强盗。正如强盗们事后所承认的那样，这些武器引起了他们的极度恐慌。但这些卑鄙的太监们却在强盗抵达的第二天，就为他们打开了这座固若金汤的城池的正门。(第八章)

后来，崇祯至前殿鸣钟召集百官，竟没有一位大臣前来报到。最后这位皇帝也被逼得走投无路：

现在，皇帝顷刻之间发现，自己已经身陷太监和强盗的双重囹圄之中了。他跨上了一匹马，在只有600名骑兵的保护下，莽撞地冲向了已经大敌压境的城池的正面。这个城门是原先耶稣会士的小教堂所在地，皇帝试图从这里逃走。但正是这些人，拦住了他的去路，因为他们已经将自己当成了战利品，拱手让给了敌人。皇帝只能绕过神父们的房屋，向另一个门跑去。但为了防止宫内的人逃跑，那些原本用来保护城门的地方已经被付之一炬。这位不幸的君主在走投无路的情况下，被迫重新回到了紫禁城内，在那里听候命运对他的最后裁决。(第八章)

据计六奇《明季北略》载，当崇祯“率数十人，至前门，见城上白灯已悬三矣”。崇祯事先已与守城官商量好了：“城破则悬三灯也。”看来只有死路一条了。

二、对崇祯之死的描写

《明史》中关于崇祯殉国的描写非常简单，而汤若望书中的描写却很详细。思宗在回到紫禁城之后，只有等死了：

皇帝回到皇宫后，看到事情已经完全陷入了绝望的境地，因此，他劝说皇后用一条绳子来结束自己的生命。至于三个儿子，他则鼓励他们通过逃亡的方式来自救。此外，他希望他那唯一的、已经成年的女儿，能够拔剑自刎，以免遭受强盗们的蹂躏。但他的女儿却回避这种做法，在她试图逃亡时，皇帝砍下了她的手。现在，他彻底没有其他办法了，于是，他重新走出了皇宫，向皇宫后面的一座山上走去，不久前，他正是在这里参观了新铸的火炮。在这块见证了一个人命运转折的地方，他停下了，拿起一根中国人用来替代羽管笔的毛笔，在黄袍的折边上用他那特有的、优美的书法写下了以下的话。据说，他是在左臂受伤后，用自己的鲜血写成的：

> “敬礼未来的李姓皇帝！我至诚地恳求你：勿害吾国民，勿用吾国臣。(Ve hai ugo miù，ve yum ugo chiù.)”
>
> 这最后一句话的意思是说：“不要压迫我的人民，不要利用我的机构！”这些在命运的痛苦转折时期流露出来的话语，充分展示了皇帝高尚的心灵和经验。写完这些话以后，他就脱掉了靴子，扔掉了皇帝的冠冕，在空旷的场地上，用麻布袋缠住自己的脖子，然后吊死在拱廊的一根突出的柱子上。(第八章)

汤若望在此处的记载应当是符合事实的。“三个儿子”分别是十六岁的太子朱慈烺、十三岁的定王朱慈炯和十二岁的永王朱慈炤。“成年的公主”当是住在寿宁宫的长平公主。据记载，最终跟随崇祯皇帝的只有太监王承恩一人而已。《明史》记载：“帝崩于寿皇亭，承恩即自缢其下。”而《明季北略》说：“上登万岁山之寿皇亭，即煤山之红阁也。亭新成，先帝为阅内操特建者。”

正是在此处，崇祯也参观过汤若望新铸的大炮。据《明史》和《再生纪略》记载，崇祯在衣襟上写下的血书内容为：“朕凉德藐躬，上干天咎。然皆诸臣误朕。朕死无面目见祖宗，自去冠冕，以发覆面，任贼分裂，无伤百姓一人。”这最后两句无疑是留给农民军的。尽管意思相差不大，但汤若望的版本与《明史》的记载还是不完全相同的。

三月二十二日，宫中之人才在煤山发现了崇祯的尸体：

> 在敌人到达后的第三天，由 30 万人组成的主力部队进入了皇城。与此同时，叛军的头目也正沿着笔直的道路赶往皇宫。因为哪儿都不见皇帝的踪影，因此，他悬赏 10 万金币去寻找皇帝。没有人能够告诉他这期间发生的一切，因为所有人对此都是一无所知，最后通过一个偶然的机会，才发

现这个令人同情的傀儡皇帝吊死在一根不幸的栏杆上。但他现在已经得不到任何人的尊敬和同情了。(第八章)

后来李自成为崇祯举行了礼葬，允许以帝礼祭，不过明故臣往哭拜者无几。这说明大顺政权在最初进入北京之后所实行的政策是成功的，笼络住了不少官僚。当时在北京的官员约有二三千人，跟随崇祯自杀的并不多。李自成进城的当天就颁布命令说："文武百官，于次日投职名，二十一日见朝。愿为官者量材擢用，不愿为官者听其回籍。如有隐匿者，歇家、邻佑一并正法。"(赵士锦《甲申纪事》)

三、对崇祯的评价

汤若望实际上很同情这位不得志的皇帝：

这就是这位君主的结局，他也许是这个世界上最强大、最有权势的皇帝，并且在思想和性格上也比他人毫不逊色。但由于他的仆人和官员的卑鄙无耻以及他自身的麻痹大意，使他在36岁的时候，用这种可耻的方式结束了自己的生命。和他同时灭亡的还有存在了276年之久的大明王朝以及拥有大约8万名成员的整个皇室家族。(第八章)

也就是说，在汤若望看来，崇祯并不是一位"亡国之君"，而党争的群臣，特别是擅权的宦官才是"亡国之臣"。崇祯自己在殉国前的遗言也说："上干天咎，然皆诸臣误朕。"崇祯的学识、胆魄，也让明朝遗老遗少们追怀。清初时吴伟业就曾在《绥寇纪略》中写道："上焦劳天下十有七年，恭俭似孝宗，英果类世庙，白皙丰下，瞻瞩非常，音吐如钟，处分机速，读书日盈寸，手笔逼似欧阳率更。有文武才……既莅事，视容端，手容庄，拜移晷刻而后起，欠伸跛踦无自而入焉。"这也从另一个侧面说明了崇祯的确“在思想和性格上也比他人毫不逊色”。而十七年的励精图治，换来的却是国破家亡的下场。《明史》在论及明亡的主要原因时也指出：“惜乎大势已倾，积习难挽。”萧一山在论及明亡时曾哀叹道：“外缘于清兴，内困于流寇，臣逞于私图，民病于征敛，而明卒以亡矣！”（《清代通史》）不过崇祯皇帝性格上的弱点也是非常明显的，他多疑、寡恩，常常以个人的好恶来罢黜大臣，刚愎自用而又优柔寡断。再加上当时的内忧外患，朝臣之间的党争，不可避免地将明王朝推向了灭亡的境地。后来汤若望与顺治帝谈及崇祯皇帝可悲结局的原因时，也感慨道：

在谈到前一任皇帝的情况时，他（指顺治帝——引者注）问神父，是什么原因促使他丢失了政权。神父注意到，这个问题中包含了一些狂妄的成分。因此他用下面的方式进行了回答：这个皇帝在各个方面都出类拔萃，也非常节欲，爱护自己的臣民。但他却过于自信，并且他的坚定已经超出了时局所能容忍的限度，以至于所有的官员和将士都不再忠诚于他。最后他失去了帝国，同时也丢掉了自己的性命。（第十六章）

以当时镇守辽东的统帅袁崇焕（1584—1630）为例，尽管他在抗击清军的战斗中取得了决定性的胜利，但他为严明军纪而擅自处死了毛文龙，这引发了崇祯对袁崇焕权势的极度不安。后来正是由于过于自信，崇祯才中了皇太极的反间计，听信了一个从敌方逃回的宦官的话，而自毁了长城。《明史》的评论曰：“自崇焕死，边事益无人，明亡征决矣。”

四、对山海关之战的追述

李自成攻占北京之后，清军的劲敌就只有驻守山海关的总兵吴三桂了。后来吴三桂虽然接受了李自成的招抚，但由于听说了大顺政权“追赃助饷”的政策，还听说了他的家人被拘，于是又起兵反叛。李自成亲自率军东征，在四月二十一日至山海关：

> 因此，他（指李自成）认为，在自己加冕之前，应当首先安抚整个帝国，并铲除那位死去的皇帝的统帅们，他们驻扎在他的周围，是他未来的敌人。与把他们拉拢到自己身边相比，他更不想很快地失去这个还不稳固的政权。于是，他率兵东征，来到了帝国的边界，去抗击那些最勇敢的统帅们，这些将军驻扎在那里，是为了阻止鞑靼人入侵。因为他似乎有理由这样猜测：这些人至少会赞成他的反叛行为。他从已经投降他的皇帝的军队中抽出了一部分人，并加上他强盗队伍中的二十万同伙，奔赴边界，并让其余的人返回城中，继续在那里制造流血事件。（第九章）

李自成本以为用吴三桂的父亲、曾经担任锦州总兵的吴襄做人质可以劝降吴三桂：

> 在这里，他那背信弃义的行为遭到了阻碍，并最终导致了失败。在远离皇城70英里、与鞑靼人交界的地方，有一座名叫山海关［原文作Useù quay（吴三桂），这显然是跟镇守于此的将领的名字弄混了］的边境城市，它由一位对皇帝非常忠诚，且功勋卓著的将领率领着一支庞大的军队驻守。现在，这位帝国的刽子手来到这里，想占领这座城市。与此同时，传来了国家破灭、皇宫遭洗劫的消息。但这位将领并没有被吓倒，不愿改变自己忠诚于皇帝的誓言，因此，他决定，在国家处于高度危难的时刻，更加应当竭尽全力来救助它。他全副武装，等待着这位强盗的来临。因为整座城池被城墙包围，因此，强盗决定，首先根据战术来攻城。他把这位将领的父亲带到了他的驻地，并将他置于城墙前，威胁

道，如果他的儿子不把这座城池交出来，归顺于强盗，为父亲求情的话，他将遭到最残酷的严刑折磨。这位英雄从城墙上看到了下面发生的一切，也听到了这位暴君的可怕威胁，但他并未动摇自己的勇气，他跪倒在地，恳请父亲原谅，说忠孝不得双全，他不得不为了国家的利益而违背自己的意愿，无法拯救父亲。他说自己对皇帝和国家的责任，比对生身父亲更加重大。人活着自然是一件好事，但现在，维持生命的权力却掌握在了这个残忍不仁者的手中。如果他和这个可耻的敌人勾结起来，一起去导致国家的灭亡，这对于他来说，将是一个永远的耻辱。父亲怀着坚定不移的英雄气概，赞扬了儿子的勇气，并用极其痛苦的方式结束了自己的生命。现在，儿子要马上为他的父亲和国家所遭受的耻辱复仇。

据计六奇言，三月二十九日李自成遣降将唐通带着吴襄的劝降书面见吴三桂，当时吴三桂便怒道："逆贼如此无礼！我吴三桂堂堂丈夫，岂肯降此逆贼，受万世唾骂？忠孝不能两全。"实际上吴襄是后来吴三桂率军逼到永平城下时，李自成下令处死的。吴三桂向多尔衮求援，以期两面夹击起义军：

父亲的死，更加激起了儿子的勇气，现在，他到处研究怎样最好地开始自己的复仇计划，从何处能够最安全地靠近这个强盗，也就是谋害他父亲的人。他对自己的军队不抱太大的希望，因为其在数量上根本无法与敌人的军队相比，因此，他决定寻求外援。恰好，不久前，鞑靼人的国王也厌倦了战争那变幻多端的命运，放弃了早先对帝国的侵略，并通过谈判和中国人签订了协议。在媾和条件中也提到过强盗，因此，双方达成了一致，由鞑靼人派兵帮助中国人赶走这批强盗。作为交换条件，中国人必须允许鞑靼人在帝国内进行自由贸易，同时将一块长约100英里的土地重新全部归还给鞑靼人——中国人曾经掠夺了这块属于鞑靼帝国的土地，后来，通过战争，已经将其大部分归还给了鞑靼人。（第九章）

这一记载跟吴三桂致多尔衮的第一封求援信是相符的。吴三桂借兵的目的是联清抗李，他以明朝臣子的名义向清求援，“灭流寇”，从而“中兴”明朝，而不是让清人入主中原。作为酬谢，吴三桂许诺：“……则我国之报贵国者，岂惟财帛？将裂地以酬，决不食言。”（《清世祖实录》）吴三桂与清兵的联合使战争的局势发生了急剧变化，李自成所领导的农民军陷入了严重的困难局面。

此外，值得注意的是，不光是汤若望，在中国经历了明清鼎革的传教士如卫匡国在《鞑靼战纪》中亦未提及陈圆圆。而据《明史》记载，本来吴三桂已经准备投降李自成，但“至滦州，闻爱姬陈沅被刘宗敏掠去，愤甚，疾归山海，袭破贼将”。也就是说，姑苏名妓陈圆圆（亦即《明史》中的“陈沅”）在北京被李自成的部将刘宗敏所霸占，吴三桂得知此事后，“冲冠一怒为红颜”，才决定联清击李。耶稣会的传教士对陈圆圆只字不提，很可能是因为耶稣会认为一夫多妻制是违背婚姻的目的的，因此中国知识分子的纳妾，也是背弃基督教伦理道德的。正如邓恩所指出的那样：“他们更倾向于相信，驱使吴三桂做出牺牲自己亲生父亲的重大选择的动机，是对王朝的忠诚而不是对一个情妇的爱。”（邓恩著、余三乐等译《从利玛窦到汤若望》）

五、多尔衮率清军入关及将李自成赶出北京城

汤若望对多尔衮部队入关的原因作了解释，同样对八旗骑兵的特点作了描述：

> 当鞑靼人的统治者通过特急信使得知了邻国的悲惨局面后，他想起了和邻国签订的协议以及他自己的希望，因此，他承诺向邻国提供必要的帮助，并马上派出了数千人马驰援。当务之急，是要解救这座被围困的城市。鞑靼人在数量上远远少于敌人的军队，因此必须设法使敌人的军队分散开来。鞑靼人的首领很聪明地做到了这一点，因为他的军队大部分是由骑兵组成的，所以，他就对敌人的骑兵发起攻击，而丝毫不去顾及那些围困城市的步兵。强盗们的军队比较习惯于暗中追杀，因此他们很快就招架不住这种在公开的战场上举行的有规则进攻。第一个逃跑的就是那个暴君自己，也就是这次不道德行为的主要发起者。鞑靼人一路追杀这股逃跑的敌人，并和他们几乎在同一时间到达了京城。而留下来的士兵，则在和围困城市的步兵的战斗中，纷纷战死，因为他们在既没有骑兵的帮助，也没有头领指挥的情况下，无力抵挡这种猛烈的攻击。强盗们中有将近10万人丧生。(第九章)

根据汤若望的解释，八旗的军队远远少于李自成的军队，八旗军队取胜的原因在于“在公开的战场上举行有规则的进攻”。据《明史》记载：“我兵对贼置阵，三桂居右翼末，悉锐卒搏战，杀贼数千人，贼亦力斗，围开复合。”可以看出，汤若望的记载跟《明史》的描述是相符的。

实际上李自成自从进入北京，就没有长期驻留此地的打算。刚入北京城时成立的“比饷镇抚司”所追助饷的钱财，“悉熔所拷索金及宫中帑藏、器皿，铸为饼，每饼千斤，约数万饼，骡车载归西安”（史松、林铁钧《小腆记年附考》）。他一直认为：“陕，吾父母国也，富贵必归故乡，即十燕京岂易一西安乎？”因此，李自成一直将西安看作自己政权的中心，时刻都想要退出北京：

当这位强盗不久前闯入皇宫进行大肆破坏时，他发现，这座皇宫被坚实的城墙包围，驻守着无数的士兵，他们荷枪实弹，并备有足够的粮食，完全能够经受住长时间的围困。但他却对自己的事情抱着一种怀疑的态度——因为恶魔在任何时候都是胆怯的——所以他情愿继续他的流亡日子，而不愿安安静静地待在宫中。因此，回到京城后，他未作任何停留，就踏上了逃往陕西省，也就是他的出生地的道路。临行前，他命令他的士兵，在离开皇宫前，将其整个点燃。但留下来的这些士兵人数太少，没有能力烧毁整座城池，或许他们害怕那些刚刚得以喘息的居民，会对他们施以重罚，因此他们去那位暴君那里请求更多人的帮助，因为单靠他们自己的力量，无法完成这项任务。在这些援兵到达之前，他们停止了各种罪恶的行动。而强盗派来增援的部队中，有数千人在离城墙不远处遇到了鞑靼人，并被斩尽杀绝。（第九章）

四月三十日，李自成军被迫撤出了北京，撤离前“焚五凤楼，九门放火，火光烛天，号哭之声闻数十里”（计六奇《明季北略》）。放弃北京实际上是由于大顺军缺乏远见而在政策上的重大失误，它造成了李自成军队自绝后路，铸就了起义军的最终失败。

六、结语

明末以来，中国的历史跟以往有着很大的不同，正是由于传教士的进入，世界与中国的联系越来越密切了。而传教士们所撰写的有关他们在华经历的回忆录，无疑是对明末和清代的正史之必要补充。由于传教士没有中国史家们的各种禁忌，而且他们的西文著作基本上是供本国的知识分子阅读的，因此他们没有必要隐晦自己的观点。实际上，大部分的这类回忆录都是从耶稣会的年度报告总结而来的，是对他们每一年生活的比较忠实的记录。由于他们大都亲身经历了他们所描述的史实，同时也掌握了第一手的资料，他们得出的结论也大都是符合实际的。比如卫匡国对明亡的分析就非常精到，他指出：

> 尽管鞑靼人的攻打给中国造成极大的损失和骚乱，看来局势仍然平稳，没有更大的危险；辽东西部防守坚固，秦皇岛附近有大军驻守，防止辽东鞑靼入侵。真正的危险来自中国内部的叛匪和强盗，他们最终摧毁了中国，把它奉送给鞑靼。（卫匡国著，何高济译《鞑靼战纪》）

再加上内部的腐败和领导人的无能，明朝的毁灭并不足奇。汤若望以其《中国传教史》成为了明清之变重要且客观的历史见证人。很明显，从内容上来讲，传教士的著作，远远超出了传统中国史学仅仅依赖官方文字史料的范围，更有利于对历史进行多层次、多方面的综合考察，以从整体把握历史，扩大研究领域，使研究题材不断得到更新。

作者简介

李雪涛，1965 年生于江苏徐州。德国波恩大学文学硕士、哲学博士，现任北京外国语大学教授、中国海外汉学研究中心副主任、《国际汉学》副主编。主要从事德国汉学、德国哲学以及中国佛教史的研究。

康熙帝反对拿祥瑞说事

李国荣

祥瑞即吉祥符瑞，又称瑞应、符瑞、嘉瑞、祯祥。在中国古代，一直有天人感应的说法，祥瑞也就被看做是国运兴盛、天下太平的征兆。《春秋繁露·同类相动》载："美事召美类，恶事召恶类，类之相应而起也。"又载："帝王之将兴，其美祥也先见；其将亡也，妖孽也先见。"由此说来，君王圣明，天就出示祥瑞；君王失德，天便降下灾异。祥瑞灾异，就像上天掌握的赏善罚恶令，与人间尤其是君王的德政息息相应。于是，古代以天子自居的帝王们，往往把祥瑞作为神化自己和粉饰太平的特殊招数。据《新唐书·百官志》开列的祥瑞物种清单，唐代五花八门的祥瑞名目竟有134种之多。从清宫档案来看，所谓的祥瑞大致可分为如下几种：天文祥瑞，有景星、庆云等；动物祥瑞，有凤凰、麒麟、神龟、赤兔等；植物祥瑞，有芝草、嘉禾、连理树等；自然祥瑞，有甘露、醴泉、黄河清等；器物祥瑞，有神鼎、玉璧等。为了迎合讨好君王，搜寻祥瑞几乎成了地方官员的一大任务，不管什么地方，一旦出现某种祥瑞征兆，当地官员便会立即呈报。历史上大多数君王，为了装点美德盛世，对臣工进献种种祥瑞，或是赞赏，或是默认，还有不少是变着法儿地鼓励和提倡。

然而，清朝的康熙帝面对祥瑞却是能够保持几分清醒和理智的。他认为，祥瑞与人君并无直接联系，臣工们津津乐道的祥瑞现象于国计民生毫无益处。

一、对古来祥瑞万象，康熙帝认为“其实不足信也”

康熙帝是个崇尚科学的君主，他认为古书上所说的很多祥瑞现象都是不可信的无稽之谈。《清史稿》载，康熙帝读史时，看到宋太祖时五星聚魁的记述，当即发表了一番议论，说：“五星行于天，度数不同，迟速各异，何由聚于一宿，虽史册书之，考之天文，断之以理，终不可信。”

《圣祖御制文集》中，留下了康熙帝对古代祥瑞记载所提出的异议：“古称庆都感赤龙之祥，孕十有四月生尧。此等事先儒常疑之，正孟子所谓‘尽信书不如无书’之意也。”康熙帝认为，所谓赤龙与庆都合而生尧之说，是不可信的。类似的种种说法之所以流传下来，“盖圣人不语怪，以垂戒于世”，而后人又不敢把这“侈言祥瑞之事”说破。康熙帝进而指出，“古史中如黄帝鼎湖乘龙，及周穆王宴于瑶池之事，皆非正史所传。虽文章常采用之，不过资其华藻以新耳目，其实不足信也”。

康熙帝认为，作为君王，最大的“天意”就是勤政爱民。他说：“人君惟敬修其德，以与天意相孚，不必指何事为何德之应。总之和气至祥，乖气至戾，乃古今不易之恒理。遇祥益谦，遇灾知敬，乃人君应天之实事，亦无时不致其谨凛而已。”遇有吉祥，要更加谦逊勤政；遇有灾难，要及时反省补救。这就是康熙帝的“人君应天”观。

二、对北京文官果，康熙帝写诗“更喜连连时雨中”

北京什刹海的后海北岸，本有座始建于明成化三年（1467）的龙华寺。当时，该寺门前种有大片稻田，呈现一派江南风光。寺内青竹古松众多，“磬声松下静，鸟语竹间清”。不少居住在北京城的南方人喜欢到这里观景。

康熙五十二年（1713）三月十八日，是康熙帝六十大寿，内外大臣用各种办法祝贺。都察院左都御史揆叙将龙华寺整修一新，在寺内为康熙帝祈求福佑。寺庙修好后，揆叙专门将此事奏报，康熙帝特赐名“瑞应寺”。

事也凑巧。这年夏天，瑞应寺内种植的文官果（又叫文光果、文冠果）长的格外好，而且是果实俩俩相连，有着青荧的光泽。当时，揆叙正随同康熙帝在热河避暑。寺僧便派人骑上驿马，连夜兼程奔赴山庄，将并蒂骈颗文官果送去。揆叙看后十分惊奇，大臣们也都议论纷纷，说皇上刚刚为这个寺庙题写了额联，瑞象即现，真是“瑞应”。一个叫汤右曾的朝臣，因刚刚升任经筵讲官，赴热河谢恩，闻知此事，随即写了《文光果》一诗。这一天，康熙帝问起身边侍班的揆叙：“汤右曾工于诗，有刻成者，可令进呈。”揆叙当即奏答：“刻者未之见，右曾昨在臣寓，有所作《文光果》诗。”康熙帝便命取来阅看。他看到诗中有借文光果赞美祥瑞之意，便御制一首赐和，诗曰：

> 西域滇黔有此种，花从贝梵待春融。
> 龙章瑞应题真境，载笔欣瞻近法宫。
> 内白皮青多果实，丛香叶密待诗公。
> 冰盘光献枫宸所，更喜连连时雨中。

康熙帝在诗中表明自己对于瑞象并不看重，真正关心的是“连连时雨”，期盼的是天下风调雨顺。

三、对桂林灵芝，康熙帝朱批“家给人足即是莫大之祥瑞”

据清宫档案记载，同样是康熙五十二年，还发生了另一件祥瑞之事。广西布政使黄国材向广西巡抚陈元龙禀称：“本年二月间，桂林山中产有灵芝，时有祥云覆其上。国材遣人入山访之果真，因采取携归，阴干收藏，其质甚轻，高一尺余，色淡黄，状如云气，实目中所未见，闻灵芝可以服饵益寿延年，国材不敢自私，伏乞代为进呈御览。”因为黄国材当时还没有向皇帝呈递折子的权力，所以特地请陈元龙代为进呈。

陈元龙一方面感到这是属员敬献的祥瑞之物不可怠慢，另一方面也认为这是他自己博得康熙帝好感的一个机会。于是立即派人将灵芝送往京城，并写了一道奏折，引经据典大谈了一番祥瑞。他写道：“臣伏查《神农经》云：王者慈仁则芝生。《孝经援神契》云：善养老则芝茂。今我皇上至仁至慈，无一民一物不在胞与之中，而且养老施恩极其优渥。灵芝应时而生，理所固然。在圣主不贵祥瑞，臣何敢冒昧进献。但思此亦物产之奇，考《抱朴子》所载，灵芝凡数百种，此芝生于深山大木之下，大约是菌芝之类，我皇上圣学渊深，穷理格物，无不辨晰精微，此芝或可备药物之用。且念黄国材一点诚敬之心，臣不敢不代为上达。”（《康熙朝汉文朱批奏折汇编》）

陈元龙明明知道康熙帝“不贵祥瑞”，仍要费心阐释一通“皇上至仁至慈”与“灵芝应时而生理所固然”的道理，是想在康熙帝大寿之际说几句恭维话。看了奏折，康熙帝提笔批道：“史册所载祥异甚多，无益于国计民生，地方收成好、家给人足即是莫大之祥瑞。”并特地又加批四个字：“朕不必览。”

四、对直隶灵芝，康熙帝说“民有吃的，就是大瑞”

清宫档案里，还保存着一件康熙五十六年五月十六日直隶总督赵弘燮的奏折，谈的也是进献灵芝的事。

赵弘燮在折子上说，“唐虞之世，芝草献瑞”，当今皇上厚德爱民远远超过尧舜时代，普天之下沐浴着皇上的恩泽，故而芝草之祥也就理当现世了。日前有直隶满城县的监生夏栋禀报，他邻居丁起隆家院子里长出了一株灵芝，臣僚们看后都惊呼这是盛世的瑞兆。赵弘燮说自己孤陋寡闻，没有见识过灵芝为何物，不能识别，而“皇上无所不能”，于是恭呈御览。

面对赵弘燮费尽口舌的献瑞奏折，康熙帝很是不以为然。他在折子上写下了这样的朱批：“朕自幼龄读书，颇见帝王所好者，景星、庆云、天书、芝草之类，朕皆不以为瑞。所为瑞者，年谷丰登，民有吃的，就是大瑞。”在这里，康熙帝直言，自古以来的种种奇异，都不是什么祥瑞，老百姓有吃的，才是天下最大的祥瑞。至于满城的那棵灵芝，康熙帝不屑一顾，告诉赵弘燮“真伪不必再言”。

我们看到，康熙帝一而再、再而三地反对拿祥瑞说事，从不相信何事为何德之应，他所理解的天意，即是物阜民丰，百姓安居，天下太平。正是由于康熙帝重实事轻虚荣，在其务实的治理下，打造出了康乾盛世的开局。当时，有的官员阿谀奉承、吹牛拍马，把康熙王朝吹捧为尧舜时代，说什么东汉之建武、大唐之贞观都不能与之相提并论。康熙帝对这种肉麻的称颂很是反感，斥责这些人是“在人主之前说一等语，退后又别作一等语”，是不折不扣的两面人。可见，康熙帝是极力倡导求实务实作风的。

作者简介

李国荣，1961年生，辽宁建平人。中国第一历史档案馆副馆长、研究馆员，《历史档案》杂志社社长兼总编辑，中国档案学会档案文献编纂学术委员会主任，清宫史研究会秘书长。主要著作有《清朝十大科场案》《帝王与佛教》等14部，担任国家清史纂修工程《典志·科举志》所附《科场案》项目主持人，电视纪录片《清宫秘档》总撰稿、《故宫》清宫档案总顾问。

雍正帝对中央部院书吏的严格管理

李国荣

所谓书吏，是中央与地方衙门中，专门负责文书处理与档案收存人员的总称。他们多是科举落第的知识分子，虽无官的名分，却行使着官员的部分职权。雍正帝即位前在藩邸四十余年，对官衙书吏的积弊深为知悉。康熙帝晚年，“政宽事省”“无为而治”。诸多官僚作威作福、腐化愚昧、不视政事，只依靠幕友和书吏办事，以致吏治废弛败坏，各衙门书吏“人多庸猥，例罕完善，甚至夹私诬罔，贿赂行文”（章学诚《文史通义》）。当时的官衙书吏以砚为田，“舞文弄法，招摇撞骗，包揽词讼，侵欺钱粮”，“平民畏其本官庇护，不敢控告”（《钦定大清会典事例》）。据载，康熙末年，一个漕运坐粮厅的书吏，利用掌管文书的权力勒索运丁，不到10年就贪污40余万两银子，户部堂司书吏有百余人，接受办草豆商人的“馈送”，几年间便得银70万两。有些书吏甚至公然盗取、改易、焚毁档案文件。对书吏队伍中的这种腐败情弊，雍正帝曾尖锐地指出，官衙书吏“一尘不染者仅一、二人而已”（《清世宗实录》），已严重败坏和妨碍国家的行政。因此，在他即位后，针对部院衙门的书吏进行全面清理整肃。

一、谕令革除“部费”

“部费”，是中央部院的书吏向地方公开索要各种小费的俗称，上下皆知，公然行之。以兵部为例，据档案载，仅陕西兴汉镇（今隶于安康市）的兵丁，每年就要摊派凑银300两，作为到部办事之用，其中庆贺表笺诸事每年送部费40两，呈报册籍诸事每年送银24两，这些已成定例。

雍正帝了解到这一情况后，于雍正八年（1730）三月颁谕指出：兴汉一处如此，则各省与此处相类者亦必不少；兵部书吏如此，则其他部院衙门收取部费者亦定是大有人在。“此皆内外胥吏等彼此串通，巧立名色，借端科派，以饱私囊。”“着通告各省营伍，若有似此陋规，即严行禁革。如部科书吏人等仍前需索，或于文移册籍中故意搜求，着该管大臣等具折参奏。”（《雍正朝汉文谕旨汇编》）

二、严禁需索讹诈

刑部衙门专司刑名，人命攸关，“部中奸滑胥役，得以操纵其事，暗地招摇”。收到好处费的，则援引轻例，有的甚至将地方督抚的补参咨文沉压下来，暗中潜消其案，求得大事化小，小事化了；没有收到好处费的，虽然督抚声明情有可原，应予宽免，其胥役仍欺隐蒙混，不准邀免。这样，刑部胥役几乎把持了这类补参案件，其标准就是以是否收到好处费来定能否宽免。为根除这一腐败弊端，雍正帝颁谕：嗣后三法司会议案件，凡有行令补参者，督抚咨文到部，其或处或免作何完结之后，令刑部知会画题衙门，公同刷卷，“如此，则胥役不得萌逞故智上下其手矣”（《雍正朝汉文谕旨汇编》）。

就刑部书吏的勒索舞弊问题，监察御史耿大烈在雍正十一年三月十七日具呈的一道奏折中谈到：充军流放人犯，例可赎罪者，由刑部查明所犯情由奏闻，请旨定夺。然而，刑部“不法书吏竟敢任意作奸，或称具呈有费，批呈有费，以及查对原案具奏先后迟速之间，百计勒索讹诈”（《雍正朝汉文朱批奏折汇编》）。雍正帝据耿大烈所奏，指令刑部各官“严禁书吏，不得借端需索”。

三、书吏不得主稿

书吏作弊，还往往在援引案例上做文章。清朝刑罚，律无明文的多比照旧案。由于例案多变，办案人员可以随意比附，而且借此还可以推卸责任，于是书吏便往往从私利出发，断章取义。蒋良骐《东华录》载，雍正朝刑部书吏在查阅文书档案提供例案时，“往往删去前后文词，止摘中间数语，即以所断罪承之。甚有求其仿佛比照定议者，或避轻就重，或避重就轻，高下其手，率由此起”。

针对这种情弊，雍正十一年三月，刑部右侍郎觉河图具折指出，刑部衙门责任重大，一切“稿案”自应由司员主稿，不得假手书吏，致滋弊端。在实际办案过程中，常常是司员酌定主意，而叙稿成文却出于书吏之手，致使书吏得以舞文弄弊，作奸犯科。为此，觉河图奏请：“嗣后各司一应档案，仍令各司主事稽查”，满汉各官“亲自主稿”（《宫中档雍正朝奏折》）。雍正帝对此表示赞同，谕令照其所请实行。

四、严防增删案卷

清初旧例，各部院衙门司官升迁调转，其所掌管的案卷新旧交接时，一般是在案卷的封面上注明司官姓名，接缝处或标“封”字，或用司印，没有统一的规定。制度上的漏洞，给掌管案卷的书吏进行徇私舞弊提供了机会，常有增删案卷的事情发生。

雍正帝就此于元年三月颁谕各部院衙门：“收贮案卷，封禁虽严，而翻阅查对，不能脱书吏之手，盗取文移，改易字迹，百弊丛生，莫可究诘。嗣后司官迁转，将所掌卷案新旧交盘，各具甘结，说堂存案。”一个月后，雍正帝又进一步指令：各衙门案卷，“有添写处，亦用堂印。并设立印簿，开明年月、用印数目、用印司官姓名。如此，则无腾挪之弊，卷案亦按簿可查。传谕各衙门一体遵行”（《雍正朝汉文谕旨汇编》）。此谕令从制度层面上严格约束了管理档案的吏员。

五、禁止书吏馈送

雍正帝认为书吏“狡猾性成，或以小忠小信趋奉本官，得其欢心”。为此，他严禁各部院司官书吏向堂官馈赠送礼。

雍正十年九月二十六日，雍正召见各部尚书、侍郎，当面指出：“部院事务，每有本衙门堂官为司官书吏所蒙蔽，不能尽知。”同时更谈到，各部院的司官书吏为往上爬，往往向堂官送礼，他说：“即使所馈无多，而一经收受，则举劾之际，不无瞻徇牵制。如其人果属可举，而曾经收受馈遗，则虽公亦私，转滋物议；如系不堪之人，因平日受馈，情面难却，或姑为容留，或滥行举荐，必致贻误公事，有违国家澄清吏治之大典。”（《雍正朝汉文谕旨汇编》）因此，雍正帝明令禁止部院堂官收受司官书吏的馈送。

六、禁止长期任职

雍正帝注意到，在各部院供职的书吏，时间一长，便会在衙门内、在京城结下关系网，容易徇私作弊。为此，他规定，部院衙门的书吏必须五年一换，期满不得再留。

上有禁令，下有对策。书吏们不能在本衙门继续留职，“役满之后，每复改换姓名，窜入别部，舞文作弊”。有的则“盘踞都中，呼朋引类，遇事生风，影射撞骗，靡所不为”。有鉴于此，雍正帝又多次颁发谕旨，查拿这类书吏。他命令“都察院饬五城坊官严查访缉，其有潜匿京师及附京州县者，该地方官定以失察处分。有能拿获者，以名数多寡，分别议叙”，“严禁缺主、挂名、冒籍、顶替”之徒混充官衙书吏（《雍正朝汉文谕旨汇编》）。他还指示，把这一谕令“载入钦定条例”，永远遵行。由于雍正帝对中央机关书吏的大力整顿，“奸徒渐知敛迹，部务得以整齐”。乾隆帝登基后，还特地重申，沿用其父这套管束书吏的办法。

总的来说，雍正帝对中央部院官衙书吏的管理和防范是严格和有效的。对书吏队伍中的种种情弊，他做到了一经发现立即处理，并为此建立了一套相应的管理制度。然而，封建官僚机构固有的腐朽性，决定了其衙门内的书吏积弊不可能根除。雍正帝虽对书吏大力整饬，其收效终究是有限的。

乾隆年间的驿丞裁撤与驿站改革

王昱淇　廖吉广

在清代，驿站管理作为国家政务的重要内容颇受重视，如何有效管理驿站是清代君臣所关心的问题。在长期的摸索和实践过程中，清代的驿站管理先后经历了多次调整。至乾隆时期，清廷通过在全国范围内最大限度地裁撤驿丞、将驿站财权由驿丞收归州县，实现了管理方式的革新，驿站管理最终定型。

一、改革前的驿站管理及其弊端

明代在全国普遍设置水马各驿，由驿丞管理驿站事务，明清鼎革以后基本相沿未改。但就驿传差役制度而言，则发生了巨大变化，驿传差役摊派方式由佥派改为雇募，由“民当”改为“官当”，实行驿马官养。驿马官养后，驿传差役的费用由百姓按照统一的额编工料银缴纳到官府，再由官府转解驿丞（刘文鹏《清代驿传及其与疆域形成关系之研究》）。驿丞不再需要像明朝那样征发百姓养马、分摊各项差费，但仍有驿站经费的支配权，并负责买补缺额马匹、雇募人夫以及采买草料等事，以维持驿站的正常运转。

州县设立驿丞专司邮递，且对驿站管理有着严格的规定，按道理应该可以保证驿站的正常高效运转，但事实并非如此。对于驿站的实际运行状况，雍正帝在上谕中有所透露，二年（1724）他说“闻得地方官只知严紧驿站，诸凡敕诏经过、迎送俱不成礼；至伊等私事及上司差役，转擅动驿马，逢迎应付”；雍正六年他再次指出“各省往来人员，有不应用驿夫而擅自动用者。该管之人，或畏其威势而不敢不应，或迫于情面而不得不应，积习相沿，骤难禁止，地方夫役，并受扰累”（《清世宗实录》）。由此可见，驿站管理规定与实际执行之间尚有不小的差距。

不仅如此，驿站驿丞在管理中也直接面临着经济压力，那就是各种陋规支出。以直隶为例，据按察使魏定国禀称，“全省驿站驿递工料项下，向来有臬司（即按察使司）衙门陋规银一万六千四百六十八两零，藩司（即布政使司）衙门陋规银七千三百余两，先经禀明在案。今又查得管驿各知府暨直隶州衙门，共有陋规银九千四百七十余两，各衙门书办陋规银一万余两，共银四万有奇，俱系历来相沿”（《世宗宪皇帝朱批谕旨》）。这是就一省的总数而言，我们再来看看单个驿站的具体规定。以盛京为例，共有大小驿站 29 处，盛京兵部设侍郎和正副监督进行管辖，每处驿站各有驿丞一名。其陋规：“每年大驿各出银 16 两，小驿各出银 8 两，馈送侍郎盘费，又出银 400 两馈送正副监督。此外，每逢节日又有规礼。”（光绪朝《清会典事例》）这种陋规支出无疑会影响到驿站的正常运转。

在管理体制上，也有许多掣肘之处制约着驿传的有效运转。在驿站管理过程中，即便驿丞为人谨饬、办事勤勉，仍不免出现驿马疲弱短少的情况，因为“驿丞所领工料银两俱系按季给发，每岁秋收之时，草豆价值平减，因无力预购，迨至青黄不接草料昂贵，未免喂养失宜”（《宫中档乾隆朝奏折》，乾隆十九年（1754）三月二十三日直隶总督方观承折）。驿丞所能动用的经费相当有限，除非获得州县等方面财政的支持，否则无法按照市场物价的波动来及时调整。

可以说，到雍正时期，驿丞管驿的种种弊病已显露无遗，时人杨潮观更是将驿站之弊端归纳为缺额、科派和需索三大弊症，并从三方面分析驿政不清的原因，他指出“查察之责在驿道，驿道受贿容奸，则驿之弊不可清也；提调之责在州县，州县庸懦怕事，则驿之累不可绝也；迎送之责在驿丞，驿丞事重权轻，则驿之扰不可止也”（《古今治平汇要》），可谓鞭辟入里。要保证驿站的正常高效运转，驿站的管理方式亟须改进。

二、驿丞裁撤与驿站经费管理改革

驿丞管驿既如此弊端丛现，裁汰驿丞的呼声渐起。经过反复讨论酝酿，乾隆帝最终决定在全国范围内裁撤驿丞，并将驿站财权收归州县管理。乾隆二十年，乾隆帝正式发布上谕：“驿站钱粮，均归州县经管，驿地止于应差喂马，不必更设专员。现在直省各驿，除向来原归州县并佐杂等官经管各驿毋庸议外，所有各省原设之驿丞，或系附近州县，或移佐杂驻扎，均可裁汰以节冗费。至钱粮出入，原属州县正印官之专责，所有佐杂兼管，并酌留驿丞之各驿，一切夫马钱粮，均应统归州县经理。”（光绪朝《清会典事例》）此上谕为裁汰驿丞、改革驿站明确两条原则：（1）将驿站财权由驿丞收归州县；（2）最大限度地裁减驿丞数量，节省经费开支。以此为指导，驿站改革得以快速推进。

第一，将驿站财权由驿丞等收归州县，这就是新政策在财政管理方面最显著的变化。在此之前，除向来由州县兼管驿务的驿站外，驿站经费都是由相应衙门拨付驿站使用，即如方观承所说“驿丞所领工料银两俱系按季给发”，而不专设驿丞者则由兼管之佐杂官支放。不仅如此，各省督抚司道等大员也注意到专驿之官凭借有限的经费很难保证驿站正常运转。如直隶按察使永宁所奏，“专驿之官并无管辖地方，如寻常差事，额马原足敷用，倘遇要差，用马稍多，势必雇觅民马，仍需地方官代为转雇，方能无误”（《宫中档乾隆朝奏折》，乾隆十九年三月二十三日直隶总督方观承折）。驿站财权收归州县以后，不仅兼管驿站之员，即便专管驿站的驿丞也不再拥有此项财权，驿站的一应经费收支都由州县来管理应付，驿站事务仅限于接应差使、喂养马匹、查管夫役，进而从根本上简化了驿站事务，这就为大规模裁撤驿丞创造了条件。

第二，最大限度地裁减驿丞数量、节省经费开支。随着驿站财权收归州县，驿站事务更加简化，大规模裁撤驿丞、由州县官或者其佐杂官员兼管驿务成为可能，至于具体如何实行，各省督抚对此筹划颇为用心。

就州县兼管驿站来说，主要是视州县事务之繁简与道里之远近，量为划拨。如直隶永平府属卢龙县之滦河驿、抚宁县之卢峰驿，俱近在各该县治之南关；河间府属交河县之富庄驿离城二十余里，该县系中治，将此三驿驿丞裁汰，将驿站归县兼管（《宫中档乾隆朝奏折》，乾隆十九年三月二十三日直隶总督方观承折）。当然，州县兼管驿站也有数量方面的限制，因为即使州县本任事务简便易行，但要同时兼管数个驿站的事务，州县官也有可能分身乏术，照料难周。

与此同时，为提高州县对驿站的管理效率以便裁减驿丞，就近改属也成为不错的选择。如贵州“重安江驿虽为平越县所辖，实驻黄平州地方，离县城百余里，离州城止三十里，归并州管更便”，于是将重安江驿归黄平州，就近经管（《宫中档乾隆朝奏折》，乾隆二十年三月十九日贵州巡抚定长折）。这种就近改属的做法客观上造成一种局面，即州县所管驿站以州县治所为中心，呈同心圆状分布。驿站与附近州县隶属关系的改变，有利于提高州县对驿站的管理效率，并以此来弥补因裁汰驿丞所造成的管理空白，从而扩大了裁汰驿丞的范围。

州县佐杂官兼管驿站的情况更为复杂，裁撤驿丞、以县丞和巡检代替驿丞来兼管驿站事务，是比较通行的做法，此外还有典史、同知等。以佐杂兼管驿站，面临着佐杂乏员、难以兼顾的尴尬局面。以广州府属番禺县为例，其五仙驿系省会之区，差使络绎，事务纷繁，但该县附郭事繁，势难兼顾，即县属之佐贰等官亦皆各有专司，难以移驻（《宫中档乾隆朝奏折》，乾隆二十年正月十五日两广总督杨应琚折）。甘肃省也存在这样的问题，裁驿丞之县附近，并无佐杂可以移驻。如此一来，在保持佐杂官员定额的前提下，最大限度的调整分配佐杂资源，成为无奈且唯一的选择。具体说来，就是在通省范围内酌量改设职官，将闲散佐杂官裁汰，事务由他官兼理；同时把出缺员额移改地方，兼管驿站。比较典型的是云南省。当时云南寻甸州属之易隆驿距州六十里，又该驿兼管之古城驿距州九十里；南宁县属之白水驿距县五十里；霑益州属之炎方驿距州一百里，又该驿兼管之松林驿距州三十里。各该州县俱鞭长莫及，但是这些州县并无佐杂微员可以移驻。最后的解决方案是，将事务尚简的临安府司狱、石屏州宝秀司巡检、赵州白崖巡检进行裁汰，其白崖巡检员缺改为南宁县白水巡检；宝秀司巡检员缺改为寻甸州易古巡检；临安府司狱员缺改为霑益州炎松巡检，各驻驿所（《宫中档乾隆朝奏折》，乾隆二十年正月二十二日云贵总督硕色折）。通过一系列的裁汰、改设和兼管，佐杂官量未加增，而驿站等事务俱得以从容料理。

对于兼管驿站的官员，其印信字样也随之改变。如乾隆二十年广州府属番禺县河泊所大使兼管驿务，给以河泊所大使兼管驿丞事务字样印信，以昭信守（《宫中档乾隆朝奏折》，乾隆二十年正月十五日两广总督杨应琚折）。由他官兼管驿站者，其印信都相应的增添“兼管驿丞事务”字样，以明确其职责权限，制度更为划一。

在经历大规模裁汰之后，所存驿丞数量已经大为减少。乾隆十三年时，全国范围内尚有驿丞265员（《清代缙绅录集成》）；而乾隆二十一年，据户部奏称：“各省驿丞共二百五缺，此次裁去一百二十八缺，仅存七十七缺”（《清高宗实录》），其后又零星裁撤，至乾隆二十五年时，全国所剩驿丞仅有73名（《清代缙绅录集成》），山东则全部裁汰。

三、改革后的裁员出路与驿丞养廉

驿站改革的顺利完成，与善后事宜的妥善处理密不可分，这主要包括安置被裁驿丞和发放养廉银两个方面。鉴于驿丞系统所出新缺难以有效安置被裁驿丞，此外还有大量人员例应选补驿丞，吏部决定将这些人员一并转到与驿丞品级、差事相当的典史系统里。当然，裁缺之驿丞补授驿丞本缺的做法仍然继续实行，而且考虑到他们熟悉原任省份情况，尽量让他们仍留该省补缺，以充分利用以往的经验。

再有便是驿丞养廉银的发放问题。财权收归州县后，驿站事务已经简化，但这并不意味着保留下来的驿丞所管事务也随之简化，这些驿丞之所以能够保留，除因料理驿站事务繁忙外，也与其所兼差事有关。因此，无论是从杜绝管理弊端、维护驿站正常运转的角度考虑，还是从驿丞兼差事繁、亟须补偿的角度考虑，将驿丞纳入养廉银的发放范围都已是顺理成章、水到渠成的事。

正如方观承所言，“今驿站钱粮既归州县支用，而驿站事务仍令各员承办，若不议给公费，势不能枵腹办公，诚恐转滋他弊”（《宫中档乾隆朝奏折》，乾隆二十年四月初五日直隶总督方观承折）；安徽巡抚卫哲治也指出“驿丞系分草料之余润养赡家口，若钱粮改归州县经理，驿丞无余润可沾”（《清高宗实录》）。各地督抚清楚新政策的缺陷所在，于是先后奏请为驿丞发放养廉银。这样，对仍在驿站当差的驿丞和兼管佐杂发放养廉银的做法，逐渐推向全国。

四、结语

通过将驿站财权收归州县、大规模裁撤驿丞，驿站的管理模式在乾隆年间发生了根本改变。驿站的财权被收归州县统一管理，形成由州县负责、驿站管理者经办的责任承担机制。抛开驿站管理中的人为因素不论，以州县之力维持各驿站的正常运转，其效果自然好于以往，而驿丞等管驿官员养廉银的发放，对改善驿站的管理效果也是有益的。

在改善驿站管理状况的同时，我们也看到，在全国范围内尽可能裁减驿丞数量，直接减少了国家的财政开销。另外，自康熙朝以来，清廷逐年在驿站经费上进行缩编，及至乾隆朝达到最高峰，仅剩下清初原有额设数目的67.5%（张正桦《清代前期驿传财政初探》）。朝廷将缩编后的经费转交州县，由其管理驿站事务，客观上也是变相地将中央的财政负担转移到了地方。

作者简介

王昱淇，1989年生，浙江温岭人，中国人民大学历史学院博士生。

廖吉广，1989 年生，山东滕州人，中国人民大学历史学硕士，现为山东省新闻工作者协会（山东省新闻学会）办公室工作人员。发表《雍乾之际的在任守制与政策调整》等论文。

乾隆年间新疆地区的舆图测绘

侯德仁

乾隆年间对新疆地区的舆图测量是随着平定准噶尔部的战争胜利而开始的。乾隆二十年（1755）三月，清朝大军进军西北，五月，收复伊犁，平准战争取得初步胜利，至乾隆二十四年，清军统一天山南北，西北战事宣告结束。

乾隆二十年三月，随着清军顺利进军西北，乾隆帝即发布上谕，准备测量新疆地区。六月，乾隆帝遂开始正式调遣人员测量新疆北部的北极高度（即地理纬度）、东西偏度（即地理经度）及冬至、夏至的昼夜长短和节气时刻。乾隆帝为此专下谕旨："西师奏凯，大兵直抵伊犁，准噶尔诸部尽入版图。其星辰分野、日月出入、昼夜、节气时刻，宜载入《时宪书》，颁赐正朔，其山川道里，应详细相度，载入《皇舆全图》，以昭中外一统之盛。左都御史何国宗，素谙测量，著带同五官正明安图，并同副都统富德，带西洋人二名，前往各该处，测其北极高度、东西偏度及一切形胜，悉心考订，绘图呈览。所有《坤舆全图》及应需仪器，俱著酌量带往。"（《清高宗实录》）

乾隆帝颁布的这个上谕，正式拉开了清朝实地测量新疆地区的序幕。其实，早在康熙年间，在康熙帝的卓越指挥下，清廷在西洋传教士的帮助下进行了全国范围内的大地测量，历经三十余年，最终绘成了《皇舆全览图》。此图采用经纬图法，梯形投影，比例为1∶1400000。它是我国第一次经过大规模实地勘测，用科学方法绘制的全国性地图，也是当时世界地理学的最高成就。正如英国科学史家李约瑟所赞誉的那样："它不但是亚洲当时所有地图中最好的一幅，而且比当时的所有欧洲地图都更好、更准确。"（《中国科学技术史》）然而，由于当时天山南北尚为准噶尔分裂势力所控制，传教士不能前往新疆实地勘测，因而《皇舆全览图》缺哈密以西的地形。乾隆朝，随着平准战事的节节胜利，前往新疆实测舆图不再受到准部的阻碍，条件已然具备，于是乾隆帝适时发布了实地测绘新疆舆图的谕旨。

乾隆帝对此次测量工作寄予厚望，多次对测量工作颁布上谕。乾隆二十一年二月，他谕命时在平准军中的刘统勋协同何国宗办理测绘事宜。谕旨言："今已擒贼奏功，刘统勋在军中无所职掌，当专办此事。现命何国宗赴伊犁一带测量，亦经面谕。著传谕刘统勋会同何国宗前往。所有山川、地名，按其疆域、方隅，考古验今，汇为一集。咨询睹记，得自身所亲历，自非沿袭故纸者可比，数千年来疑误，悉为是正，良称快事，必当成于此时，亦千载会也。"（傅恒、刘统勋等《钦定皇舆西域图志》卷首，乾隆二十一年二月十三日"上谕"）从乾隆二十年新疆地区舆图测绘准备伊始，乾隆帝就给予了大力的支持和卓越领导。从参加测绘人员的调遣、测绘工具的准备、后勤给养的供应乃至测绘技术的采用，都有详细的指导，他还对中外测绘有功人员，随时加俸晋级，如乾隆二十一年正月十一日，"内阁奉上谕：同左都御史何国宗前往伊犁等处测量之钦天监副傅作霖，著赏给三品职衔。西洋人高慎思，著赏给四品职衔。俱准照衔食俸，其马匹廪给亦即照衔支给"（《乾隆朝上谕档》）。乾隆帝之所以对此次新疆舆图的测量十分重视，一是西北战事顺利进行的本身需要。

当时要彻底取得西北战事的胜利，测绘西北地区舆图成为当务之急。二是要完成其父祖未竟的事业。由于准噶尔蒙古雄踞西陲，康熙帝和雍正帝先后绘制的《皇舆全览图》和《雍正十排图》都未能将新疆哈密以西的地形绘入图中，成为一个缺憾。乾隆帝伴随西北战事而进行的新疆舆图测绘，目的之一就是要将哈密以西的地形绘入《皇舆全览图》中，完成父祖未竟的愿望。三是从版图上进一步确认对新疆地区有效管辖的需要。舆地图，历来是一个国家主权和领土的主要凭证，所谓“国家抚有疆宇，谓之版图，版言乎其有民，图言乎其有地”（《清史稿·何国宗传》），所以历朝历代都十分重视舆图的绘制。自平准战争伊始，乾隆已然决心将新疆地区重新置于清中央政权的管辖之下，而全面测绘新疆舆图就成为清中央政权有力管辖新疆地区和巩固统一成果的重要措施之一，从而在地图绘制上再次正式确认新疆地区是清朝版图的重要组成部分。

这样，测绘队就在何国宗的总负责下，率领钦天监西洋人傅作霖（Felix da Rocha）、高慎思（Joseph d'Espinha）等专家携带仪器进入了新疆地区，在新疆的高山峡谷、湖泊河流、沙漠原野中开始了实地测绘。他们从巴里坤出发，兵分南北两路前往伊犁，测天度，绘舆图。北路由侍卫努克三领队，沿天山北麓至伊犁；南路由何国宗领队。傅作霖从北队，高慎思从南队。他们约定测量完成之后，两队在肃州（今甘肃酒泉、高台两县）会合，将双方草图合成一幅地图进献皇帝。刘统勋、何国宗率领的测绘队历经各种险阻，踏遍天山以北各地，足迹远至巴尔喀什湖以西的吹河、塔拉斯河，获得了大量系统的实地测绘资料。由于天山南路的叛乱尚未完全平息，测绘主要是在天山北路进行，天山南路只测量了吐鲁番地区及开都河流域一带，测绘工作至当年十月中止。

乾隆二十四年，清军彻底平定回部首领大小和卓之乱，统一了天山南北。是年五月，乾隆帝再次派出了测绘队前往天山南路各地测绘舆图。测绘队由明安图率领，成员有西洋传教士傅作霖、高慎思、鲍友管（Antoine Gogeisl）、刘松龄（Augustin Ferdinand von Hallerstein）等。他们此次被派往新疆测绘的任务是"按地以此厘定，上占辰朔，下列职方，备绘前图"（傅恒、刘统勋等《钦定皇舆西域图志》）。"按地以此厘定"，就是把测好的地图再实地测量校正。同时"备绘前图"，即是测绘上一次未能测绘的回部（即天山以南地区）舆图。此次测绘工作历时近一年，足迹远至塔什干、撒马尔罕及克什米尔等地，于次年三四月结束，测绘队回到北京。乾隆闻讯，非常喜悦，赋诗一首：

敢云扩宇蒇前猷，堰伯从兹罢剿搜。
厄鲁马牛无一牧，�冲屯堡并全收。
本朝文轨期同奉，昧谷寒喧重细求。
无外皇清王道坦，披图奕叶慎贻留。

（傅恒、刘统勋等《钦定皇舆西域图志》卷一
《御制再题舆地图叠前韵》）

测绘队回到北京后，开始加紧绘制新疆舆图。乾隆二十六年六月，由何国宗、明安图、傅作霖、高慎思等根据测绘结果绘制的《西域图志》告成，并奉旨交由军机处方略馆继续办理。这是我国第一幅根据科学方法测绘的新疆地图，成为后来一切新疆地图的蓝本，具有很高的科学价值。后来，西洋传教士蒋友仁（Michel Benoist）奉命在康熙《皇舆全览图》的基础上，新增了新疆地区的大地测量成果，并重新绘制了西藏地图而得以在乾隆二十六年完成了闻名于世的乾隆《内府舆图》（又称《乾隆十三排图》）。此图弥补了康熙、雍正两朝舆地图之不足，覆盖面积远远超过康熙《皇舆全览图》，所绘地域北尽北冰洋，东至太平洋，

南到中国南海，西南抵印度洋，西至波罗的海、地中海和红海，成为我国最完整的实测地图，也是当时世界上最早、最完善的亚洲大陆全图。“制极其精，推极其广，从古地图未有能及此者也”（邵懿辰著，邵章续录《增订四库简明目录标注·史部地理类》）。乾隆《内府舆图》较之康熙《皇舆全览图》流传更广，对我国地图的绘制影响更大，成为后世编汇全国性地图的主要依据，如六承如的《皇朝舆地图略》，李兆洛的《皇朝一统舆地全图》，董方立的《清朝地理图》，邹世诒的《大清一统舆图》，胡林翼、严树森的《皇朝中外一统舆图》都是依乾隆《内府舆图》为蓝本绘制的。因此，我们可以说乾隆朝新疆舆图的测绘，为乾隆《内府舆图》的完成奠定了重要的基础，而乾隆《内府舆图》的绘制完成则奠定了中国地理测绘学的基础，也是对世界地理学发展的一大贡献。李约瑟曾高度评价乾隆《内府舆图》的科学意义，说“中国在制图方面又一次走在了世界各国的前面”（《中国科学技术史》）。

在实际测绘中，大地的经纬度测量，都采用了西方传教士传入的先进的天文测量和三角测量两种方法。先是用天文观测法测得一部分地点的经纬度。天文测量，主要采用太阳午正高弧测定纬度法和采用不同地点的月食观测测定经度法。以天文观测法确定若干个基本点后，传教士们再采用三角测量方法推算出其他各点的经纬度。所谓三角测量法，即是在地面上按一定条件选定一系列点，构成许多相互连接的三角形，然后在已知的点用望远镜观察各方向间的水平角，并精确确定起始边长，以此边长作基准线，推算其他各点的经纬度坐标（曹增友《传教士与中国科学》）。三角经纬度定位法在康乾时期中国大地测量中的成功运用，培养了掌握西方先进测绘技术的人才，成为推动中国地图绘制技术进步的奠基性工作。

这次新疆舆图的测绘，虽然说主要是由我国测绘人员何国宗、明安图等负责，但是西洋传教士在技术上发挥了重要作用。传教士宋君荣（Gaubil，Antoine）在1757年（乾隆二十二年）11月14日由北京寄往巴黎的信中谈到傅作霖和高慎思曾到过哈密、巴里坤、吐鲁番、玛纳斯、博罗塔拉及伊犁等地，说他们利用道路、罗盘方位和距离远近，测量并计算经度和纬度，绘成了准噶尔地图。信中还提到了傅、高地图中十八个地点的地理位置，说其中九个是傅作霖测定的，其余的九个由高慎思测定。这十八个地名包括巴里坤、哈布塔克、拜塔克、木垒、济木萨、乌鲁木齐、安集海、斋尔、博罗塔拉、伊犁（固勒扎）、鲁克沁、吐鲁番、乌沙克塔勒（博斯腾池）、喀喇沙尔、库尔勒、珠勒都斯（裕勒都斯）、空奇斯（空格斯河）、哈什（喀什河），而且信中还分别列出了这十八个地点的经纬度（约·弗·巴德利《俄国·蒙古·中国》）。笔者将宋君荣列出的这十八个地点的经纬度与《西域图志》一书《晷度一》《晷度二》的数据相互对照，几乎全部合符。例如宋君荣列出的下列几个地点的经纬度数据："巴里坤：北纬43°39′，经度23°0′；伊犁：北纬43°56′，经度34°20′；库尔勒：北纬41°46′，经度29°56′。"而《西域图志》对此记载则云"镇西府治（即巴里坤）：北极高四十三度三十九分，距京师偏西二十三度"；"伊犁：北极高四十三度五十六分，距京师偏西三十四度二十分"；"库陇勒（库尔勒）：北极高四十一度四十六分，距京师偏西二十九度五十六分"。二者记载完全相同。这说明傅作霖、高慎思确实参加了新疆舆图的测量，为中国地图测绘做出了重要贡献。

可以说，乾隆年间对新疆地区的测绘活动，吸收了西方最新的测绘理论，为中国的地图测绘事业培养了专业的测绘人才，是中西文化交流史上的光辉篇章，产生了深远的历史影响。这次地图测绘，不但为乾隆《内府舆图》的绘制完成做出了重要贡献，使得中国的地图测绘再次走在了世界的前列，也为中国地理测绘学的发展奠定了基础。

作者简介

侯德仁，1975年生，黑龙江海伦人，苏州大学社会学院历史系副教授。主要从事中国学术文化史、中国史学史、中外文化交流史、历史文献学研究，重点关注清代中外学术文化交流史和清代边疆史地学研究。出版专著《清代西北边疆史地学》。

咸丰朝缓解财政困难的对策

夏春涛

清朝财政一向量入为出，道光三十年（1850）岁入不到四千万两，略多于岁出，岁余无几；战争、重大灾害等突发事件尚不在财政预算之内。因此，太平军兴、黄河丰北大决后，地丁钱漕、盐课、关税收入有减无增，河工特别是军饷开支有增无减，财政入不敷出。处此困境，咸丰帝即位不久即动拨内库币银百万两，充广西军饷（《谕内阁著再由内库添拨币银一百万两作速解赴广西军营备用》）；后又采纳大臣建议，将内务府三口乾隆朝铸造的大金钟熔铸成8503块金条、计重2.703万两，另将圆明园等处计228件、重8747斤的大小铜瓶等库存铜器熔化成铜料铸钱，但终属杯水车薪。为缓解财政困难，清廷采取多项应急措施，设法开源节流。

一

节流之法，主要是分成裁减文武官员俸银，酌减宫中服用开支，暂停兴修工程。开源即增加财政收入，以广开捐输为首要措施。咸丰二年（1852）十月，户部等遵旨拟定《筹饷章程》23条，首条便是敦促京内外官员一体量力捐输。截至次年二月中旬，在京王公大臣及四品以下各员先后四次捐输。第四次计捐现银 14.131 万两，外加以廉俸扣抵捐项千余两。定郡王载铨个人一次捐银十万两，被赏加亲王衔；其余人等或交部从优议叙，或被赏戴花翎、蓝翎。同月末，都察院左副都御史文瑞奏称“筹饷之法几至束手无策，虽补苴多方，而缓不济急，抑且中外官民交困，人心摇动，势难再为滋扰”（《文瑞奏陈饬令富宦捐输家资管见折》），提议饬令富宦捐输家资。军机处遂列出名单，由此滋生挟私讦告流弊。在开会商议捐资名单及数额时，户部尚书孙瑞珍因自己赫然在列而激愤不已，与文瑞发生争执。文瑞据此奏劾孙氏，结果两人均因“殊失大臣之礼”而被交部议处。

面向民间的捐输启动更早。咸丰元年冬，咸丰帝依户部所议，准粤东商民出资助饷，并推及各省。陕西巡抚张祥河、云贵总督吴文镕等首先倡率，各捐银万两。各地纷纷出示劝捐，但大多名为劝捐实为勒派，地方胥吏与军营员弁借词劝捐，勒索滋扰，导致怨声四起。为鼓励绅民踊跃捐款，清廷宣布凡捐银数万两或更多者将予以破格奖励，出资较多省份将增加乡试中额和生员学额。与这种捐后兑现的奖励相比，捐纳属明码实价的功名买卖，只要交足银两，平民可捐得贡监、封典、虚衔，官阶九品以外者可捐升至道员，降革者可捐复原职，等等。时人就咸丰三年夏苏南设局劝捐情形慨叹：“常昭有官绅公启一纸，内有一联云‘官衔翎顶，荣施如愿以偿；银米钱洋，捐数以多为贵’，窃恐为后世奇谈也。嗟乎！功名原国家之名器，今而后愈趋愈下……近来动止，无不借资民力，如绅富家已邀恩重叠，虽襁褓之孩已得奖励，假有身不清白如数捐输者，亦居然衣冠中人矣。”（柯悟迟《漏网喁鱼集》）清廷后来还打破捐例，允许打折收捐，并简化手续，将空白“执照”发给各藩司和军营粮台，由后者自行开捐。此举渐次泛滥，应者日趋寥落。

上述筹饷方法显非长久之计。财用将竭而军需日增，仅向荣大营每月就需银二三十万两。咸丰三年六月十六日，大学士、管理户部事务的祁寯藻密折告急：“自广西用兵以来，迄今三载，经臣部奏拨军饷及各省截留筹解，已至二千九百六十三万余两，移缓就急，提后尽前，罗掘之方，实已无微不尽……粮台之设，至六七处之多，请饷纷纷，日不暇给……近来捐输之数，业已大减于前，内帑所藏，亦复不敢轻议……似此情形，实属计无所出。现在户部银库截至本月十二日止，正项待支银仅存二十二万七千余两，七月份应发兵饷尚多不敷。臣等备员农部，多或十余年，少亦一二载，从未见窘迫情形竟有至于今日者。”（《祁寯藻等奏陈度支万分窘迫请饬军营大臣迅图蒇事折》）因饷需支绌，加之作为铸钱原料的滇铜因道路梗阻无法运至，清廷踌躇再三，决计更多采用铸大钱、发宝钞、发银票等滥发钱币之策。

二

咸丰三年五月，户部下设的宝泉铸钱局等首先开铸当十铜大钱；七月增铸当五十大钱。次年，添铸当五、当二十、当百、当五百、当千等各类大钱。当百以上大钱面文称“咸丰元宝”，以下称“重宝”，其中当千大钱重二两，十成净铜，紫色。因铜料稀缺、成本高，户部还先后开铸当一、当五、当十铁钱和铅钱。另有十多个省份相继设局改铸大钱，其面值、铸式、重量、成色十分杂乱。同年十一月中旬，咸丰帝又准许户部印制纸钞，额题“大清宝钞”，旁八字为“天下通宝，平准出入”，下曰“此钞即代制钱行用，并准按成交纳地丁钱粮一切税课捐项，京、外各库一概收解”，面额从一千文、二千文、五千文到十千文、一百千文不等。归户部监督的官银钱号也大量发行京钱票，最大面额为一万文。另有十多个行省也相继开设官银钱号，发行所谓的“局票”。此外，发行银票即“户部官票”的奏议于同年二月末获准，面额从一两、三两、五两到十两、五十两不等。

从咸丰三年至咸丰帝病逝的八年间，清廷共发行大钱、银票、宝钞、京钱票合六千余万银两，占彼时国库总收入的69.5%（彭泽益《十九世纪后半期的中国财政与经济》）。通过以法令形式强制发行大钱以及根本无法兑现的宝钞、银票，清廷大肆收兑民间银钱，同时用搭放大钱、钞票的方式支付兵饷、河工、官薪等，以减少财政支出。借通货膨胀这一下策，清廷巧取豪夺竭蹶搜刮，虽相对弥补了财政亏空，但仍无法从根本上解决财政危机，反而给社会经济带来灾难性后果，终属饮鸩止渴。

三

由于缺乏最起码的信用，大钱、钞票在市面上难以流通。在苏南，“乡间当十钱私禁不用……肩挑荷贩者即口语云‘新咸丰不要’”（柯悟迟《漏网喁鱼集》）。在北方，当十大钱出京师即不可用，日益贬值。及至当百以上大钱面世后，其实值更是一泻千里。通货膨胀、百物腾贵使民众深受其害。农户按规定搭大钱、纸币完纳地丁钱粮往往遭拒，负担骤然加重，生计困顿。因担心收取大钱不能使用，商贩裹足不前，城中铺户大多歇业，商贸萧条。总体而言，“自行使大钱，而贫民之流为乞丐者不少，乞丐之至于倒毙者益多”（《中国近代货币史资料》）。官兵也同受其累。咸丰四年秋以四品京堂候补的吴式芬诉苦说：“惟米珠薪桂，更倍于前，居大不易。贱眷安顿山东，不拟来京矣……大钱不能畅行，以致食物日贵。农部议以制钱与当五、当十、当五十、当百五种钱，每千文各二成配用，亦迄不知能遵用否。旗民生计维艰，可为深虑。”（《瑛兰坡藏名人尺牍》）扬州江北大营兵勇因兵饷搭放大钱而哗然拒领，清廷担心激变，只得下令取消搭放。另一方面，钱商、当商借通货膨胀投机牟利；一些官吏在课税时故意刁难，拒绝按例搭收大钱和钞票，然后再到市面上低价收购大钱和钞票搭解藩库或部库，从中赚取差价，同样大发横财。

咸丰朝滥发钱币，还使原本难以维持的制钱制度更加脆弱。无数制钱因充作改铸大钱的铜料被销毁，大钱的重量也一再减轻。在获利心理驱策下，民间私铸大钱之风日炽，虽严刑峻法不能取缔，使币制更加混乱，加速了大钱的解体。咸丰四年六月，清廷被迫下令停铸当千至当二百大钱；次年六月，停铸当百、当五十大钱；到咸丰九年，铁钱又告停铸，仅当十铜大钱仍在京师流通，市价仅值制钱二文。宝钞、银票的命运与之相近，虽仍在继续流通，但咸丰十年二月已不再发行。到次年，宝钞百文仅抵制钱三文，几成废纸。与此同时，作为实际硬通货的白银价格一路飙升。这些都给后世社会经济生活留下巨大隐患。

作者简介

夏春涛，1963年生，江苏扬州人。中国社会科学院党校副校长，二级研究员、博士生导师。主要从事太平天国史和马克思主义中国化、党建研究，著有《中国国情与发展道路》《天国的陨落——太平天国宗教再研究》等。本文选自作者承担的《清史·通纪》第六卷书稿部分章节内容。

咸丰朝整饬吏治的举措

夏春涛

清朝统治在咸丰年间陷入全面危机，其表面原因在于太平天国运动，究其根源，仍在于吏治腐败。贪腐引发军事、经济危机，从而又加重了政治或统治危机。咸丰二年（1852）末，礼科掌印给事中毛鸿宾奏称：

> 窃观近年以来，内外大臣泄泄沓沓，拘泥丛脞（cuǒ，细碎），以缄默退缩为谦谨，以推诿避就为和衷，以先事布置为张皇，以勇往担当为孟浪。每于无关紧要之处，备极苛察，而遇重大事件，反敢阳奉阴违，藐国法若弁髦（biàn máo，无用之物）。属员尤而效之，上下成风，牢不可破。自阁部大僚以及各省督抚疆吏，诸务皆然，而军营为尤甚。（《毛鸿宾奏请严申国典赐徐广缙自裁置经略事权统一以振军威折》）

为使群臣咸知感奋，共图振作，咸丰帝数次下罪己诏。咸丰二年三月末，即太平军猛攻桂林之际，他下诏表示："然劳师糜饷，俾幺么小丑未能迅就荡平，皆予罪也……惟有自省愆尤、倍深刻责而已。"（《谕内阁著再申谕赛尚阿等勿蹈故辙并将洪大全仍著解京师讯究》）十一月下旬武昌告危时再度下诏，为未能安辑四方而深自反省。次年正月初八又下一诏，为"不能察吏安民"引咎自责，同时表示“即再三引咎自责，亦属虚文。惟有恐惧修省，叩吁昊苍宥（yòu，饶恕）予之辜、拯我穷黎”（《谕内阁本月上辛祈谷大祀朕引咎自责著该部及各直省刊刻誊黄宣示中外》）。四月初八复下一谕，表示“深惭治理乖方，愆尤丛集……倍觉愧悚。兹于本月初七日又值雩祭前期，因志吾之过以自警焉”（《朱笔省咎报天恩谕》）。

除下诏自责外，咸丰帝还沿用登极之初的举措，力图从广开言路、调整人事两方面入手，实现整饬吏治、扭转危局的心愿。咸丰二年三月二十一日，工部左侍郎吕贤基奏称“粤匪”、河工、度支、漕运事事可危，吁请诏求直言、集思广益。咸丰帝遂于同日降旨，再次令各部院大臣、九卿科道各进直言，以匡时政。不过，他此时更希望群臣开药方、支高招，对某些言之无物的奏折颇为厌弃，斥其“空言多，实事少。过去事得失易见，万难事并无布置，此时夥陈无谓之词，有何益也”？有些密奏披露了一些隐情，诸如军营统兵员弁捏报人数浮领钱粮，各省为奏销事宜贿赂户部官吏。咸丰帝当即下令稽查严办，但大多不了了之。他还以避免多所牵制、有误军机为由，否决了设立行营监察御史的建议。在此情形下，下诏求言也就难有实效。

为扭转军事上的颓势，咸丰帝频频撤换钦差大臣，并再三严申力洗前愆（qiān，罪）勿蹈故辙。然而，事与愿违，战局与吏治不但毫无改观，反而日趋恶化。他曾表示将依据国典执法，但对于丧师失地者，通常仅革职谪戍，以至连他自己也承认惩处不力。咸丰二年五月下旬，为整肃军纪，咸丰帝谕令嗣后对贻误军机者参奏正法，参将、游击以下各员即于军前正法，但并未起到震慑作用。两江总督陆建瀛自上游闻警逃回江宁后，朝中诛杀大员的呼声日益高涨。有人愤言：“夫赛尚阿不即加诛，始有徐广缙之迁延；徐广缙不即加诛，始有陆建瀛之逃遁”（《黄彭年奏陈敌众东窜急宜选才襄办以全大局折》)。更有人犯颜直谏:“近来领兵大帅统驭乖方,前岁皇上特以遏必隆刀颁赐赛尚阿,嗣复交徐广缙。迄今两载,未闻戮及一人。岂军中竟无可诛之人耶?”(《蔡寿祺奏陈时事多艰谨筹用人八策折》)“迭次恭读上谕,有军律治罪、猛以济宽明文,迄未见行一失律之诛,天下将视诏旨为具文。”(《吴廷溥奏陈东南大局危迫请将贻误军机之陆建瀛即行就地正法折》)咸丰帝虽为用人失当懊悔不已,并下令查抄赛尚阿等三人全部家产,将其子一并革职,但除陆建瀛江宁失陷时丧命外,赛尚阿、徐广缙后来均从轻发落,并被重新起用,这就很难起到以儆效尤的作用。

在惩治渎职官员方面,咸丰帝也动过真格。二年十一月中旬知悉岳州文武先行弃城逃避后,他饬令查明严办,表示“此时若不择其尤者正法数人,断不能挽回积习”。根据刑部议奏,他下令将知县胡方谷、参将阿克东阿即行查拿处斩;知府廉昌斩监候,秋后处决。但随后的情形颇具戏剧性:署湖广总督张亮基奏称,廉、胡均已病故,阿于城破之日即已阵亡。于是,咸丰帝谕令前二人毋庸议罪,后者著查实后奏明请恤。不意咸丰三年五月,阿氏在江苏海州自首;其子先前扶柩到京,称其父“殉难自尽”,至此谎言穿帮,真相大白。至于对岳州失守负主要责任的已革湖北提督博勒恭武,咸丰帝虽下令将其就地正法,但因地方当局官官相护、办事拖沓,博氏得以一路潜行至京外黄村藏匿,迟至三年四月才被拿获处斩,成为军兴以来被处死的官员中职衔最高者。武昌二次失陷后,湖北巡抚青麐(lín)因先期缒(zhuì,系在绳子上放下去)城逃命,也被正法。

面对日益严峻的形势,咸丰帝意识到澄清吏治、争取民心的重要性。二年十一月下旬,降旨赞许御史陈庆镛之条陈切中时弊,强调“当此防剿吃紧,首重人和。如地方官能得民心,镇将等能得兵心，何患不众志成城，同仇敌忾”（《寄谕徐广缙等著将御史陈庆镛条陈军务各条采择筹办并严防武昌下游水陆各要隘》）？本此理念，他迭降谕旨，宣布凡被兵省份经查明奏请后，分别蠲缓钱粮、酌情抚恤，以苏民困；严申地方官不得借捐输之名苛派骚扰民间；强调各地办理团练的经费不假手胥吏，归公正绅耆掌管。次年正月，又诏令各直省督抚务须破除情面，对属员严加查察，如有贪鄙不职之员立即据实严参。不过，在官场陋习并无实质性改变的情况下，这些旨令基本上形同具文。

局面日颓，从一个侧面暴露出人才匮乏之弊。翰林院编修曹登庸就此喟叹：“国家尊贤养士二百余年，何遂无人若此！臣愚以为其积弊不自今日始也。升平既久，则粉饰滋多。官无大小，皆以趋承奔竞为能；事无重轻，总以迁避弥缝为上。间有二三留心时务、守正不阿之士，非议其迂阔，即谓之沽名。”（《曹登庸奏陈整饬吏治刑赏亟宜破格以振人心折》）鉴于人事更迭频繁、需才孔亟，咸丰帝一再授意罗致人才。在群臣对此予以呼应的诸多奏折中，主张对曾国藩、胡林翼、江忠源等人委以重任的呼声日益高涨。

在真正可用之才匮乏的同时，官僚队伍却急剧膨胀。随着战火迅速蔓延，不少省份被迫暂停乡试，通过科考选拔官吏渠道不畅，但因军功保举及捐班人员激增，仕途反而更形拥挤。军功保举使确有才干者得以脱颖而出，同时也滋生保举太滥之弊，官之升擢者一折动辄十余人甚至数十人。早在广西时期，帮办军务的将领乌兰泰便据实奏称：“军营之弊，往往以败仗报胜仗，杀贼以少报多，借以邀功保人……其打仗尤为奋勇者，虽不可因误败以掩其功，亦不得见仗即保，毫无节止，以至贼未见少，官升日多。”（《乌兰泰奏报督黔兵于独鳌山接仗获胜并误败损将伤兵自请治罪折》）咸丰帝申令嗣后不得滥加保举，但又不得不借封赏刺激士气，致使痼疾难除。就连曾国藩后来也承认：“默思所行之事，惟保举太滥，是余乱政”（《致沅弟》）。据载，“清同治间，湘淮军兴，削平发、捻、回诸大乱，各路军功所保记名提督，部册所载近八千人，总兵则近二万人，副将以下汗牛充栋矣”（张祖翼《清代野记》）。捐纳出身者更是泥沙俱下。道光帝曾谓：“捐班我总不放心，彼等将本求利，其心可知。科目未必无不肖，究竟礼义廉耻之心犹在，一拨便转。得人则地方蒙其福，失人则地方受其累。”（张集馨《道咸宦海见闻录》）咸丰三年正月，翰林院编修蔡寿祺就用人之策奏称：“惟捐输一事最足以伤国脉而扰民生”，“候补者负累日重，题补后亏空必多，朘剥移挪，伊于胡底”，应停止捐输，举贤任能，搜罗寒畯，以求仕途清、民心靖（《蔡寿祺奏陈时事多艰谨筹用人八策折》）。然而，迫于筹饷压力，清廷仍不计后果地卖官鬻爵，导致官僚队伍鱼龙混杂，官场风气日益败坏，从而增大了整饬吏治的难度。

总之，在江宁陷落前后，面对日益纷乱的政局，咸丰帝有心整饬吏治，但又感到无从措手，大多以诏谕形式就事论事，缺乏通盘考虑，且不能真正做到宽猛相济。在不触动旧的体制机制、人事变动幅度不大的情况下，希图迅速澄清吏治，终是镜花水月。于是，官场因循玩泄之风依旧，乃至数年后相继牵扯出三桩大案。

咸丰八年四月末，时当第二次鸦片战争期间，前大学士耆英奉命赴津与英法外交代表交涉议和事宜，在遭对方拒见和奚落后擅自回京，被赐自尽。同年，顺天乡试舞弊案败露，担任主考官的大学士柏葰因私自撤换试卷获罪，于次年二月被斩；副考官户部尚书朱凤标被革职，其余数十名涉案者也分别受到惩处。此案尚未平息，官商勾结侵吞巨款的户部宝钞案又掀波澜，计籍没官吏、商人各数十家，株连数百人；管理户部事务的大学士翁心存也受牵连，被迫自请开缺。在内外形势所逼和近臣肃顺力谏下，咸丰帝终于痛下决心严惩贪渎官员，甚或斩决一品大员柏葰，起到一定震慑作用，但未免为时已晚。而肃顺等人则趁整饬吏治之机，通过查办三案，尤其是科场案、户钞案，铲除异己、树立威势，进而完全掌控军机处，一时间炙手可热，遭恭亲王奕䜣等人忌恨。

太平天国的权力格局及其败亡

刘　晨

咸丰六年（1856）是太平天国版图最广、军事鼎盛的时期，但突然遭遇了一场惨烈的高层内讧与杀戮，史称“天京事变”。一般认为，“天京事变”使近代规模最大的一次底层民众反抗运动功败垂成。然而，冰冻三尺非一日之寒，太平天国前期诸王的微妙关系，以及太平天国权力格局的变动已经为事变埋下伏笔。

一、上帝会初创时期（1847—1848）

上帝会创立之初，权力系统比较简单。洪秀全处于最高领导地位，集宗教领袖与政治元首于一身，是上帝会中唯一可以沟通神人的角色。据洪仁玕回忆：“凡举监缙绅人等，各皆叹其威仪品概，故所至皆以身率教。凡东西两粤，富豪民家，无不恭迎款接，拱听圣训，皆私喜为得遇真命天子也”，“常将此等天理物理人理，化醒众人，而众人心目中见我主能驱鬼逐怪，无不叹为天下奇人，故闻风信从。且能令哑者开口，疯瘫怪疾，信而即愈，尤足令人来归。”（《干王洪仁玕自述》）洪秀全独尊地位的形成，与他的信徒和盟友冯云山的远见卓识及冯对洪的赤诚忠心密不可分。冯云山是上帝会的实际发动者和组建者，“历山河之险阻，尝风雨之艰难，去国离乡，抛妻弃子，数年之间，仆仆风尘，几经劳瘁”（《天情道理书》），但他不居功，不争利，仍遥奉洪秀全为教主，上承洪的宗教指示和行政决策，传达给各地首领，再由他们将上帝会最高指示传达给会众。一元架构的中枢决策系统，行政效率较高，有力地推动了传教等教务工作的顺利开展。

洪秀全与冯云山为决策中枢的一元架构模式，并非完全垂直。洪秀全在会中主要负责编写、阐发教义和宗教体系的创建及维护，冯云山主要负责统筹日常教务的指导、宣传和组织，二人分工合作。所以，洪秀全是名副其实的宗教元首和名誉上的政治领袖，冯云山则是上帝会政治上的实际决策者。相比之下，洪秀全的实际权力不如冯云山，他在上帝会中枢决策体系中向边缘区域发生了偏移。但由于洪、冯二人的关系在主流层面仍表现为精诚团结，且洪秀全对冯云山较为放心，冯云山又具备高尚的品格和稳重的处事作风，上帝会初创时期的领导体系仍然是相对安全、有效的。

道光二十七年（1847）十一月，冯云山被紫荆山士绅王作新捕拿，上帝会陷于危机。次年三月，杨秀清假托天父下凡传言，安抚会众。九月，萧朝贵学步于杨秀清，迎天兄耶稣来到人间。杨、萧崛起，上帝会既有权力格局发生变化。

二、萧朝贵时期（1848—1851）

杨秀清与萧朝贵崛起后，上帝会的权力格局绝非单纯的天父天兄与洪秀全的二元架构体系。

据《天兄圣旨》记载，自道光三十年六月底，天兄接见洪秀全家人，开始十分频繁地“下凡理事”，整个七月、八月、九月，均是萧朝贵暂代首辅的主政时期，在太平天国权力舞台上活跃的主角是萧朝贵和天兄。这一时期，举凡上帝会人事变动、洪秀全行踪、洪秀全家属安置、会众思想教育及奖惩、军师人选、私人生活、扯旗与称王时间、中枢决策、金田团营等等，无论一切琐碎与关键事务，俱决于天兄（实际是萧朝贵），而洪秀全、冯云山只有俯首受命，杨秀清则处于配角地位，天父传言也被日趋边缘化。如道光三十年八月初一，萧朝贵在平南鹏化山约杨秀清“战妖”（上帝教用语，类似师公、神汉装神驱鬼）完毕，不以“天兄”之命而是自己直接对其下令：“四哥，尔先回去。小弟现停几日，制服这几处妖魔先，然后归也。”杨秀清奉天兄之命由鹏隘山至鹏化山战妖，然后又接受萧朝贵的安排先行返回，可见萧朝贵已经能够直接指挥杨秀清的行动，基本控制了上帝会的中枢决策系统。

由于已发现的《天父圣旨》不全，天父被边缘化的程度尚无从把握，但萧朝贵的主角地位是可以确定的。这一阶段的上限不明确，下限迄于永安封王。需要指出，这一阶段的下限并非是《天情道理书》所载杨秀清大病得愈的庚戌年（1850）十月初一。据《天兄圣旨》记载，杨秀清康复后，出于各种原因，萧朝贵确有近四个月的缄默，在太平天国权力格局中“天兄”与“天父”逐渐位移。但金田起义立国后，天兄复出，在太平天国的神坛和政坛上又开始发挥一定的作用，但这种势头已大不如前，或可称为“萧朝贵时期”的后期。永安封王后，各王俱受东王节制，杨、萧地位才发生根本性变化。

在这段时间内，萧朝贵通过天兄圣旨，将“神”的具体指示传达给洪秀全、冯云山、杨秀清，形成中枢决策，又通过扶植金田大本营核心力量——韦昌辉，直接管理和领导各项工作。韦昌辉一方面参与中枢决策的形成，另一方面直接负责向地方执行系统下达决策命令。在这一运作过程中，天父代言人杨秀清也可以通过天父圣旨直接向洪秀全、冯云山传达指示，但在萧朝贵的打压、排挤下，天父被日趋边缘化，杨秀清“神人沟通”的空间日益缩减。萧朝贵、韦昌辉实际垄断了整个上帝会决策的形成、传输、执行过程，洪秀全、冯云山原有的宗教权力、世俗权力都被进一步压缩和损害。

萧朝贵、杨秀清、韦昌辉进入中枢决策体系，扩大了中枢决策范围，有利于集思广益，从而形成更为可行、明智的政令。但萧朝贵亲手构建的这一格局，无法排除天父代言人杨秀清既有身份和权力的干扰，也无法完全无视洪秀全教主的名誉决策权，所以系统各组成部分在运作过程中会出现相互制衡和压制的现象，影响常规事务的决策。萧朝贵为克服这一弊端，采取加速实现上帝会核心中枢地点转移的方法。萧、杨、韦所在的紫荆山和金田村，成为新的决策基地，洪秀全、冯云山被迫奉天兄圣旨“避吉”到花洲山人村等地，成为名誉上的中枢，且被下降到附属地位，二者的矛盾和碰撞暂时得到缓解。

萧朝贵时期太平天国的权力格局，在天兄的高压政策下，在萧朝贵的精心装潢下，杨秀清、萧朝贵因权力争夺产生的矛盾暂时得到缓解；萧朝贵与洪秀全、冯云山因权力再分配产生的摩擦也被人为地进行空间上的搁置，太平天国得以顺利完成起义建政前最为重要的准备工作——金田团营。

这一时期的权力格局，并非杨、萧与洪、冯二元格局，而是天兄与天父、萧朝贵与杨秀清的对立。这种架构建立在萧、杨之间客观实力相对均衡的基础上，是各种势力相互妥协和利用的产物。随着杨秀清实力的复苏，再加上萧朝贵亲手组建的权力关系网络中各种不和谐因素的暴露，各种势力亟须冲破既有权力格局，实现政治利益和权力的再分配，萧朝贵时期的格局构架就愈发不稳定。

以萧朝贵和石达开的关系为例。《天兄圣旨》唯一一次记载石达开发表言论是他顶撞天兄。道光二十九年底，贵县六屈村发生上帝会与当地武装周凤鸣的战斗，上帝会取得胜利后，天兄下令班师。石达开、王玉绣、叶享才俱说不可班师。天兄大怒，厉声曰："据朕子爷在高天看来，都无些指甲事情。尔等何竟毫无胆识也？石福隆等家粮草将尽，尔还不知么？"石达开仍然坚持道："小弟二人在后顶起也。"石达开坚持己见，出乎萧朝贵之意料，天兄被迫"无语回天"。但萧朝贵没有就此罢休，四天之后，天兄令刘文明、叶享才回贵县告诫石达开："不好信人挑唆也。"言外之意是警告他要和赐谷村王家（王玉绣等是洪秀全表亲，为萧朝贵主要打击对象）保持距离。可见萧、石关系并不和睦。自此，石达开在萧朝贵的压制和孤立下，再未对天兄发表任何异议。

萧朝贵通过对洪秀全的挟持与控制，对冯云山的排挤与打击，对石达开的压制和孤立，对杨秀清的合作与斗争，对韦昌辉的拉拢与扶植，营造了一个并不十分和谐的太平天国核心层人际关系网络。

各种势力的此消彼长，不和谐因素产生的矛盾和冲突，决定了萧朝贵时期太平天国权力格局无法长久。它在获得起义胜利，迎来太平军突进永安的辉煌的同时，也在一步步走向解体的深渊。

三、杨秀清时期（1851—1856）

咸丰元年（1851）十月十八日永安城外发生水窦村之战，萧朝贵身受重伤，丧失了参与政治军事活动的能力，使得其政治生涯告一段落。由于他的重伤，洪秀全才不得不完全倚仗雷厉风行、办事干练且具有天父代言人这一神秘崇高身份的杨秀清。十月二十五日，降诏封王，天王授予东王节制诸王的全权，这固然是出于时局的需要。因为此时，除了杨秀清和萧朝贵，其他三王都不具备总揽全局，指挥全军的实力及宗教身份。在原先本已一步步取得和杨秀清几乎平起平坐地位的萧朝贵，因伤重有生命之虞，自动退出政治权力核心。太平天国的政治权力格局就在萧朝贵重伤后的第七天，发生了一场悄无声息的重大转变。

永安封王使杨秀清在政治上一人独大，他通过天父的意志限制洪秀全的宗教权力，排挤洪秀全的世俗权力空间，继而以政治（左辅正军师）和宗教（天父代言人）的双重权力身份，统领西、南、北、翼各王及文武百官，管理天国军民。但天兄代言人萧朝贵在宗教权力系统中的作用尚在，他可以通过天兄的意志一方面抑制天王专制体制，另一方面牵制天父权力在整个太平天国宗教权力系统中的膨胀，进而以宗教身份制衡杨秀清的某些政治行为。可以说杨秀清、萧朝贵二人在宗教层面还有一定的制衡因素存在，尽管天兄在神秘话语体系中已近于缄默，并且被日趋边缘化；而南王冯云山依然是天国上下认可的上帝教的实际创建者，他是洪秀全最忠实的盟友，对太平天国的贡献和在太平天国中的资历仍然不能被抹杀。因此，萧朝贵是牵制杨秀清在宗教权力系统中权势恶性膨胀的重要力量，而冯云山则凭借他的资历和功劳对太平天国诸王在世俗权力方面起着调节作用。

但不久，冯、萧二王先后战死，带来了既有权力格局中大片的权力真空。洪秀全对世俗权力系统的再建依然采取沉默的方式，不能不说是一大失误。东王杨秀清则顺利接管了萧朝贵、冯云山的权力，同时采取各种方式不断打压北王韦昌辉、翼王石达开及秦日纲、胡以晃、陈承瑢等中央实力派，将他们排挤于权力核心体系之外。北王韦昌辉位次虽上升为第三位并且具有后护又副军师的身份，但对他最为倚赖的盟主萧朝贵的离世（韦是萧一手提拔起来的），意味着他失去了进一步拓展权力空间的可能。韦昌辉也只好如履薄冰，如临深渊，“事东贼甚谄”（《金陵癸甲纪事略》），“阳下之而阴欲夺其权”（《贼情汇纂》）。翼王石达开则只是20岁出头的年轻人，而且他不具有军师的身份，距中枢权力核心较远。于是，洪、杨矛盾充分暴露，“对立的二元架构”体系形成。

杨秀清还进一步阻断政治信息的畅通。张德坚《贼情汇纂》记载：“凡紧要奏章若无杨逆伪印，洪贼不阅，故一应奏章必先送杨贼处盖印，虽昌辉自奏亦不能径达。”在闭塞的信息流通领域里，入天京后仅一年多的时间，洪秀全便被杨秀清架空。咸丰四年英国使节麦华陀（Walter Henry Medhurst）访问天京，他报告说：“至于像太平王这样一个人是否真的存在，仍是很值得怀疑的一件事，因为在我们同将军等人所有的通信中，对方刻意向我们大谈东王的意愿，他的权力，他的威严，他的影响，但只是顺便提及他那驰名的主子。东王显然是他们政治和宗教体系中的原动力。”（《麦华陀和莱文·包令的报道》）外国人也清楚地看出，杨秀清处在整个太平天国权力的中枢，他已有足够的砝码抗衡洪秀全，只待野心暴涨。权力之争，一触即发。咸丰六年，太平天国发生内讧，韦昌辉杀害杨秀清及其亲信，石达开奉洪秀全之命杀韦昌辉及其党羽，随后石达开遭到洪秀全排挤出走，史称“天京事变”。

四、后期太平天国（1857—1864）

天京事变后，首义诸王或死或走，天父、天兄的神话体系破灭，洪秀全宸躬独断。为弥补既有权力空白，洪秀全修补而成后期太平天国错综复杂的一元权力结构，最终形成以洪仁玕、洪仁发、洪仁达、蒙得恩、林绍璋为首的中央亲贵权力体系和以陈玉成、李秀成、李世贤、杨辅清为首的地方实力派权力体系。

在后期权力结构运作模式中，洪秀全可直接或通过亲手提拔起来的中央权贵向地方实力将领下达王命，操纵政权机器。但中央的威信和管辖权在天京事变后遭到严重削弱，缺少军功资本的洪仁玕、蒙得恩等权贵的命令在一定程度上受到掌握重兵、各据地盘的李秀成、李世贤等实力派的抵触。洪秀全和中央权贵不得不联合、依赖陈玉成、李秀成、李世贤等参与中枢决策。按李秀成自己的话，洪秀全“一重幼西王萧有和，第二重用王长兄洪仁发、王次兄洪仁达，第三重用干王洪仁玕，第四重其驸马钟姓、黄姓，第五重用英王陈玉成，第六方是秀成也。”于是就在中枢决策和执行系统之间形成了地方实力派，严重影响了中央决策的实施。

另一方面，洪秀全也直接参与地方决策，直接向地方各级将领下达诏令，后期分封诸王使其各自招兵，将各级将领纷纷纳入地方决策系统，干预政策制定。李秀成、陈玉成等实力派对各级将领的统属地位遭到严重动摇。

后期太平天国的权力结构处于中央和地方、中央内部、地方内部等各种矛盾错综复杂和交织中。党争日炽，政令不通，国家机器锈蚀钝化，危机重重。李秀成总结太平天国的失误时，关于权力结构者有二：“误封王太多，此之大误”，“误立政无章”。

综上所述，太平天国政权的权力格局经历了复杂的演变。洪秀全及太平天国其他领导人一直没能建立起稳固、高效的权力结构，由此引发的以天京事变为代表的内部倾轧，便成为太平天国由盛转衰乃至最终败亡的一个重要原因。

作者简介

刘晨，1986 年生，山东滨州人。中国政法大学马克思主义学院讲师，北京大学历史学博士，中国太平天国史研究会理事。主要研究方向为中国近现代史、太平天国史。著有《萧朝贵研究》《咸同兵燹与徽州社会》等，参与国家清史纂修工程项目“传记・类传・农民领袖”。

曾国藩、李鸿章的不同心态与“裁湘留淮”之局

董丛林

曾国藩和李鸿章是晚清的名臣、重臣，也是威震一时的重要军事将领。其中，曾国藩统帅湘军，李鸿章统帅淮军。曾、李二人不同心态，对镇压太平天国后“裁湘留淮”产生了直接影响，导致平定捻军起义后，湘军和淮军力量消长对比更加明显。

一、曾、李心态条件上的共性与差异

在镇压太平天国的过程中，曾国藩、李鸿章两人分别统领湘、淮集团势力。他们都有着为挽救反清起义给“皇朝”带来的危机，而不避艰危、勇于承当的心志，尽管历经千挫百折，但终不消沉、颓废而放弃拼争。如曾国藩，在其临终前请人代递的遗折中，总结自己为清朝效忠的一生，言及值“粤逆”（诬称太平天国）滋扰之际，自己“激于义愤，创立楚军，转战湖南、湖北、江西、安徽各省”，“综计驰驱军旅十有余年，艰难险阻，屡濒于危”，而自“带兵之始，即自誓以身许国，无望生还”。总之，是抱定为其君国拯危救难而将一己生死置之度外的心志。李鸿章不但曾统帅淮军参与镇压太平天国，而且在随后镇压捻军当中发挥了比曾国藩更为重要的作用，成为最终将捻军镇压下去的

统帅之一。他去世后，清廷上谕中褒扬其“器识渊深，才猷宏远，由翰林倡率淮军，戡平发、捻诸匪，厥功甚伟”。而他这方面的成功，自然也与其坚定的心志分不开。就此而言，无论是曾国藩还是李鸿章，心态都是“积极”的，这是其基本共性所在。

然而，他们在军政生涯的某些特定关头，具体处置自身与清朝阵线内部关系的过程当中，所表现出的心态又是大不一样的，可谓呈现曾国藩“消极”而李鸿章“积极”的相对反差。有说，曾国藩“少时汲汲皇皇，有侠动之志”。直到编练和领起湘军之初，他在处理官场内部的人际关系方面尚奉行“刚道”，只因连连碰壁受挫，遂接受教训，改行“柔道”，以“好汉打脱牙和血吞”来自我警策，遇事低调隐忍，惕厉有加，所谓“未曾一日忘惧”（王闿运《湘绮楼日记》）。时人王闿运以“谨守”二字概括曾氏的这种心态，可谓精当。本来，曾国藩曾因为多年间没有地方事权，仅领所部湘军“客寄虚悬”于外省而饱尝艰难窘迫，也曾为争取地方事权而几乎向清廷摊牌，但及至他出任两江总督又奉节制四省（安徽、江西、江苏、浙江）军务之命后，对如此位高权重又着实忧惧盈心，曾在日记中写道：“古之得虚名而值时艰者，往往不克保其终。思此，不胜大惧。将具奏折，辞谢大权，不敢节制四省，恐蹈覆悚负乘之咎也。”（《曾国藩日记》）很快，便果真上了这样的奏折，并接二连三地与其弟曾国荃（直接率军攻下太平天国都城的主将）议谈此事，有言：“处大位大权而兼享大名，自古有几人能善其末路者？总须设法将权位两字推让少许，减去几成，则晚节可以渐渐收场耳”；“吾兄弟常存此兢兢业业之心，将来遇有机缘，即便抽身引退，庶几善始善终，免蹈大戾乎！”（《曾国藩家书》）可以说，这是曾国藩真实心态的典型反映。

李鸿章自年少时即因“英俊聪慧”而被人视为“伟器”，早就抱定“马足出群休恋栈，燕辞故垒更图新”（《李文忠公遗集》）的入世之志，要放手放胆地拼一番事业。但开始多年间不论是做京官还是在家乡办团练，都没能弄出大名堂，只好投曾国藩幕府寻求出路。李鸿章的父亲李文安与曾国藩是进士同年，李鸿章本人则曾拜曾国藩为师从学，这层关系使得曾国藩对李鸿章不失信任和器重，但李鸿章与湘系群体的关系并不十分融洽。据知情者说，李“在曾军时颇受湘人排挤”，像左宗棠、彭玉麟甚至曾国荃等人，与之就很不协和，明里暗里摩擦不断。这对于激切求进、绝不安于现状的李鸿章来说，要独立山头以自展“鸿图”的追求便愈发迫切。及至他有机会建立淮军出驻沪上，迈出了实现抱负的初步，在此基础上，自然要谋图寻机获更大发展。为此，他急功近利，锋芒毕露，大有破釜沉舟之势，以“不怕死”而“刻刻自讼”（李鸿章《复孙省斋观察》），在向上爬的艰险路径中不惮当拼命三郎。当时曾氏兄弟即尝指责李鸿章“气焰颇大”（黄濬《花随人圣庵摭忆》），曾国藩还曾言李氏“拼命做官”，戏谑中不失真切。

二、促使“裁湘留淮”决策实施的心态因素

镇压太平天国的军务基本完结后，曾国藩在其特定心态的促使下，便迫不及待地采取“裁湘留淮”的措施，其最主要的真实目的在于，通过急骤削减所部湘军来打消清廷对他尾大不掉的隐然疑忌，表明自己决无异心。不论是湘军还是淮军，本来都不是清朝常规编制下的正规军（指“经制军”），而属“勇营”性质。“勇营”以前就曾有过，是基于军事需要而组建的临时武装，军务完结后随即裁撤。可湘、淮军的崛起非同寻常，清朝腐败的“经制军”已无力镇压太平天国，正是湘军和淮军充当了镇压太

平天国的主力。太平天国以后，捻军继之而起，因此，这时湘、淮军不能再像以前的“勇营”那样裁掉了事，而需要朝新的“经制军”方向发展。而“裁湘留淮”与这种客观需求倒也不全然相悖，只是湘、淮军之间相对消长的调配而已。

到镇压下太平天国时，湘军已经规模颇大，人数发展到其建军以来的最高额，其他分支不计，仅曾国藩麾下直辖者即达12万之众，远远超过后起的淮军。而“裁湘”，也绝不是曾国藩这时临时起意，乃早有铺排。同治元年（1862）四月间，当时淮军初成刚刚进驻上海，曾国藩给李鸿章的信中，就嘱其好生教练军队，说“将来可恃淮勇以平捻匪”。同治二年，首鼠两端、依违莫定的安徽地方武装头目苗沛霖复又叛清后，这年六月间曾国藩致函李鸿章，说“苗逆若得寿（州）蒙（城），其祸孔长，湘勇之力渐不能穿鲁缟，将来荡平此寇，端赖淮勇矣”！及至攻下太平天国都城天京之后，曾国藩便急筹实施“裁湘留淮”之策，他于当年九月初致函李鸿章说：“湘勇强弩之末，锐气全消，力不足以制捻，将来戡定两淮，必须贵部淮勇任之。国藩早持此议，幸阁下为证成此言。兵端未息，自须培养朝气，涤除暮气，淮勇气方强盛，必不宜裁，而湘勇则宜多裁速裁。”

诚然，湘军因历战已久而“倦飞思还”的情绪，在历时较短的淮军中尚不严重。再者，淮军兵员出自皖地者多，较习平原地势，这也是用以对付捻军优胜于湘军的地方。但是，当时曾国藩实际上并不真认为淮军能比湘军优越多少。与“谨守”的心理特征密切相关，曾国藩以“哀兵必胜”为信条，把将士是否有所谓“忧危之怀”，作为衡量军队素质优劣的最重要标准。照此衡量，所谓“富而骄”而乏“忧危之怀”的淮军，显然还不抵湘军。实际上当时曾国藩对淮军即颇存疑虑，担心其不能“平贼”。同治四年五月间，他致信李鸿章委婉地说，“若能化其枭悍之气，道以忠朴之风，则淮勇之波澜弥阔，枝叶弥茂矣”。可见，他的“淮优湘劣”说，在很大程度上是托辞而已。对此，他的门徒王定安明确说，曾氏“裁湘留淮”的真实目的在于“以避权势，保令名”（《湘军记》)。

而对于当时正处激奋求进积极心态下的李鸿章来说，“裁湘留淮”之策当然是他的好事良机。他于同治三年七月致函曾国藩说：“吾师暨鸿章当与兵事相终始，留湘、淮勇以防剿江南北，俟大局布稳，仍可远剿他处。”虽然话语中委婉措辞湘淮共留，但重在赞同“留淮”的真意不难窥知。而对其淮军、淮系的展布之图，更是溢于言表，《淮军平捻记》中就此置评：当时“朝廷虽未有北征之命”，而李鸿章的“平捻之态，已预及之矣”。

也正是在李鸿章的由衷赞同和积极配合下，曾国藩的“裁湘留淮”之策得以雷厉风行地实施，并且“裁湘”首先从其最嫡系部队下手，很快湘军便有颇大规模的削减。尽管湘军若干支派综合起来兵力仍然较为可观，但多已不属曾国藩直接统辖指挥，且分化和涣散情况也较严重。就其兵力的总体情况看，这时较前是大大减削了。而淮军虽说也有象征性的裁减，但并未伤筋动骨，“实际仅裁老弱数千，其各营劲旅尚存五万余人”（《中国近代史资料丛刊·捻军》)，而其未裁前也不过六万来人。

揣摩可知，曾、李二人的不同心态条件，对于湘、淮兵力的相对消长变化无疑有着直接牵系。试想，如果他们不是如此，譬如说，曾国藩是坚意和设法尽多“留湘”，李鸿章自然不便反对，清廷想必也会赞同。其实，清廷从来没有或明或暗地逼迫曾国藩如此“裁湘”，反而是对他急骤地大规模裁军的行动表示出担忧。总之，揆诸当时多方面条件，“保湘”并非绝不可行之事。果真那样，随后投入“平捻”战场的湘、淮兵力对比，自会是另一番状况。

三、“湘消淮长”与“平捻之役”

曾国藩是于同治四年夏间接奉挂帅平捻之命的，原先的统帅蒙古王爷僧格林沁已在前线败亡。曾国藩经数月准备，所集结、统帅上阵的部队总共大约6万人，而其中仅有湘军9000多人，其余皆淮军营伍。兵力上“湘消淮长”的局面，正是“裁湘留淮”造成的直接结果。所部主力已非湘军而是淮军，这样在有效指挥上便出现了问题。

淮军与湘军一样，都有着“兵为将有”的本源私属性。尽管曾国藩出师前已顾虑及此，未雨绸缪地采取了一些措施，但不能从根本上解决问题，指挥前敌淮军仍然困难重重，“遇有调度，阳奉阴违者颇多”。淮军依然奉李鸿章为主人，接受李鸿章遥控。为了改变这种状况，曾国藩软硬兼施，终无济于事，遂有“撤湘军一事，合九州铁不能铸一错”（徐宗亮《归庐谭往录》）之深悔。他在同治五年三月间写给李鸿章的信中，就感慨直言“淮军非君家不能督率”。在这种情况下，心态上本来就疲惫消极的曾国藩，只勉强挂帅一年多时间，便“意甚悒悒”地退让，由李鸿章来替代帅任。那李鸿章的表现如何？他壮年新进，雄心勃勃，贪求军功，不惮戎马，把接揽帅符作为建功立业的天赐良机，在接任的上奏中便表示“非敢沾谦抑之虚名，拘辞让之末节”，而毅然承担。他甚至不顾常规礼仪派员到曾国藩处亟索关防，惹得曾氏颇为怨恨、恼怒，但还是隐忍三分，说“我以为须当面交付，以昭慎重，今如此取去，亦省事”（刘声木《苌楚斋四笔》）。可见，当时曾、李二人相反相成、互补得宜的特定心态，对于挂帅平捻的以李代曾之局，也起了直接促成作用。

还需注意到，李鸿章挂帅以后更加锋芒毕露。曾国藩对此大为忧虑，同治六年夏间曾与幕僚赵烈文说：“少帅（指李鸿章）近颇傲，殊非吉兆……此次大举，以余度之，必不能制贼。”（赵烈文《能静居日记》）曾国藩在“谨守”心理支配下对李鸿章的担心，虽不无理由，但从相关事实看，正是因为李鸿章不像曾国藩那样遇事瞻前顾后，谨小慎微，而是任凭艰难挫折，一味干去，放手放胆，坚定不摇，才得以收取平捻最后之功。不然，或许也会像曾国藩那样半途而废的。试想，李鸿章挂帅平捻期间，经历过多少挫折磨难，军事上几度大起大落，人事上屡遭群谤众毁，他之所以能够坚持到底，无疑离不开“积极”心态支撑下的坚韧。

可见，曾国藩“裁湘留淮”所致兵力上“湘消淮长”的变化，是导致其在平捻之役中无功而退的最主要原因。李鸿章取代曾国藩挂帅并最后收功，这既是他和淮系势力的有利“亮相”，也是其后续更大发展的重要契机。从相关过程可以察知，曾、李的心态因素在隐深层面上发挥着重要的作用。

作者简介

董丛林，1952年生，河北盐山人。历史学博士，河北师范大学历史文化学院教授、博士生导师，中国义和团研究会副会长、中国太平天国史研究会常务理事。著有《龙与上帝——基督教与中国传统文化》《晚清社会传闻研究》《曾国藩传》，发表论文百余篇。

统治集团贪腐是甲午战争失败的重要原因

张海鹏

中国在甲午战争中失败，给予近代中国历史发展深刻的影响，创深痛巨，历史教训值得反复思考。我曾撰文探讨甲午战争失败的教训，从政治、经济、军事、外交等方面进行分析。还有一个原因，未能深入探讨。这个原因，就是清朝统治集团的贪腐。

一

为什么号称亚洲第一的北洋海军在1888年（光绪十四年）成军后就不再从事建设？为什么海军的一些舰船临阵脱逃？为什么陆战战场临敌的将军们见敌就逃，不能为保卫国家英勇作战？这些都与政治腐败有关，政治腐败中，除了制度因素外，就是官员的贪腐，首先是最高统治集团的贪腐。

实际上当权的慈禧太后是统治集团贪腐的典型。1894年11月，是叶赫那拉氏的60寿诞，她要仿效乾隆帝，大做庆典，把祝寿当做国家头等大事，指定首席军机大臣、礼亲王世铎等一批大官僚专门筹备。为此在前一年就成立庆典处，专事筹办。有个统计，耗费在庆典上的经费账面上是541万两，拨给前线的军费却只有250万两。世铎等人阿谀逢迎，大事铺张，指派地方文武大员来京祝寿，命令各省派道、府、县令先期到京城布置景点。那拉氏准备在生日那一天（11月7日），在颐和园接受百官祝贺，然后回宫。自西直门外关厢到西华门，沿路搭盖戏台、经坛，陈设景物，争奇斗巧。那拉氏担心延误做寿，支持李鸿章主张，但求从速对日妥协。翁同龢等乘机攻击李鸿章，反对妥协乞和。这样，帝党、后党，主战、主和就连到了一起。形式上是帝党主战，后党主和，两派对立。但哪一派也没有拿出对付日本侵略的办法来。

大典期间，正当大连湾、旅顺战事紧张，叶赫却在颐和园听戏三天，诸大臣陪同听戏，视国家大事如儿戏，视前线战事如儿戏。生日受贺也在颐和园举行，修缮颐和园耗费甚巨。根据近年学者考证，颐和园工程经费总计814万多两，出自海军衙门经费735万多两，出自总理衙门经费77万两，其中属于挪用海军衙门经费有705万多两。

庆典经费加上颐和园工程，共耗费1300多万两（账面上）。这两项耗费基本上是不当使用，如果其中一半用在北洋舰队建设上，用在军事费用上，甲午战争的结局可能就不是那样惨了。事实上，北洋舰队自1888年成军以后，就没有再在海军建设上花钱了。海军军费捉襟见肘，弹药严重不足。在中国担任总税务司的英国人赫德，曾深入中国政治事务，他在黄海大海战半个月前写信给中国海关驻伦敦的代表金登干，说："北洋水师的克虏伯火炮没有炮弹，阿姆斯脱郎的火炮又无火药。冯·汉纳根（北洋海军聘请的洋顾问）……需要有足够打一场几个钟头之久的大海战的炮弹，现在还没有到手。"而据《泰晤士报》驻东京记者布林克莱报道，日本在战前储存的弹药"比在一次对华战争中可能耗去的还要多"。可见军事准备两相径庭，不可比拟。单从这一点看，战争的失败也是不可避免的。

庆典既然是国家头等大事，就不只是叶赫个人的事。根据长期在中国作间谍工作的日本人宗方小太郎9月2日日记记载："清政府为资军饷起见，扣发自王公以下文武大小官员年俸三成，八旗、绿、步各营兵丁月饷亦扣发三成。各省盐税加倍征收；各省之养廉银亦减少三成，各送交户部以助军饷云。"事实上，这是借军饷为名，大事盘剥全国军民。日记又记载："自前年以来，每省裁撤兵员十分之一，以充饷银充作修缮圆明园。又因明年为皇太后六十诞辰，拟效乾隆之盛时举行庆典。内外大小官吏以至兵卒，均献年俸之二成五，以营此贺典。"宗方小太郎批评说："政府之措施日益陷于因循支绌，对民心之向背甚不留意，恬然粉饰太平。""谄谀百出，丑状实不忍见。"朝廷对臣工的剥削最后都会转移到普通老百姓身上，民间的痛苦日益加剧。"恬然粉饰太平"，这个日本间谍的批评是很深刻的，可惜那班帝后、大臣们只知道歌舞升平，哪管他前线战败、死人。

二

上有所好，下必效焉。卖官鬻爵，贪污横行，是那时官场的正常现象。哪个当官的不是为了发财？据阿英编《中日甲午战争文学集》所载史料，有人揭露，当时的政治，就是坏于贪污。不管当什么官，不管官位是怎么来的（或由考试，或由荐举，或由捐纳，等等），一旦得到了官位，就不问社会风俗，不问人民良莠，要问的是这个官位所得几何。官缺有优有劣，其收入就不能光靠年俸和养廉银了。多的数十万，至少数万数千，官位极低的如佐贰小缺，也有数百上千。如果把22行省加起来，每年进入官吏荷包的就不止千万。这些不是国库的羡余，就是民生的血肉。揭露何其深刻。

宗方小太郎在《中国大势之倾向》中记载："中国为四千年来之古国，文物制度灿然具备。但其岁入与土广人众相比较则又甚少，不过97749643两及米5234346石而已。据实际调查，自人民征集者为表面数额之四倍。且定额以外之收入，一钱不入国库，均为地方官吏所私有。该国历来贿赂之风盛行，地方官肆意刮削民众膏血，逞其私欲。"这个记载说，中国广土众民，一年财政收入只有9千多万两，的确是不多的，表明税收负担不重，但是正税以外的各种盘剥，超过表面数额的四倍，而且这些钱，一文也进不了国库，全部为地方官吏私吞。贿赂风行，全部来自民脂民膏，都是为了满足私欲。日本间谍宗方的观察，与上述《中日甲午战争文学集》所揭露的情况，如出一辙。

最近有人挖掘史料，发现甲午战争黄海海战中临阵脱逃，被处死的济远舰管带（相当于舰长）方伯谦，战前经营房产，在刘公岛有房产28套。在烟台、青岛、福州等地还有其他房产。据记载，他还把小老婆接到刘公岛居住。据英国国家档案馆保存的方伯谦兄弟在战后代替方伯谦出售土地房产契约，共出售土地38亩，房屋113间，原价4.4万两，售出价4千两。

根据学者研究，方伯谦官俸1296两，船俸1944两，两项合计每年3240两白银。购房产银4.4万两相当于正式年俸的13.6倍，恐怕是来路不明的。根据经慈禧太后审阅同意公布的《北洋海军章程》，明确规定北洋水师提督（相当于北洋海军司令）可以在刘公岛上建办公处所和公馆（住家），其他总兵以下各官"皆终年住船，不建衙，不建公馆"。济远舰管带相当于总兵，只能住在舰上，不能建衙门和公馆。很显然，方伯谦在刘公岛建房是违反海军章程的。这样一个有大量房产的海军管带，能够在战场上流血牺牲吗？他的临阵脱逃，就是有根据的了。

北洋水师提督丁汝昌在刘公岛上合法拥有衙门、公馆，还另在岛上盖房出租。还有材料说，丁汝昌自蓄家伶，在家里演戏，耗费30万。海军纪律废弛，军官和士兵在岸上住宿者，一船有半数。

三

甲午战争期间，李鸿章本人是否有贪污，目前没有确切证据。有外国记者说，一些外国军火商为了推销军火，大肆行贿，他们与李鸿章的部属和翻译交朋友，贿赂李鸿章的幕客和门房，甚至拜访李鸿章的厨师和理发师。当然，也免不了拜访领事和外交官。给他们送钱送物。贿赂这些人干什么？《泰晤士报》报道："旅顺、威海既造炮台，其安置于台上之炮，竟有不堪一放者。其经售炮械之人，固俨然显官也，只知七折八扣，售者又因以为利。假如一炮也，报销千金，经手者侵蚀二三百金，售主则以但值五六百金应命。"显然，参与购买炮械的相关官员从中贪污的数量是巨大的。贪污受贿的结果，就是炮械不堪使用。这就与甲午战争的失败直接有关。

李鸿章也未必是干净的。1896年为贺俄皇加冕典礼，李鸿章曾访问俄国京城圣彼得堡，在这里与俄国外交部签订了《中俄密约》。在此期间，俄国是否贿赂李鸿章，一直聚讼纷纭。俄国财政大臣维特在他的回忆录中否认有此事，但俄国外交部的一个副司长沃尔夫却持肯定态度，他说，李鸿章同维特在条约上签字以后，还在口袋里装上200万卢布回到北京。罗曼诺夫在1928年出版的《俄国在满洲》一书中，根据俄国财政部的档案指出，维特曾向李鸿章面允300万卢布的贿赂，但当时并未付款，直到1897年初才在上海交付了100万卢布。看来，拿了俄国人的贿赂，出卖国家利益，不是空穴来风。

1894 年 9 月平壤溃败不久，给事中余联沅沥陈李鸿章六大罪状，说他以投靠洋人得功，终身不肯改变。此次战事一起，就胸存求和成见，并无战志。李鸿章在中日开战前，不是认真做战争准备，而是把希望寄托在列强调停上，他首先请求的恰是俄国驻华公使，请俄国帮助调停。调停时间长达一个半月，不做战争准备。平壤大败后，李鸿章眼看局势于己不利，又忙着请列强调停和局。日本在外交上应付调停，在军事上一步也不放松，处处掌握主动。历史事实证明，在战争的每一步进展上，李鸿章都把战争的前景寄望于列强调停。调停没有把中国带进和局。

总税务司赫德在战争爆发时就说过：“战争骇人地向毫无准备的我们袭来，李鸿章所吹嘘的舰队、要塞、枪炮和人力，都已证明远非一般所期待得那样厉害。”“外交把中国骗苦了，因为信赖调停，未派军队入朝鲜，使日本一起手就占了便宜。”

海军如此，陆军也好不到哪里。淮军将领叶志超从朝鲜牙山败退到平壤，通过李鸿章谎报大胜，还得到了朝廷 2 万两白银的奖赏。1 万多清军守不住平壤，数万清军守不住鸭绿江防线，让日军长驱直入。辽东、山东半岛都让日军平静登陆，大连湾设防坚固，号称铁打的旅顺，防守将军七八个，居然抵挡不住。海城守卫战，数万清军被少数日军打败。将军们不是一个都没有抵抗，大多数将军见敌逃窜却是事实。这些人平时克扣军饷，战时不为国家卖力，只顾个人生命安全，贪腐在其中起了哪些作用，是可以想见的。

作者简介

张海鹏，1939 年生，湖北汉川人，中国社会科学院学部委员，国家清史编纂委员会委员。主要从事中国近现代史研究。主要著作有《中国近代史稿地图集》《追求集：近代中国历史进程的探索》《书生议政：中国近代史学者看台湾的历史与现实》《中国近代通史》《台湾史稿》等十多部，发表论文百余篇。

危机公关与甲午之殇

——战前中日朝廷的外交博弈

张晓玮

甲午战争爆发前夕，面对朝鲜东学党内乱、“高升”号被袭、宣战诏书拟定等一系列危机性事件，中日两国均进行了频繁的危机公关。那么，双方究竟展开了怎样的公关博弈？日本当局又是如何主导危机公关、进而将中国拖入战争阴谋的？值得今人研究和反思。

李熙乞援后的干预决策：代韩戡伐与请君入瓮

据考证，古代中国与朝鲜半岛各政权的宗藩关系始于东晋时期，至隋唐时已经成为一种定制，这种双边互动因近代日本向东北亚扩张而更加密切。光绪二十年（1894）二月，朝鲜南部全罗道爆发的东学党农民起义席卷全国，国王李熙被迫向清政府乞援。

清朝方面，依据宗藩惯例，且得到日本政府“必无他意”（《李文忠公全集》）的相关保证，直隶提督叶志超和太原镇总兵聂士成奉命于六月初率淮军精锐两千余人赶赴朝鲜，抵达南部牙山。又遵照光绪十一年《中日天津条约》相关规定，中国驻日本公使汪凤藻奉命将此动向及时告知日本当局，日本则借机也向朝鲜调入军队。而此时的清政府尚且不知正在一步步堕入日本的圈套。在东学党起义大势已去之时，朝鲜方面敦促中日两国按照当初约定同时撤军。部分清军将领也谏言火速撤兵，但迟疑不决的清廷却下令按兵不动且“勿先开衅”，等待与日本同时撤兵。清廷决策者——直隶总督兼北洋大臣李鸿章打电报给时任驻朝通商大臣袁世凯和叶志超：“我宜处以镇静，若各调兵，徒自扰也”，“我不先与开仗，彼谅不动手，此万国公例。谁先开战，谁理诎。”（《李文忠公全集》）最终，清军既没有向朝鲜增派军队，又没有接受袁世凯等人先于日本撤兵的建议。在举棋不定间，清廷不仅丧失了抢占道义制高点，从而迫使日军撤退的良机，而且为日本后来在朝制造中日两军紧张对峙甚至摩擦冲突埋下了伏笔。

日本方面，朝鲜内乱及其求援清廷激发了当局“请君入瓮”的战争嗅觉，其首先向清政府发表了一番外交辞令：“匪久扰，大损商务，诸多可虑，韩人必不能了，愈久愈难办，贵政府何不速代韩戡伐？……我政府必无他意。”（《李文忠公全集》）在成功诱使清军派驻朝鲜之后，日本随即援引《中日天津条约》，并由驻华公使小村寿太郎通知清政府：将出兵朝鲜“保护使馆侨民”。为了麻痹清政府，进入汉城的日本军官大鸟圭介装出一副爱好和平的模样，对袁世凯说：日军赴朝仅为“保护使馆侨民”，“待事定，即全撤，必不久留”，“我年逾六十，讵（jù，不）愿生事”。（《李文忠公全集》）东学党起义平息后，日本当局继续施展和平“障眼法”来玩弄欺骗，一面积极向中朝两国允诺撤兵，一面却不顾反对将驻军增派至上万人。迫不及待的日军甚至以“改革内政”为由，提出由中日派出委员，调查和改革朝鲜财政、内政和军事，同时蛮横挟持朝鲜国王李熙，唆使金弘集傀儡政权废除与清政府缔结的一切条约，并“委托”日军驱逐驻朝清军。日本政府明知清廷会提出反对意见，却正是要以此寻衅，制造战争借口。当时的日本外相陆奥宗光说：“目前既无迫切的原因，又无表面上的适当借口，双方还不可能开战，因此，要想使这种内外形势发生变化，除去实施一种外交策略使局势改观以外，实在没有其他方法。”（《蹇蹇录》）随后，日本开始毫无顾忌地动手宰割朝鲜。国王李熙再度密电清廷告急，“速图设法，以解急迫”（《李文忠公全集》）。直至七月中下旬，日军在汉城与朝鲜军队发生战斗，占领王宫，李熙成为阶下囚，如梦方醒的清廷实权派才决定派兵渡海驰援朝鲜，但等待清军将士的竟是又一场可悲的危机。

“高升”遇袭后的外交反应：坐等调停与纵横捭阖

光绪二十年六月二十三日（1894 年 7 月 25 日），日本对朝鲜牙山口外丰岛的北洋舰队和运兵船只进行了海盗式的偷袭，清政府租用的英国“高升”号商船被日舰击沉，舰上千余官兵英勇还击，与几十名欧洲船员一同罹难，该事件迅速升级为当时亚太地区的国际焦点。

虽然两天之后总理大臣奕劻召见了英国驻华公使欧格讷，专门就“高升”号被袭紧急磋商，但清政府并未直接向日本当局施压，一直幻想依仗西方列强“不战而屈人之兵”，“初冀俄国胁和，继谋英国劝和”。但欧格讷仅允“劝阻”日本进兵，态度并不积极。然而，在后来呈报给军机处和清帝的报告中，总理衙门竟然无中生有地加上了欧格讷并未言及的英国或许会对日本兴师问罪的说法。李鸿章还乐观地预判“高升系怡和商船，租与我用，上挂英旗。日敢无故击沉，英人必不答应”（《李文忠公全集》）。而俄国的调停徘徊在中日之间，实则更大程度上默许了日本的侵略。俄国外交大臣吉尔斯对本国调停态度的本质这样解释：“帝国政府所遵循的目标是，不为远东敌对双方任何一国的一面之词所乘，也不被他们牵累而对此局势有偏袒的看法。”（《外交大臣致驻北京公使函》）英俄的假意调停，实质上都只是为了保护自身的既得利益，并伺机坐收渔翁之利。最终，清廷坐等调停的期望只能化为泡影。事实证明，这种缺乏实力支撑的“以夷制夷”战略夸大了西方对于日本的外在牵制，而且影响了清政府在甲午战前的军事准备。

与清朝方面消极回应危机和被动等待调停相比，日本外交机构在对军方的鲁莽行动表达强烈不满之余，立即卓有成效地主导了国家危机公关。正如陆奥宗光所言：“正当欧美列强注视我国政府将对朝鲜施行何种计划之际，如果我国稍有失误，势必陷于四面楚歌的险境。”（《蹇蹇录》）为此，日本首先就“高升”号向英国道歉，赔偿损失。同时，借助新订立的《英日同盟条约》及日俄在远东的纷争，配合以贿赂英国媒体等手段，从而最大限度地化解了英国方面的声讨。日本甚至做出若干让步，同英国签订通商航海条约，来换取英国对自己侵略朝鲜、中国的支持。其次，日本在和俄国的几次外交接触中，俄国仅表示，日本不得强行改变朝鲜的独立地位。日本对于日俄关系进行了客观分析：俄国尽管一直以来都对朝鲜和中国东北地区虎视眈眈，但尚未在军事动员方面准备就绪，因而“肯定俄国侧面行动的危险是很小的”（菲利普·约瑟夫《列强对华外交》），无法对日本的侵略攻势形成有效牵制。因此，日本政府照会俄国称：“帝国政府向该国（指朝鲜）派遣军队，对目前形势实属不得已之举，绝无侵略领土之意……希望俄国政府本着两国政府间现存之信义及友谊，对此保证给予充分信任。”（《蹇蹇录》）这个照会一方面是安抚俄国，另一方面等于承认俄国将来有插足朝鲜的权力。俄国自然“甚为满意”。再次，日本深知美国希望其成为共同逐鹿东亚的助手，因此会在“高升”号问题上袒护日本。美国国务卿格莱锡公开表示：“本政府决不愿与任何国家联合干涉，即是对日本仅作友谊性的劝告亦不愿做。”（卿汝楫《美国侵华史》）此外，德法两国表面上宣称为清政府“主持公道”，实则企图趁日本侵华之机在华东和华南地区夺取新的利益。两国代表在与陆奥宗光私下会面时曾不约而同地表示：“为使中国从过去的迷梦中觉醒过来，到底非有人给以当头一棒不可。”（《蹇蹇录》）由此可见，当时西方列强的默许甚至纵容，无疑成为日本策动全面战争的有利条件。

战争宣示后的舆论竞争：宗藩守卫与主权维系

“高升”号危机爆发之后，国际舆论对于事件真相广为关注，中日全面对抗一触即发，双方围绕宣战诏书的文本拟定，进行了关乎国际形象的舆论公关。事实上，清朝“主战派”早已开始起草对日宣战诏书，但屡因清廷高层及“主和派”沉迷于“友邦感情”而被延宕发布，这无疑折射出清政府对于危机反应的滞后及舆论竞争的漠视。光绪二十年七月初一（1894 年 8 月 1 日），清政府终于向日本当局宣战，宣战诏书中明确指出：朝鲜自古以来便是中国的附属国，中国应邀而出兵朝鲜，但日本却“乘我不备，在牙山口外海面，开炮轰击，伤我运船”，“不遵条约，不守公法，任意鸱张，专行诡计，衅开自彼，公理昭然”，清政府因此决定“着李鸿章严饬派出各军，迅速进剿，厚集雄师，陆续进发，以拯韩民于涂炭”（《清光绪朝中日交涉史料》）。从字里行间来看，这份文件充满了清政府对于日方挑衅和侵略行为的谴责，以及对于“条约”和“公法”为代表的国际道义的呼唤。然而，清政府关于中—朝—日三边关系的战略定位却依旧未能超越传统的宗藩秩序，其出兵决策也仍然透露着封建统治者的闭目塞听和妄自尊大。这种立场宣示不仅与近代西方传统的主权观念格格不入，而且对“万国公约”的盲目遵循还使得驻朝守军和北洋水师在正面战场上畏首畏尾。

就在清政府正式对日宣战的同一天，明治天皇睦仁也针锋相对地颁布了宣战诏书，其中声称：“朝鲜乃帝国首先启发使就与列国为伍之独立国……帝国于是劝朝鲜以厘革其秕政……朝鲜虽已允诺，清国始终暗中百计妨碍……更派大兵于韩土，要击我舰于韩海，狂妄已极。”（《日本外交文书》）同时明确指责“清国动辄视朝鲜为属国，或明或暗干涉其内政”，并诡辩称开战原因在于“使朝鲜永免祸乱”“维持东洋全局之平和”“宣扬帝国之荣光于中外”（田保桥洁《日清战役外交史之研究》）等。由此可见，日本当局别有用心地使用了西方列强熟识的话语体系和思维方式，从国际法和国家主权的角度出发“揭露”战争肇端，这不仅在道义层面将自身塑造为甲午战祸的“受难者”，而且在权力层面将自身定位于欧美列强的“对等者”，同时将清政府置于主流国际秩序“挑战者”的不利境地。

在日本当局战争谎言反复传播的深刻影响下，当时许多西方媒体有关甲午战争的报道竟然都试图为日本侵略行动的正当性辩护，这场战争在他们笔下被美化成了大和民族主导下的“文明之战”。1894 年 8 月 12 日出版的英国《每日新闻报》评论道：“中国和日本分别代表着封闭与开化两股势力，西方国家自然会更亲近日本。如果日本有最终战胜的机会，西方都应该放弃干涉的行动。”当月，美国《费城纪录报》甚至大放厥词：“无论‘高升号’悬挂哪国国旗，日本都有权利攻击一个将要对它在战争中产生巨大威胁的军事目标。日本释放了被救的中立国船员已经履行了国际法义务，它不需要道歉和赔款。”

综上，在以“坚船利炮”为代表的现实主义国际政治生态当中，“弱国无外交”似乎成为了一条亘古不变的铁律。值得关注的是，中日两国虽然同属近代国际体系的“边缘地带”，但其在甲午战祸步步紧逼之时展开的危机公关实践却大相径庭。双方应对危机的路径和效果差异，既从一个侧面预示了甲午战局的历史轨迹，也时刻警醒着我们沉着应对周边复杂的国际局势。

作者简介

张晓玮，女，1983年生，河南安阳人，供职于故宫博物院考古研究所。主要研究方向为清代外交史、宫廷史、中外文化交流史。发表学术论文10余篇。

清末新政与民怨

戴鞍钢

1901 年（光绪二十七年）启动的清末新政，其重点包括鼓励发展实业，改革传统的教育制度如废科举、办学堂，以及编练新式军队等。就其内容而言，应该说顺应了中国社会历史发展的客观要求，但耐人寻味的是，在其实际推行过程中，却逐渐招致民众愈来愈多的反感、怨恨乃至直接的武力抗拒。

一

新政开始后，看起来似乎颇为热闹，但在实际执行时，各级官员大多敷衍塞责，应付了事。时人忆述：那些中央各部的“大小官僚每日到部，只是签到、划知、盖章例行公事，大多对政事一无所知，真正懂得条例拟具办法的只有部里的书办”（《晚清述闻》）。还在 1899 年 10 月 6 日，慈禧太后召见盛宣怀时就曾抱怨：“现今毛病在上下不能一心，各省督抚全是瞻徇，即如州县官，案件尚不肯说真话”（上海图书馆编《历史文献》）。她在世并启动新政时，中央政府的权威尚在；摄政王载沣上台后，则大不如前。如果从当时各地督抚的奏折来看，几乎无不表示赞成并认真推行的，但事实上，有些督抚实际上并不赞成，曾先后出任广东、山西、河南巡抚和两广总督等职的张人骏即在其中。

张人骏之所以对新政多持否定的态度，一是认为推行新政会增加财政开支，势必加重对百姓的盘剥，“然民力竭矣，再加搜括，恐成土崩之祸”，不可收拾；二是认为有些新政措施，如编练新军、成立商会和选派留学等，未必对清皇朝有利，称“近日诸如练兵之派，王公铁良之查考，商部之欲派各省商局议员，此等举动，似又欲踵庚子已前之辙，殊不可解”。

张人骏反对派员留学，认为将败坏人心，助长革命，声称：“所谓学成而返，好者不过目的影响数百新名词，全无实际，否则革命、排满、自由而已。而不惜以数千年圣贤授受之学，三百年祖宗创垂之典，尽弃所学而学焉，此固开辟至今未有之奇祸也。”1907年两江总督端方电告革命党人徐锡麟在安庆刺杀安徽巡抚恩铭的消息后，他即在家书中说：“安徽一案，连得端午桥来电，大致已悉。日日言维新，日日言游学，所获效验如此。”（《张人骏家书日记》）

张人骏从守旧的立场出发，不赞成新政，但他久历官场，对各级官吏的昏庸贪婪所知甚多，因而他的一些担忧也并非毫无根据。清末新政的范围很广，包括裁撤冗衙、整饬吏治、修订律例、编练新军、创办巡警、振兴实业、废科举、兴学校等。1905年以后，又增加了许多“宪政”预备措施，如官制改革、设谘议局资政院、地方自治等。这些举措无不需款，成为清皇朝财政的沉重压力。

二

中央的新政费用向各省摊派，各省的新政费用向州县摊派，最终无不落到一般百姓头上。一方面是庚子赔款下的严重财政危机，另一方面则是官吏的津贴、办公费用激增，恣意挥霍享受。各级官吏上下其手，巧立名目，大肆敲榨百姓，中饱私囊，民众苦不堪言。德国在华传教士卫理贤曾描述："满洲贵族利用当时的混乱为自己谋利益，改革措施争相出台，可是钱花了一大把，却不见有什么实质性的进展。这种状况又在全国造成普遍的不满，为了对付一个接一个的改革法令，地方官员不得不在当地搜罗钱财。"（《中国心灵》）不仅原有的粮银、盐税、茶税、糖税、印花税等纷纷加重，而且在各省又陆续新增赔款捐、地捐、随粮捐、房捐、彩票捐、坐贾捐、铺捐、纸税、果税、肉税、煤税等名目。"其余各种杂税，省省不同，府府不同，县县不同，名目不下百数十种。"（梁启超《饮冰室合集》）

这样，自然使清朝政府同人民大众的关系更加紧张、更加尖锐。英国外交部档案中的《各驻华领事馆情况报告摘要》载："因兴办和维持警政、学堂而增收捐税，显然易使这类革新在许多地方都不受欢迎。"（《辛亥革命史资料新编》）1908 年 2 月，芬兰人马达汉在甘肃兰州游历，明显地感觉到当地官民间的对立情绪："由于害怕引起不满，甚至最有益的改革措施也常常被弃之不顾。例如设想从黄河装一个引水管入城，这是很容易做的事，因为黄河离城很近。但城里约 300 名挑水工都是四川人，据说四川人比起温顺的甘肃人来说，脾气要暴躁得多。他们很可能会采取行动来骚扰和攻击衙门。对官员来说，还是避免骚乱为上策。更重要的是，他的三年任期能够平平安安地度过，而不是全省百姓的地位通过有益的改革得到改善。发生一次暴乱，就足以说明他的无能，并毁了他的前程。"（《马达汉西域考察日记（1906—1908）》）

三

户口调查，是预备立宪的基础工作之一，也是现代国家行政管理制度建设的必需。1908 年颁布的《逐年筹备事宜清单》规划：1908 年颁布调查户口章程，1909 年调查人户总数，1911 年调查各省人口总数，1912 年颁布户籍法，1913 年实行户籍法。《东方杂志》刊文指出，清查户口“其最大之关系，在使他日编订宪法，组织议会，颁布自治制度之际，预核全国人民，厘定选举区，划分自治制，具权利者几何人，应负担义务者几何人，服役兵事者因是而定，征收国税、地方税因是而济其平”。各地民众却心存疑虑，“或曰将以抽丁当兵，或曰将以按人勒税”，不予配合并抵制。

在推行地方自治过程中，也是弊端重重，有人奏陈：“各省办理地方自治，督抚委其责于州县，州县复委其责于乡绅，乡绅中公正廉明之士视为畏途，而劣监刁生运动投票得为职员及议员与董事者，转居多数。以此多数刁生劣监，平日不谙（熟悉）自治章程，不识自治原理，一旦逞其鱼肉乡民之故伎，以之办理自治，或急于进行而失于操切，或拘于表面而失之铺张，或假借公威为欺辱私人之计，或巧立名目为侵蚀肥己之谋，甚者勾通衙役胥差，交结地方官长，藉端谋利，朋比为奸。”（《清末筹备立宪档案史料》）

当时就有人惊呼：“中国办一新政则起一风潮：军政则征兵起风潮，警政则巡警起风潮，教育则学生起风潮、愚民起风潮，自治则调查起风潮。呜呼，新政之难办如是！”（《申报》）其中亦有起自民间新旧思想的冲撞，如 1910 年（宣统二年）直隶易州毁学风波，“值天气亢旱，有高陌社等处十八村民众，于六月二十日祈雨进城，由学堂门前经过，该堂学生在外聚观，私议愚民迷信。祈雨人闻之，即与辩论。斯时人多势重，遂拥入学堂，将门窗器具均有砸毁”（《辛亥革命前十年间民变档案史料》）。

这就使更多的人从一度抱有某些希望，到希望破灭，从而激起更大的不满。1910 年有人直言：“地方自治也，清理财政也，审判厅也，统计局也，于我民无丝毫之益，而我民之财力则已竭矣。”（《徐兆纬日记》）1911 年，向来不赞成革命的梁启超感叹：“在今日之中国而持革命论，诚不能自完其说；在今日之中国而持非革命论者，其不能自完其说抑更甚！”（《国风报》）众多爱国者，正是从严峻的现实中受到教益，进一步扬弃对清朝政府的幻想，进而更积极主动地去探寻救国之路。

四

综观清末新政的全过程，主政者缺乏通盘考虑，也是败因之一。1902 年 2 月 10 日，新政开始不久，深知官场实态的清末名士孙宝瑄就在日记中这样写道：“夫以数千年弊坏之法，而欲挽回于一日，非有大手段大见识者不能奏功。而今之当轴者，半皆不学无识之徒，所谓力小而任重，鲜不覆也，悲夫！”

在财政方面，清末新政是在国家制度层面一次涉及广泛的改革，所需费用之巨，不言而喻。御史陈善同当时就指出了这么多新政改革举措与政府实际财力的脱节：“自治也，调查户口也，巡警也，审判也，教育也，实业也，何一非亟当筹备者？而按之于势，不能无缓急，即见之于新政，不能无先后。就各事言之，立国以民为本，民有所养而后国本不摇，是最急者莫如实业。实业既兴，必不可不为之轨物以范之，为之保障以卫之，而教育、自治、调查户口、巡警、审判以次兴焉。”力主宪政的端方也在私下感叹："以中国地大，只求一里有两个警察，年已需五万万，以全国岁入，办一警察尚复不够，何论其他！"（周育民《晚清财政与社会变迁》）。法国陆军部档案载，当时在北京的法国外交官也观察到新政举措与政府财力的脱节，认为"至少可以说，帝国政府决定速建三十六个师和改组海军，而没有考虑到如何维持每年如此巨大的资金开支，是缺乏一点英明远见的行为"（《辛亥革命史资料新编》）。

五

在清朝官员中，借新政改革想方设法从中揩油者大有人在，即使是油水不多的学堂事务，也不例外。1911 年在华游历的美国人罗斯这样记述："没钱请优秀教师，却有钱购买大量昂贵的器材，这看上去真是让人疑窦丛生啊！某所学校的大厅入口处，挂着精致的生物和植物学图略，但是却没有人能讲授这两门课程，也没有人能看懂这两幅图。你还会发现一个物理实验室，里面的设备精良却满布灰尘，老师除了略通电学，对物理的其他方面却一概不知。某个边远省份的省立大学，我看到了好几百个做化学试验用的瓶瓶罐罐，这些都是从东京唯一一家提供这类产品的公司购买来的，然而不到百分之五的瓶子是拆过封的。这些瓶子价值至少 1500 美元，足以满足我们三个大学实验室的需求。据某些'中国通'说，这种浪费肯定是因为有人在背后拿了回扣的缘故。长江上游某个教育中心，当局以巨大花费跟美国教师签订了一年的合同。合同期满以后，却跟另一个不甚称职的老师签订新的合同。而每次这种轮换，需要发放 300 美元的旅行补贴。据知情人估计，某些官员从旅行补贴中揩了油水，所以他们才会不停地更换老师。"（《病痛时代——19—20 世纪之交的中国》）

各地的新式学堂，不乏滥竽充数者。清末曾在成都求学的郭沫若记述，当时他慕名从家乡来到成都，进入一所很有名气的中学堂，却很快大失所望：“为我们讲经学的一位鼎鼎大名的成都名士，只拿着一本《左传事纬》照本宣科；国文是熬来熬去的一部《唐宋八大家文》；历史呢，差不多就只是一个历代帝王的世系表和改元的年号表。”西学课程方面，“真是同样的可怜！讲理化、数学的教员们，连照本宣科的能力都没有，讲浅显的教科书，都读不断句”。他回忆：“在当时我们是非常悲愤的，我们当时没有明确的意识，基本上是站在爱国主义的立场。我们自然要痛恨中国为甚么这样的不长进，中国的所谓教育家、一切水面上的办事人为甚么要欺骗国家，误人子弟。”（《反正前后》）

有人则趁新政各类机构设立之机，想方设法安插亲友，结党营私。即使如留学归来的所谓新派人物唐绍仪也在其列，“一件最露骨的假公济私的事，是唐绍仪任命一个康乃尔大学新毕业回国的青年人施肇基为京汉铁路帮办，此人之所以有此际遇，是因为他娶了唐的一个远房侄女。他的岳父是怡和洋行的买办，替他捐了一个道台的官职，因此使他在邮传部里得到了署理参议的职位，他对铁路和铁路管理一窍不通”。唐绍仪在担任沪宁、京汉铁路总办和邮传部左侍郎期间，“在海关或铁路或邮传部里的空缺，只要能捞到手的都安插了他自己的亲属或姻亲，或是他的广东同乡。他在邮传部任职期间任命的四百个人中，有三百五十个是他安插进来的”（《清末民初政情内幕》）。

六

新政期间，官府对民众的压榨有增无已，当时许多苛捐杂税是在推行新政的名义下陆续新增的，不少还是由地方官吏以至当地劣绅自行添收的，他们巧立名目，敲榨勒索，任意侵吞，民众苦不堪言。梁启超曾尖锐地抨击那些贪腐的官员“假新政之名，而日日朘（juān，剥削）人民之脂膏以自肥”（《梁启超年谱长编》）。清廷谕旨也承认：“近年以来民生已极凋敝，加以各省摊派赔款，益复不支，剜肉补疮，生计日蹙……各省督抚因举办地方要政，又复多方筹款，几同竭泽而渔。”（《光绪朝东华录》）时人感叹：“以前不办新政，百姓尚可安身；今办自治、巡警、学堂，无一不在百姓身上设法。”（《东方杂志》）

在这种背景下，城乡下层群众的自发反抗斗争，即时人所称的“民变”，也愈益高涨起来。据不完全统计，1905 年 103 次，1906 年 199 次，1907 年 188 次，1908 年 112 次，1909 年 149 次，到 1910 年则陡升到 266 次。结果，清王朝新政没有成功，反而在民变与革命斗争中走向灭亡。

作者简介

戴鞍钢，1955 年生，上海青浦人。复旦大学历史学系教授。专著有《晚清史》《港口·城市·腹地——上海与长江流域经济关系的历史考察》《发展与落差——近代中国东西部经济发展进程比较研究》等。

清代的皇储制度及其演变

杜家骥

一

皇位继承，是古代王朝的大事，常实行预立储君制度。储君即皇储，指老皇帝在世时选定的身后继承人，称为皇太子，俗称太子，又称其为“国本”，因国不可一日无君，有了后备储君，一旦老皇帝出现不测，马上有后备皇储填补皇位空缺，以防政乱，保持王朝政局稳定、国家统治根本的稳固，这就是太子又被称为“国本”的原因。但这种制度也有弊端，就是明定出将来的皇帝继承人，难免有攀附者、与太子关系密近者，形成太子党，无论在太子时期、还是太子继承皇位以后，都有可能因太子党造成朝政的动荡。而且，太子时期，储君之权与皇权也不无矛盾，尤其是老皇帝长寿，太子身任时间长久者，有可能产生权力之争甚至宫廷政变。因而太子制度下产生的太子党、储君权与皇权之争，也有可能导致政乱。再有，储君究竟选谁？也是个大问题，不制定一个众人必须遵从的原则，也会发生争夺与政乱。这方面的问题更复杂。古代的王朝国家带有一定程度的家天下私有性，皇位私属于皇帝家族，开国时期之君主的传位一般有两种选择：

一是传位给共同打天下的本家兄弟，即兄终弟及，另一种是传位给自己的儿子，即父死子继。这两种方式的代表人物往往为继位而争斗。矛盾发展的结果，是父死子继制的最终确立，这是皇帝传位本人之子的私心及其对皇位传承掌控的主导性所决定的。但皇帝妻妾多而子女多，究竟传给哪个儿子？皇位只有一个，不能像分家产那样分割多份给诸子，必须确定一人，嫡长制因此应需而生。

嫡长制，即在嫡庶诸子中，从身份高的嫡子中选择，排除庶出诸子，若嫡子人多，再从诸嫡子中选择最年长者，这是中国古代嫡庶有别之等级制、长幼有序之宗法制原则，这种原则，把资格也即人选固定在某一个人身上，以避免两三个人同时具有资格而产生的争执，不致内乱，由此形成预立嫡长为储君的定制，嫡长之外者若争夺储位，则被视为篡逆而以国法惩处，以此消弭其他诸子觊觎之心，保证皇位顺利交替于太子，避免内乱。这种嫡长制在当时的历史时期及条件下有一定的合理性，这也是中国古代皇位传承父死子继下嫡长制长期存在的原因。但嫡长制仍有不可克服的固有弊端。

家庭中的嫡庶之分属于等级制，一夫多妻的皇家中，众后妃以及她们所生之子被划定嫡庶等级，等级下的不平等及由此产生的矛盾，是不可改变的痼疾，所以虽然制定嫡长制，并不能彻底解决皇位继承上的矛盾，后妃及皇子之间低身份者谋求高身份，高身份者为保持其高身份，因此而互相倾轧陷害的恶性竞争以及谋夺储位不可能会完全消除。所以嫡长制只能是一定程度地减少矛盾及宫廷政乱。还有，具体情况是复杂的，又存在嫡长制不能实行或落空等等情况，比如嫡子被立太子后又废掉，或嫡子死亡，以及无嫡子等情况，需要从庶出诸子中选立太子，而庶出子众多，究竟选谁？便成为棘手的矛盾问题；还有，若嫡子先亡，但他已有儿子即老皇帝的嫡孙，这老皇帝是将皇位传嫡孙？还是传给其他皇子？也是问题。而恰恰上述这些情况在中国古代并不少见，因此而造成的争夺储位、皇位的事件也常有发生。嫡长制还有更明显的弊端，就是违反优选原则。本来，皇帝只在皇家一家之中产生，选择面就很窄了，再实行嫡长制，皇帝的选择被局限在更小的范围内，因而优选概率极小，甚至按原则只能固定为某人，以致平庸、昏庸者并不鲜见，甚至有弱智白痴者，娃娃皇帝也不乏其例。正因为古代的皇位继承制情况复杂、对王朝政治的影响大，所以是学界研究的重要学术问题。

二

中国古代皇位继承制度的上述弊端，在清代被一定程度地消除，这是由于清代满族皇帝实行特殊的秘密立储制度。为说明这一制度的来历，有必要把满族皇家立储制度的演变作一简要介绍。

清政权的开创者努尔哈齐（赤），最初曾立嫡长子褚英为继承人，后废掉而继立嫡次子代善，不久代善也被废黜，而定其死后由本家诸旗主推举其中一人为“汗”的办法，结果嫡子正白旗主皇太极被推举为汗，后称皇帝，建元崇德。皇太极死后，其弟弟睿亲王多尔衮与皇太极之子肃亲王豪格争夺皇位，这场争夺，实质上是兄终弟及与父死子继的斗争。结果以折中方案解决，二人都不入选，而以皇太极之子年方6岁的福临继位，是为顺治帝，而由多尔衮与郑亲王济尔哈朗辅政。这一结果，实际是父死子继制取得初步胜利，因而顺治帝生前便曾有意立嫡子为太子，因其早夭而未能实现，但父死子继制在满族皇家中已成为主导观念，因而顺治帝临死前，其子玄烨被定为皇位继承人，并没有发生皇家其他人争执的风波，便被确定而顺利继位，是为康熙帝。康熙帝的继位，也标志着满族皇家父死子继的皇位继承制最终确立。

康熙十四年（1675），康熙帝年仅两岁的嫡长子胤礽被立为太子，当时正值三藩之乱，立太子，有以“国本”稳定人心的考虑。迨至康熙四十几年时，皇太子胤礽已是三十多岁的成年人，当太子也已经有三十多年，父子之间难免产生一些矛盾。与此同时，太子党也逐渐形成，为首者就是太子胤礽的外叔祖父索额图，时任皇宫侍卫统领官——领侍卫内大臣，有学者研究认为他企图发动政变，以使胤礽尽早继位。这一时期，胤礽的权力欲也在不断地增长，曾对人发牢骚：从古到今，哪有当40年太子的！他的一些举动，也让康熙帝怀疑他可能会谋害自己，胤礽随同在外巡行，野营时夜里常围着父皇的帐篷窥视，康熙帝说自己不知道哪天被害，昼夜戒慎不宁。更兼胤礽娇惯成性，凌辱鞭笞王公大臣。康熙帝终于忍无可忍，将太子废黜监禁。他只有这么一个嫡子，于是其他庶出皇子乘机纷纷谋求储位，甚至不择手段，出现残酷激烈的储位之争，皇长子胤禔曾用喇嘛以厌胜巫术想咒死胤礽，以取代其地位，还曾建议父皇不必亲自出面，而由他处死胤礽。皇八子胤禩则结成党羽谋夺储位。鉴于这种情况及储位久虚，康熙帝不得不又把他复立。可胤礽仍恶习不改，而且纠结党羽又形成太子党。同时，其他皇子也继续谋夺储位，诋毁胤礽，制造舆论。储位之争使康熙帝终日愤懑、心力憔悴，其严厉处死几个太子党人，断然再次废掉太子。此后，几次有官员以“国本”之重疏请立太子，均被痛斥，有的遭到惩处。康熙朝的储位之争，延续多年，很多官员被卷进政治斗争的漩涡，造成严重的负面影响。最终，皇四子胤禛继位。他究竟如何获得皇位，至今学界未能取得一致意见。

雍正帝继位后，鉴于以前严酷的储位之争及其给朝政带来的严重影响，决定实行秘密立储。其方法是，皇帝将心中默定的太子人选书写为密诏，于匣内密封，当众藏于皇宫之乾清宫内最高处正大光明匾之后，向臣民表示“国本”已立，以安天下。另写一份与此内容相同的密诏，由皇帝自己收藏。皇帝临终前，以两份密诏所书太子之名宣示而传位。即使皇帝突发不测，未能以身藏密诏示人，或猝亡而别人未能找到这份密诏，也有乾清宫正大光明匾之后的密诏为凭。雍正元年（1723）八月，雍正帝就是以这种方式密立了储君，被密立的储君，便是皇四子弘历，也即日后的乾隆帝。此后，嘉庆帝、道光帝、咸丰帝也都是先被密立为太子，而后登上皇帝宝座的。咸丰帝只有一子载淳，其临死前当然地由此子继位，是为同治帝。此后同治、光绪二帝都无皇子，均是死时从旁支选取继位者，如果他们也像以前诸帝皇子众多的话，也是会实行秘密立储的。

秘密立储除了将所立太子保密外，另一要点，是不拘嫡长，从优选择。乾隆帝在最初实行秘密立储时，还有嫡长情结，这或许与他对嫡妻孝贤皇后情笃有关，并爱及其所生嫡子。嫡子死后，乾隆帝对传统的嫡长制进行了深刻的反思，权衡其利弊，决定废除嫡长制的局限，不拘嫡庶长幼，择优选储。为避免皇家内部及朝臣出现异议，还专门为此发表上谕进行说明，他指出，立嫡立长之说，并非确论，汉文帝并非嫡子，但最贤，若汉高祖开始就让他继位，何至有吕氏之祸？此后的唐太宗、明成祖，均称得上勇略之人，也非嫡长，当初若就以他们为太子，则玄武门之变、金川门之难（即靖难之役）都不会发生，何至骨肉相残、忠良惨戮？这不都是立嫡立长之贻害的明显事例吗？他进一步表明自己的观点：立储“以长不以贤，以贵不以长之说”，“实甚谬”，为了祖宗的江山社稷选择未来的国君，实行择贤而弃不肖之贵、长有何不可？这里实际上还有一个关键的问题就是，要实行秘密立储，就必须破除嫡长制，否则，人们仍可从诸皇子中谁嫡、谁长的身份中猜测出谁是被密立的储君，尤其是皇子中有嫡有长者，按制实际是固定在人所共知的某个人了，已无秘密可言。实际上，第一个实行秘密立储的雍正帝就已经不拘身份高低、长幼之序而选储君了。乾隆后来也是这样做的。

雍正元年八月，雍正帝密立储君，所立之弘历即后来的乾隆帝，其身份就既非贵、也非长。论贵，皇子福惠（或作福慧）是“贵妃”年氏所出，而弘历是“妃”所出，低一等，且其生母以前曾是王府“格格”即侍女，而年氏以前就是王府侧妃，福惠的身份比弘历高贵，只是年龄小，当时 3 岁，年幼可能并非雍正未选他的原因，因为密立储君时雍正帝刚继位，过些年福惠就长大了。若说是因福惠生母为汉姓旗人年氏？似也不确，因为康熙帝的生母就是汉姓佟氏。无论如何，雍正帝没有选择身份较高的福惠。论长幼，当时同是妃出的皇子，弘时比弘历年长。雍正帝所以弃长选幼，立身份并非最高的弘历为皇储，当是弘历的才能与品性被他看重。

乾隆帝在实行不拘嫡长的密立储君之制后，最初想立瑜妃所出、文武才能皆优之皇五子永琪，但永琪英年早逝。乾隆三十八年（1773），再次密立，当时可选者有 5 个皇子（出继旁支者除外）：皇八子永璇、皇十一子永瑆，二人生母身份为皇贵妃（追晋）；皇十二子永璂，生母皇后因罪被降；皇十五子永琰、皇十七子永璘，二人生母为皇贵妃。这 5 个皇子中，永琰有“勤于学业”、度量豁达、“为人沉重、处事刚明”等声誉，这不会是毫无根据的虚词，而其他皇子则没有这些赞誉，因而乾隆帝也是弃长立幼，选择能力、品德较优口碑最好的皇十五子永琰为皇储，即后来的嘉庆帝，而没有选取永琰的 3 位兄长。此后嘉庆帝、道光帝密立储君，也都在自己诸皇子中德、才方面作铨衡考虑，才进行选择的。

三

清代所实行的秘密建储制度，的确比往代的立太子制度有避免某些弊端的优越之处。首先，秘密立储，既立了太子而有了“国本”，稳定了人心，又不让被立的太子本人及其他皇子、朝臣知道是谁，这就避免了太子因提前争继皇位而与皇帝产生矛盾。另外，也防止了其他皇子与太子之间倾轧谋害、朝臣与太子结党等政乱事件的发生。再者，由于这种方式是皇帝自己一人秘密进行，立某皇子为太子后，经观察考验如果不中意，或此人暴露出才德的某些缺陷，还可秘密换掉，以更优者代之，这更换之事除了皇帝自己谁都不知道，不会引发被撤换者与皇帝的矛盾及政治变乱。事实表明，清代在雍正朝实行秘密立储以后，以前那种太子结党、储君与皇帝矛盾、诸皇子谋夺储位的种种政乱现象，都没有再发生，无论是皇子年少、人们可以猜度某皇子可能是被立太子的雍正朝，还是皇帝寿命较长、皇子众多且年长的乾隆朝，都没有出现这些问题。以后也是如此。其次，由于秘密立储还须不拘嫡、长，因而可以选择相对较优者为以后的国君，有利于国家的治理。比如雍正帝选择了才能较优的弘历，弘历继位后，其皇权的行使对乾隆治世的形成是起了重要作用的。是否可以这样说，如果中国古代早就实行不拘嫡长的密立储君制度，历史将可能会有一定程度的改写？

清代虽然实行了破除嫡长制的秘建皇储制度，在当时具有消除某些弊端的优越性，但并没有从根本上取消皇位私家垄断传承、皇权私家行使的弊端，因而咸丰以后，皇帝只能由其独子载淳充当，是为同治帝。同治以后皇室无子，继承皇位之人均由慈禧太后操纵，选取皇家幼子继位，如载湉、溥仪，也即光绪帝、宣统帝，而皇帝幼小时皇权的行使，则由慈禧太后及以后的摄政王载沣、隆裕太后垄断，均为皇家之人。也正因为古代王朝的皇位传承、皇权行使都带有私家垄断性、专制性，具有本质上的诸多弊端，才有近代国家的废除帝制，国家首脑的选任破除王朝时代的皇家垄断，避免了优选概率小的弊端，而使其成为服务于国民的公职。这是历史文明进步的一个重要体现。

作者简介

杜家骥，1949年生，天津武清人。南开大学历史学院教授、博士生导师。著有《清朝简史》《中国古代人际交往礼俗》《清朝满蒙联姻研究》等，发表论文百余篇。

巡按制度罢废与清代地方监督的弱化

林 乾

中国古代非常注重维系行政与监察的权力平衡，这是封建王朝得以长治久安的重要制度因素。顺治十八年（1661），清朝废除了沿自明代的巡按御史制度，地方权力制衡的架构被打破，总督、巡抚成为真正的封疆大吏，其权力扩张的同时，监督制度严重缺失。故康雍乾时期，屡有臣僚奏请恢复巡按制度。清廷通过扩大密折制在地方官中的使用范围；在浙江、福建等“问题多发”省份派遣巡察官等措施，试图弥补巡按御史废除后地方大吏监督缺失的负面影响。伴随强有力的康雍乾“盛世”三帝的谢幕，监督缺失的制度性弊病在嘉道时期得以暴露，并成为“清朝中衰”的重要诱因。

一、巡按制度的职能与特点

为防止地方权力失范，自郡县制度在全国推行后，历代王朝都十分注重对地方权力的约束及监督。秦朝派御史监郡，汉代相沿不改，武帝时又派刺史巡察各郡国。但唐代以前，位高权重的监察官经常向地方官演化，使得权力的天平不断向地方倾斜，这也是中央集权遭到破坏、地方尾大不掉的重要原因。

明代于洪武年间派御史巡按地方，永乐朝成为定制。终明一代，巡按成为察吏安民、监察地方的重要制度。特别是当临时差遣性质的总督、巡抚自嘉靖时期逐渐向定制化转轨，演化成地方长官后，巡按制度对地方的纠劾、监督，就显得尤为重要。

概言之，巡按制度的主要特点是内外相维、以小制大。巡按官职七品，但权力极大，具有举劾官吏、司法审断、整饬风俗等多重职能。其品级虽低，但序列三司之上，地方长官全在其监察之列，这是汉代刺史以卑临尊、大小相维之制的重塑。

其次，巡按御史一年一代，以中央监察官监督久任的地方官。御史按临地方，性质属于“出差”，得其选者须“识量端弘、才行老成者”。履行具体职责，由都察院发给“勘合”载明，一年差满受代，“备开接管已、未完勘合件数，具呈本（都察）院查考”（《明会典》）。敦促地方三司事宜，有明确规定。清初思想家顾炎武称：守令之官不可以不久任，而监临之官不可以久任，因为“久则情亲而弊生，望轻而法玩，故一年一代之制，又汉法之所不如，而察吏安民之效，已见于二三百年者也”（《日知录》）。

第三，巡按的职能并非漫无界限，相反，它既受明代监察大法——《宪纲》的约束，赴任时又有皇帝下发“敕书”列明职责所在，以及都察院详列“勘合”。此外，《抚按通例》还详细规定巡按与巡抚各自职守，意在不得干预地方官正常履职，不得越权。如地方官有贪酷、虐民等事，巡按御史举劾必须明著实迹，开写年月，不得讦拾细故，更不得虚文从诋。一年差满回任时，须逐项填报内容涵盖二十八项之多的《造报册式》，并向都察院具呈“行过事迹”，按照“除革奸弊”“伸冤理枉”“扬清激浊”等六款，考核称职与否，奏请分别升降。

二、巡按制度罢废之争

顺治元年，沿袭明制设立巡按制度，并在清初统一全国、稳定政权的特殊时期，发挥了重要作用。但清初巡按与明代有所不同，即不专差御史，有用理事官、副理事官、郎中、员外郎、主事者。这使得巡按官的来源混杂，资望远不如明代，并暴露出两大问题。一是巡按违法时有发生。因巡按御史往往与朝中大臣多有牵连，故每有巡按御史案发，多有满族官僚借端倾陷汉大臣者，这使得清初政局在不稳定的同时，打上了满汉对立的印记。其次，派遣御史巡按，国家要承受一定的经济负担。特别是顺治初年，为迅速完成统一全国的战争，财力物力捉襟见肘，而不法巡按加剧了社会矛盾。

顺治十一年四月，郑亲王济尔哈朗就提出暂行停止派遣巡按。十七年六月，都察院以“云南大兵，粮饷不足”，请停巡按御史。顺治帝令大臣具奏。从而引发一场巡按废遣之争。这场争论的焦点主要是一旦废止巡按，如何对督抚等封疆大吏实行监督。经过几次王大臣会议讨论，仍不能决。

当年七月，廷议形成两种截然对立的意见。安亲王岳乐等认为应停止，其巡按事务，归并巡抚。吏部侍郎石申等持相反意见，主要理由是“停差之后，督抚无人互纠，钦件无人互审”；“又各省内或有抚无督者，更难责成一人”。由于双方各持一端，顺治帝命再加详议具奏。这是第一次廷议的情况。

几天后召开第二次廷议。在满官胁迫下，取得了一致性意见：废止巡按后，由于地方实行分权体制，“钱粮自有布政使；刑名自有按察使；总理兵马各项事务，自有督抚”。而且，对督抚的监督也有预案：“督抚纠劾审拟之事，必经部院复核，方行结案。在督抚亦可互纠。在部院又有甄别督抚功过，以示劝惩之法。”（《清世祖实录》）由于“解决”了清廷最担心的监督督抚之法，顺治帝采纳了这个意见。巡按废罢之争，似乎已有定论。

但随后监察御史陆光旭呈上长疏，力言满洲王公大臣排斥异议，胁迫汉官在停止差遣巡按签上画押，从而使得有定论的废遣之争又出现重大变数。陆光旭指出，巡按废止后，督抚无人互纠，贪墨无人参劾，钦件无人审理，民隐难上通，利弊无兴革。而巡按周历地方，亲咨利病，回朝密陈机宜，实关天下安危。“如以人有不肖，则当去其人，何必并去其官。如以法有不善，则当更其法，何可并废其事。”“督抚亦有不肖，方面不乏贪污，有司时多败类，将尽天下之官而停之乎？”（《清世祖实录》）

顺治帝为陆光旭的奏疏所说服，当日降旨：著前议诸人明白回奏。四天后又下达倾向性明显的谕旨，肯定巡按之差遣，命议政王、贝勒、大臣、九卿、科道，再加议奏。

巡按废遣之争，表面是因“省经费”“贪渎”而起，实际牵涉满族官员的特殊利益。清初的督抚多由入关前编入汉军旗的“辽左旧人”特别是文馆人员担任，总督几乎是清一色的汉军旗员，巡抚的半数也来自旗员。故此，督抚的出仕升降便与议政王、贝勒、大臣有密切关系。八旗制下，旗人生则入档，编入八旗各牛录，听从本牛录、甲喇的管辖，如是下五旗，他们则分别是该旗王、贝勒等的属人，与本主有主奴之义，他们出仕为官及升降任免，与本主有密切关系，他们须为本主贡纳金银财物，同时受本主的保护。巡按御史之遣，在事实上形成对督抚的监督、纠察，这就限制了督抚的权力，使后者不能为所欲为。因此，从利害、亲疏关系而言，八旗王公贵族反对巡按对督抚的钳制。

清初史家谈迁在论及顺治九年罢巡按时，一针见血地指出："盖满人意以巡使掣其肘也"（《北游录》）。如此看来，满汉官员在对待巡按废遣问题上迥然相反的态度，就不单纯是对国家体制的认识问题，而有着更深刻的利害关系。

十一月十一日，议政王会议结果，巡按御史"仍旧差遣"，顺治帝准奏，并令制定巡按御史考核办法，以期完善相关制度。至此，满汉官员连续辩论四个多月的巡按罢遣之议，以巡按复遣暂时告一段落。

十八年正月，顺治帝福临病逝，其子玄烨以八岁即位，内大臣索尼等四人辅政。清朝政策出现重大反复，主旨是一反"汉法"。旋设旋罢的巡按御史制度随即废除。

三、地方监督缺失的补救措施

顾炎武在他刊刻于康熙时期的《日知录》中，对于清朝废罢巡按御史制度，明确表达反对意见，他说，如果巡按"倚势作威，受赇（qiú，贿赂）不法"，这只是其人不称职，正如"不以守令之贪残而废郡县，岂以巡方之浊乱而停御史乎？"

巡按职司风纪，是皇帝的耳目喉舌，通上达下的监察官。巡按废遣后，其职守全部划归巡抚，不但巡抚职权扩张，更严重的是，地方疆臣缺失监督。

巡按废罢仅仅过去五年，即康熙四年（1665），清廷围绕是否重新派遣巡按发生政争。吏部尚书阿思哈等议遣"重臣监察督抚，省各一人"，并为巡按议设公廨，颁册印。侍郎冯溥等力持不可，侍郎泰必图也赞成派遣巡按，但他性暴伉，闻冯溥之言，大为愤慨，攘臂而起，冯溥对之曰："会议也，独不容吾两议耶？且可否自有上裁，岂敢专主！疏入，上然溥言，事遂寝。"（《清史稿·冯溥传》）以上记载说明，当时因遣巡按，大臣剑拔弩张，所争皆为督抚无人监督之故。

康熙十七年，工部侍郎田六善疏称："今日官至督抚，居莫敢谁何之势，自非大贤，鲜不纵恣"，提出"非遣巡方，此弊终不能解"（《明清史料》）。两年后，御史徐廷玺再请派遣巡按，康熙帝令大学士讨论。明珠等满大学士认为，此事行之未便。满官一定调，汉官唯诺不敢提相反意见。康熙时期多次廷议恢复巡按制度，但都未果。

雍正元年（1723），翰林院检讨徐聚伦上奏指出："督抚之权太重，故威福易作，而侈肆亦易生。"他提出"分权之法"，"或如旧例，仍设巡按"（军机处录副奏折）。在臣僚的一再建言下，雍正帝确有恢复巡按的想法。当年正月，从翰林院编修升为内阁学士的查嗣庭觐见时，雍正谕每省各设一巡按御史，以便与督抚彼此相制，但虑及巡按每与督抚争权，反兹地方烦扰，故谕令查嗣庭妥议密奏。同年十月，查嗣庭密奏，提出扩大推行密折制可代替巡按，免生滋扰，且可监督督抚。

查嗣庭的建议为雍正帝采纳。至雍正六年，布、按两司普遍获得密奏权。但密奏制的扩大使用，只能在一定程度上发挥对地方的监督作用。所谓雍正帝"出间道，混乱上下秩序，使互相监视，只对皇帝个人负责"（杨启樵《雍正帝及其密折制度研究》）。要言之，"小报告"终究代替不了一项基本的、公开的、正式的监察制度。故雍正时期，仍有在个别"问题频发"省份派遣巡按之举，包括在山东、河南各派一人，两湖一人，江宁、安徽两布政司共一人，职责是监督地方。其后，因浙江、湖南"风俗浇漓"，广东、福建"民俗犷悍"，相继派遣"观风整俗使"，但这都是"因事权授，往往不拘定制"（吴振棫《养吉斋丛录》）。且设官重点在督查士、民，又旋即罢归，根本谈不上对督抚实行监督。

四、嘉道危机的制度诱因

巡按制度废止后，不但打破了中央与地方的权力平衡，也使得自秦以来历代王朝“内外相维”“行政与监察并重”的基本制度遭到破坏，由行政、监察两套系统合而为一，其利害关系，康熙时诗文家储方庆在“裁官论”一疏，讲得非常清楚。他说：天下之官以数万计，而其大势常出于两途，六部操政柄，行之于督抚，督抚之下府县，以集其事，此一途也；科道察部臣之奸，巡方制督抚之专，而推官实为之爪牙，此又一途也。认为“天下之大，天下之人之众，并为一途，以乱一人之视听，恐非天下之福”（《清经世文编》）。他认为当时之弊，地方官上下勾结，互相欺蒙，足以乱天下有余。

储方庆的上疏，指出行政与监察乃并行不悖的两套系统，功能各有不同，不能混而为一。巡按等裁撤后，监察系统在地方不复存在，尽管总督兼右都御史衔，巡抚兼右副都御史衔，负有监督其下地方官的职责，但谁来监督督抚？

储方庆的“忧虑”很快得到验证。雍正元年二月初四，翰林院检讨李兰密奏说：督抚本是守令的表率，负有进贤退不肖的职责。而各省地方或一二千里，或数千里不等。守令散处四方，督抚端居省城，形迹隔绝，上下莫通。十数年来种种弊端难以悉数，此皆有督抚而无按臣之所致也。“且近来督抚提镇之权，亦大盛矣，挟赫赫炎炎之势，令人敢怒而不敢言，即有过举，谁为参究?”（军机处录副奏折）督抚无人监督，且上下勾结，地方下情无法上达，使得中外一体的政治格局遭到破坏。

历代王朝多注重发挥监察对行政的制衡作用，而清朝打破了这一平衡。这也是乾隆中期以来，地方连续发生数十起侵贪大案的重要原因之一。这些大案以时间长、数额大、集团性为特征。最后案发也并非因督抚之间，以及督抚与布按之间揭劾出来，相反，不少案件形成自上而下的贪腐团伙。如甘肃冒赈案，正法及免死发遣者多达一百余人，府道以上衙署为之一空。乾隆帝也承认，此案“竟无一人举发陈奏”。乾隆五十五年，内阁学士兼礼部侍郎尹壮图上疏称“各省督抚声名狼藉，吏治废弛”，各省“大抵皆然”（《清高宗实录》）。堪称是对“极盛之世”地方情况的总结。

整体上看，巡按制度废止后，历经康雍乾一百三十余年，之所以能够继续维系中央对地方的权威，靠的是“盛世”三帝的“乾纲独揽”，督抚尚不敢为所欲为。但嘉道以后，督抚以欺蒙为能，社会危机终于爆发。

道光十二年（1832），御史冯赞勋上奏称：近日各省州县，玩视民瘼，只知有上司不知有百姓，只顾一己之考成，而不顾民间之疾苦。而为督抚者姑息徇庇，致使灾害频仍，贼匪充斥，地方之所以日疲，民生之所以日蹙也。这种现象在全国具有普遍性。他提出，只有恢复巡按制度，才能缓解社会危机。道光帝将此奏交大学士、军机大臣会同吏部、都察院等议。但讨论的结果是“各省督抚，悉由皇上灼知慎简，较之巡察官，受恩既重，扬历亦久，皆当竭忠图报，不负委任”，且乾隆、嘉庆年间又有“责成籍隶本省之科道访闻明确，指名纠参”的谕旨，结果以国家法制相维已极周备，所请应毋庸议（军机处录副奏折，大学士等折，道光十二年七月初六日）。巡按制度最终未能恢复，社会危机随即爆发。

作者简介

林乾，1959 年生，中国政法大学法律史学研究院教授，博士生导师。著有《中国古代权力与法律》《康熙惩抑朋党与清代极权政治》等。

禁酒制度与清代救灾

赵晓华

由于酿酒需要消耗粮食，清朝政府曾多次因自然灾害下令禁止酿酒，以限制粮食消费。清代的因灾禁酒有一个逐步演进的过程，康熙、雍正时期为制度的初建时期，乾隆朝不断完善并极力推行，晚清以降，随着财税体制的重大变革，因灾禁酒也发生了较大的变化。

一

康熙、雍正时期是因灾禁酒制度的初建阶段。粮食的筹集和发放是救灾工作中的重中之重。在康熙帝看来，“酒乃无益之物，耗米甚多”（《清圣祖实录》），因此，每遇灾害严重，粮价高昂，即令被灾地方严禁烧锅（烧锅指生产酒的专门作坊，也指北方用锅蒸谷、承取蒸馏以酿酒的生产技术）。比如康熙三十二年(1693)，畿辅地方因逢歉收，粮价腾贵，因蒸造烧酒多费米谷，即命将顺天、永平、保定、河间四府属蒸造烧酒严行禁止。康熙朝禁酒并不十分严格，康熙帝也未将禁酒的权力高度集中于中央，而是交由地方督抚因地制宜，依具体情况进行权衡。

雍正帝继承乃父做法，对于烧锅并不强调严禁，也将权力下移，“封疆大吏斟酌行之，不可强迫”（《皇清奏议》）。雍正十年（1732），廷议禁烧锅，并下诸行省讨论。陕西巡抚史贻直提出，丰年时烧锅也是百姓谋生的一种手段，歉岁时可视民力盈虚，再行禁酒，雍正帝对史贻直的看法表示认可。雍正帝还着眼于救灾的全局，丰富了因灾禁酒的具体内容。他指出，如果某些省份发生灾害或者歉收，除本省禁止烧锅外，周边地区也应停止酿酒。比如雍正四年，直隶雨水过多，田禾歉收，粮价腾贵，与此同时，盛京地方有内地人等出口烧锅者甚多，耗费米粮严重，因此也令盛京及口外地方严禁烧锅。

总体来说，作为因灾禁酒制度的初建时期，康熙、雍正朝虽然还没有建立起系统严密的条例法规、惩处措施，但因灾禁酒已经在救灾实践中得到了极力执行。

二

乾隆朝是因灾禁酒制度逐渐完善的时期。乾隆初年，自然灾害较为严重，灾荒频仍加剧了因人口剧增而日趋严重的民生问题。因此，乾隆帝在即位之初即大力推行禁酒制度。乾隆二年（1737），乾隆帝从储备粮食、养民应急的角度下令无论丰年歉年皆严禁烧锅。他认为，在烧酒盛行的直隶、河南、山东、陕西、山西等“北五省”，“烧锅一事，当永行严禁”（《清高宗实录》）。这份谕旨下达十天之后，曾在山西任职的刑部尚书孙嘉淦上奏，从三个方面表达了不同看法：其一，只禁烧酒并无益于民生；其二，北五省习种高粱，禁烧锅会导致这些地区高粱贱而不售，百姓支出增加，民生愈加凋敝；其三，禁烧锅还会导致社会秩序混乱，犯罪率增加。因为禁后白酒变少，价格昂贵，私烧白酒者必然增多。孙嘉淦指出：“烧锅之禁，无益于盖藏，而有损于生计，止宜于歉岁，而不宜于丰年。”（贺长龄《皇朝经世文编》）也就是说，不必将烧锅“永行严禁”，只禁“成灾之地”即可。乾隆帝命诸臣将他与孙嘉淦的意见“详议具奏”，由此引发了乾隆二年君臣间关于禁烧锅的讨论。结果各省督抚大抵认同“歉岁宜禁”的方法，但对丰年是否要禁酒则意见不一（《石渠馀纪》）。

次年春，乾隆帝继续下旨督促各地厉行禁酒禁曲，孙嘉淦此时又奏称禁酒之事多有未便，皇帝再次令直省各督抚展开讨论，从他们所上奏折来看，大多数拥护继续禁酒的意见。乾隆帝将禁酒的内容法条化，订立了对踩曲兴贩者的刑罚，自此以后将其一律杖一百、枷号两个月，以示惩警。地方官员失察，交吏部分别处分。如有官吏贿纵等弊，照枉法计赃论罪。此条被写入《大清律例》中。随后，又定对烧锅失察之地方官的具体惩处措施，即每一案降一级留任，失察至三案者，降三级调用。除了完善查禁措施和惩治措施外，乾隆朝在救灾的各个环节皆注意预防踩曲烧锅的出现。比如平粜、散赈时均要严防烧锅。以平粜为例。乾隆二年，京师地区因缺雨歉收，进行平粜，定五城发粜官米，如串买囤积至四五十石、及买作烧锅之用者，俱行查禁。

经过乾隆朝的大力推行，作为救灾制度的重要组成部分，因灾禁酒已经成为多人的共识：“烧锅以酒为业，耗谷甚巨，在平时准其开烧，犹曰裕课恤商也。若遇奇荒之岁，万口待哺，自宜暂请停止，以裕民食。”（《皇朝经世文续编》）从实际效果来看，乾隆朝各省执行禁酒的程度参差不齐，但发生灾情或歉收的省份均严格贯彻了这一政策。比如乾隆三年，在收成歉薄的直隶，总督李卫一年之内拿获烧锅踩曲 364 起，人犯 1448 名，继任总督孙嘉淦在抵任后的一月内拿获私烧运贩 78 起，人犯 355 名（《清高宗实录》）。乾隆六年，山东夏秋雨泽愆（qiān，耽误）期，巡抚朱定元令严禁烧锅。为防止地方官怠忽从事，他还密差标弁四路察访，对实心查拿者记功奖赏。一年之内，即拿获曲犯 62 案，曲 82 万余斤，又烧锅数十起。这也说明，在酿酒对粮食这个与民生息息相关的大问题构成威胁的时候，严禁烧锅是十分必要的。

三

因灾禁酒在乾隆朝不断完善，并作为救灾制度的重要组成部分被大力推行。之后的嘉庆、道光两朝依然视禁酒为备荒办赈的重要措施，但随着时代的发展，这一制度也逐渐发生了变化。嘉庆四年（1799），因“吉林开烧锅之人与刨夫熟识”，“力能帮贴刨夫口粮”，“责成通融办理”（《清朝续文献通考》），事实上承认了烧锅的合法化。道光十一年（1831），江苏发生严重水灾，两江总督陶澍也奏准禁止烧锅，但他对禁烧锅的看法与前代有很大不同。陶澍认为，首先，卖酒营趁是老百姓谋生的一种手段，烧锅平时不易禁止，也不必禁止；其次，自外省载来的酒仍可以买卖流通，而本地烧锅作坊伤损食谷最多，实为荒年之害，因此此次只禁本地烧锅，不禁外省烧锅往来（《皇朝经世文续编》）。咸丰三年（1853），太平天国运动期间，户部奏准弛烧锅之禁：“诚以因时立制，农商均无所妨。丰年谷贱，如禁私烧，农民余粟难受，无以通财，荒年谷贵，即不禁私烧，商民无利可图，亦必歇业。如此酌量变通，弛禁征课，俯顺舆情，即国用亦稍有裨益矣。”（《畿辅通志》）此次弛禁烧锅，意味着“争议颇多、为限制粮食消费而实行了 160 余年的禁酒禁曲制度在财政出现危机时终于废除了”（范金民《清代禁酒禁曲的考察》）。咸丰十年，户部奏请将直隶烧锅税银赴部交纳，酒税在晚清逐渐成为重要的税收来源之一。

酒税制度的变革对因灾禁酒形成了一定的冲击。光绪初年华北大旱灾、即“丁戊奇荒”的赈济中，清政府曾针对灾荒时期应否禁止烧锅这一问题展开了激烈的讨论。光绪三年（1877）十二月，因旱灾奇重，御史胡聘之奏请严禁烧锅，以减少粮食消耗。随后，直隶总督李鸿章也奏请顺直各属暂停烧锅。上谕户部将李鸿章、胡聘之奏折一并议奏。与李、胡二人观点相反，户部则从维持烧锅税收的角度出发，认为严禁烧锅会导致商民坐失生计，胥役（小吏）藉端讹诈，因此，奏准自光绪四年以后，“但准歇业，不准新开，将烧锅不禁自少”（《清德宗实录》）。户部“但准歇业，不准新开”的办法导致许多大臣不满，“闻者哗然”。光绪四年二月，詹事府左庶子黄体芳再次奏请严禁烧锅。他指出，户部议驳的真正原因是烧锅领帖，每年有该部饭银三万两。顺直各省因烧锅每年耗粮五六百万石，灾荒时应以救急为先，因此请求速行烧锅之禁。由于灾情严重，上谕采纳黄体芳的建议，命直隶严禁烧锅。到是年九月，因直隶雨水沾足，旱情解除，李鸿章奏请将顺直各属重新开烧。在直隶禁止烧锅之后，户部也要求华北其他各省查明烧锅情形能否禁止。山东巡抚文格认为，烧锅之利倍于寻常食用之物，虽然私烧例应治罪，但是终究不能重科，所以“骤为禁绝不如渐为转移也”。文格的变通办法是实行烧锅户登记制度，各属确查开设烧锅数，造册呈报，山东省统一颁发谕帖收执，嗣后但许歇业，不准新开（《光绪朝东华录》）。

以烧锅户捐赈代替停烧也是晚清制度的一个变化。同治末年，直隶总督李鸿章即对直隶烧锅征税进行了系列改革，使烧锅税成为政府稳定的税源。由于财政匮乏，捐赈成为晚清筹集赈需的重要方式，烧锅户也因此而成为政府发动捐赈的重要对象。光绪九年，已经有烧锅户捐赈而不停烧之事。十二年，直隶大水，李鸿章对因灾禁酒制度进行了变通，提出了较为详细的以捐赈代替停烧的方案。当时直隶有烧锅户千数百家，李鸿章认为如果全行闭歇，必使其坐失生计，所以奏准免其停烧，按照资本大小捐输，每户多者五十金，少者二三十金，分归顺直助赈。十六年，直隶水灾严重，粮价昂贵，御史崇龄因此奏请停止烧锅一年，以平抑粮价。李鸿章则奏准，直隶民间一向以莜麦、小米为主要食物，烧锅取自苦涩高粱，并与民食无碍，如果令数百家烧锅户停歇一年，同样会导致穷民坐失生计。又由于天津、河间、保定水灾极重，赈款难筹，因此请免禁烧锅，仿照光绪十二年奏案，每户令出捐数十金，即可得到银二万两，用于助赈。此外，烧锅户本年应交纳课银，同样令其赴户部交纳，不准拖欠（《清朝续文献通考》）。

将严格的禁酒制度不断变通，以赈捐代替停烧，这些变化，既反映了晚清救灾对于赈捐的严重依赖，也说明酒税对于当时财政收入的重要性。不过，还需要说明的是，光绪朝出现了以赈捐代替停烧的变化，但并非就是完全废除了因灾禁酒。比如，光绪三十年，川东北干旱严重，因为米价昂贵，四川总督锡良奏准暂停灾区煮酒，等到来年豆麦丰熟后再“榷酤如常”（《锡清弼制军奏稿》）。

总体来说，清代禁酒制度与救灾之间有着密不可分的关系。在当时的社会经济条件之下，因灾禁酒体现了有清历代在粮食调控与抗灾救灾方面的灵活性，也从一个侧面清楚地反映了清代不同时期政治、经济、社会发展状况。与全面禁酒相比，因灾禁酒从保障居民口粮和节约粮食出发，更能顺乎民情，符合当时的社会实际。因此，有清一代，虽然全面禁酒时严时弛，但在晚清之前，因灾禁酒一向执行较为严格。晚清以降，因灾禁酒发生了较大的松动和变化，这既是晚清财政危机日渐加重的明确体现，也从一个侧面反映了在酿酒业迅速发展之下，酒税在晚清财政收入中的比重已经不可低估。

作者简介

赵晓华，女，1972年生，山西忻州人。中国政法大学人文学院教授。研究方向为中国近代社会史。出版有《救灾法律与清代社会》《晚清讼狱制度的社会考察》《中国资本主义萌芽的学术研究与论争》等专著。

雍正朝的官员问责与处分机构

孟姝芳

行政问责与处分机构的确立，是处分制度得以贯彻的前提。中国古代社会对官员的行政问责与处分历时很久，其制度和机构的确立调整渐趋完善与成熟，在清代的雍正朝，形成了基本完整的官员行政问责与处分机构体系。

一、吏部考功司主导

清承明制，吏部为其六部之首，管理全国文职官员的任免政令，制定京内外各衙门文职官员的名额，按规制选拔官员、确定品级，稽考其功过，定升降赏罚。其下，仿明制仍然设立文选、考功、稽勋、验封四司，分掌各项事务。四司之中，文选与考功为两大司，“职尤要”。其中的考功司，因负责掌管官员降革罚俸诸事，被称为“怒”司。作为问责处分的主导机构，其具体职掌有二，一掌官员考课之事，即三年考绩。二掌官员处分，日常问责参劾，即“内外官之处分，各按则例，别公罪私罪以定议”。

考功司的存在使得全国各级官员的考绩与处分有专门机构施行。雍正三年（1725），浙江省仁和县令胡作柄，因任用属役没有回避本衙，被考功司议以降一级调用。四川安顺知府唐之稷与都匀知县李文梅因“贪庸各款”，江苏兴化知县马世正因“不恤民瘼”，均被考功司议以革职。八年，湖广荆州道兼摄荆州府事殷邦翰，因失察下属亏空，被考功司亦议以降四级调用。

考功司不仅处分地方官，还对部院的失职官员予以议处。雍正元年，刑部尚书陶赖因审拟陈梦雷一案“徇纵”，被考功司议以降四级调用。二年，礼部满堂官因所誊写仪注内遗漏清字，被罚俸六个月。五年，户部司官抄录完“重农贵粟上谕”，忘记行文各省，被交部严察议奏。十年，刑部福建司和都察院官员在传达谕旨时，遗漏行文给宁古塔将军，又被按例处分。这是吏部考功司对礼部、户部、刑部、都察院官员的处分。

二、都察院介入

都察院在清代系正二品衙门，其职一掌风宪，以整纲饬纪，二掌察各部院诸司所治之事。由其下属机构六科和十五道负责稽察，分别对中央和地方官员的失职溺职行为进行纠参，即“科道纠参”。都察院介入官员之行政问责与处分，有四个方面：

第一，协助吏部、兵部，组织京察、大计、军政诸项考核。清朝制度规定，凡是考核官员，不论三年的京察、大计，还是五年的军政，都要由都察院吏科、兵科、京畿道，吏、兵二部核实考核共同上报。每次官员考核处分，都察院均有介入。

第二，纠参官员失职行为。这是都察院在清朝建国后，一直担负的主要职责。如六科给事中和各道监察御史，专掌“纠劾官邪”，共同承担着对官员的参劾与问责。此外，负有监督本院御史之责：“外省督抚有怀私背法逞威等事，给事中、御史等受其请托贿赂，瞻徇隐瞒”，将该院堂官一并议处。还负有监督文书错误之责，各部院衙门及各省所有题奏本章，如有字样差讹等情况，相关官员都要被参劾。

第三，奉旨复查吏部所议失当处分。当吏部议处出现问题时，皇帝一般将案子交由都察院来复查复审，此时的都察院是处分的更高一级机构，是对吏部处分的驳审机构。也就是说，吏部负责一般处分，对于颇为复杂、有反复、可能有冤枉的处分，则由都察院来审报。为防止各省督抚参劾属员出现不公，雍正帝明令府州县官，如有冤抑被参革职，许赴都察院呈明核实奏闻，从而明确了都察院的复审责任。

第四，奉旨处分吏部官员。《龚自珍文集》记载："吏部之议群臣，都察院之议吏部也，靡月不有。"吏部作为处分的主导机构，负责议处其他部门官员，而一旦吏部官员有所失职，要由都察院来议处。如雍正六年，因吏部遗漏夹签，其尚书朱轼等堂司官员均由都察院按照条例来处分。

三、督抚参与

督抚同属封疆大吏，总督为正二品，掌"考核官吏，修饬封疆"；巡抚为从二品，掌"考群吏之治"。雍正元年，颁布督抚加衔制，总督例兼都察院右都御史衔，巡抚例兼都察院右副都御史衔。督抚作为地方最高行政官员，因其有确定的职掌，又有都察院的兼衔，因而能够参与官员之行政问责与处分。主要表现在三个方面：

第一，参与考核地方官员。《清朝通志》记载，地方考课，各省文武职由督抚主之。督抚主要是在三年一次的大计考核之时，对其所属省份的中下级官员进行考核。不论是布按两司，还是运使、道府等官，其考核都离不开督抚的参与。督抚在地方官员的考核与处分中，占有至关重要的地位。

第二，纠参违制违纪属员。清制规定督抚负责考察布按诸道及府州县官吏称职与否，以举劾而黜陟之。正如雍正帝所言："进贤退不肖乃尔封疆大吏之专责。"地方有劣员，即应参革。如两江总督查弼纳以都察院右都御史身份，揭报县令亏空。直隶巡抚利瓦伊钧以右副都御史衔，参县令年老旷职，废弛驿务。

第三，决定官员之去留和是否引见。官员被纠参后，一般由吏部拟议处分，皇帝做最后裁决。在裁决前，当皇帝对某些官员的治政能力品行无法把握时，往往向督抚询问该官情况，督抚一纸"考语"，往往会直接决定官员之去留和能否被引见授官或减缓处分。雍正五年，湖南善化知县李梦麟因"失察妖术"被参，吏部初议后，雍正帝有旨："李梦麟居官如何之处，著行文询问该抚。如居官尚好，著降一级从宽留任。若平常，照部议降一级调用。"巡抚王国栋上报李梦麟才具不足，不能胜任，应将其降调。李梦麟因此被降一级调用。

雍正七年，四川犍为知县何源溥失察下属"讳命不报"，部议降级调用。有旨："著行文询问该督抚，如居官尚好，著照部议所降之级从宽留任。倘居官平常，即照部议降调。"巡抚宪德随后出具考语，称何源溥年力精壮，办事克勤，应降级留任。雍正帝因此令"著照部议所降之级从宽留任"。

一般而言，只要督抚考语有请求之意，雍正帝往往会予以允准，这也是给予督抚一定的处置权。雍正九年颁旨，因公诖（guà，过失）误、降调官员，赴部候补应行引见时，命令各督抚在各官赴补的公文内，将其居官如何之处，出具考语送部，然后引见，从而在制度上进一步肯定了督抚考语的重要性。

以上问责与处分的都是文官，对于武职官员的处分事宜，要先由兵部议定，然后移咨吏部。雍正三年，吏部和兵部合议年羹尧在川陕总督任内参劾属员之事。雍正认为，此事属"吏部应议者，与兵部无涉”，而吏部“未请上谕，含糊专擅”，私自与兵部合议，因此将吏部尚书隆科多等交与都察院严察议处，从而进一步明确了吏部在文官问责与处分中的主导地位。综上所述，雍正朝处分机构是以吏部为主导，都察院、督抚、兵部共同参与构成的一个问责与处分系统。

作者简介

孟姝芳，女，1974年生，内蒙古丰镇市人，内蒙古大学历史与旅游文化学院副教授。著有《乾隆朝官员处分研究》《雍正朝官员行政问责与处分研究》，发表《蔡珽与年羹尧案关系初探》《多尔衮入关之初是否取消了“三饷”加派》等文章。

乾隆朝的粥赈制度

周　琼

在古代社会，受社会生产力发展水平所限，大涝、大旱、冰雹等自然灾害极易造成粮食的歉收或大幅减产，产生了大量的饥民和流民，成为相当严重的社会问题，政府采取各种措施救济灾民。粥赈又称赈粥、煮赈，是指官府富户在固定区域，设厂煮粥，赈济灾民或饥民的一种救灾方式。因其简单易行、见效快，粥赈在赈灾及济贫缓饥中产生了积极效果。清代的粥赈制度历经顺、康、雍三朝的发展，至乾隆朝趋于完善。

一、顺康雍时期粥赈制度的恢复与确立

粥赈作为饥荒中常用的临时性散赈措施，不受赈济条规的限制，其钱粮数额及时间、期限可随灾情轻重、灾民多寡而调整，既赈灾民，也赈穷民甚至乞丐。

（一）顺、康时期清代粥赈制度的初步恢复及重建。此时，粥粮标准、粥赈时间等多沿明制，在清初战乱及荒赈中发挥了积极作用。顺治年间，粥赈被作为赈济饥民、收揽民心的主要措施，尤其水旱蝗灾后，官府及民间富户仿明制煮粥赈饥，但多临时设立，亦无常制。康熙朝开始初建粥赈制度，康熙二十八年

(1689）规定粥赈期限为三个月，灾情严重时实行展赈，赈期延长两月，官员须亲自到厂赈济。三十五年规定每年十月开始粥赈，岁终截止，据饥民情况可适当延长赈期。四十三年增加粥厂（也称饭厂）数量。康熙年间，农村粥赈开始恢复，并总结出分散设置粥厂的经验，对清代粥赈制度的建立起到了促进作用。

（二）雍正朝对煮粥期限及粥厂位置作了明确规定，粥赈制度建设初步完成并趋于定型。主要体现在四个方面：一是按口煮赈，估算及统计饥民人口，出粮煮粥，在最大范围内救济饥民。二是初步确定粥赈期限，根据饥民常于秋冬青黄不接之际逃荒的规律，将粥赈开始时间定为每年十月初一日，止于次年三月二十日，期限从康熙时的一至三个月延长到了五至六个月，还可据灾情再延长一个月，酌情增加银米数额。三是据灾荒及饥民的实情增加粥厂及粥粮。四是规定赈厂的位置及距离，近城设粥厂，乡村设让灾民按月领米的米厂。雍正六年（1728）规定，粥厂设在近城之地，乡村米厂相距二十里。

二、乾隆朝粥赈制度的完善

乾隆朝据各地灾荒的具体情况，对粥赈期限做出相应调整，对赈厂数量及厂址选择、人员的遴选与奖惩，领粥、食粥顺序及方法等作了详细规定。

（一）据灾情延长粥赈期限。乾隆元年（1736），将十月初一日起赈，三月二十日截止的粥赈期限作为基本制度固定下来，在具体实践中则据实际情况机动调整，标志着清代粥赈制度进入成熟期。煮粥期限延长、粥粮增加，反映出在社会繁荣、政局稳定时期，统治者对民生的关注。

（二）规制粥赈地点及数额。乾隆朝沿用雍正六年近城之地设粥厂、乡村每二十里设米厂，按月领米等制度的同时规定，乡村也设粥厂让附近饥民领粥，离厂较远者则折给米粮，五日领米一次；厂址须选在宽敞的庙廊屋宇之下，州县乡村粥厂选在集镇及大村庄里。为避免饥民聚集引发事端或瘟疫，又增设粥厂，大州县设厂数百、小州县设厂百余，每厂饥民最多不能超过百人。还规定了米粮、柴薪的数额，在饥荒严重时实行展赈。粥厂据饥民数量出米煮粥，一千人日领米三四石，分五次煮成，饥民到厂后进入固定位置等待领粥。

（三）确立领粥流程。为防止拥挤、哄抢及其他意外事故，给饥民发放筹签及粥票，凭签、票按序领粥。男女分队，按先女后男、先残废老弱后少壮的顺序持签领粥；农村饥民在勘灾后发给印票，凭票按月、日领米领粥，每领一次，加盖印记，外出逃荒回乡的饥民也发赈。为避免久饥之人过量吃粥、吃热粥致死，于粥锅旁张贴布告，令人唱歌提醒，彰显了传统荒政中的人性化特点。

（四）严明粥赈吏治。慎选粥厂负责人，以忠厚老实、稳重善良者任粥长；奖励及犒劳尽心效力之人，给予其冠带匾额或物质奖赏；官员须亲自散粥，都察院官亲临监察。

（五）确立官粥为主、民粥为辅的制度。官方粥厂是清前期粥赈的主力，但官府力量毕竟有限，朝廷就通过颁发各种旌奖，鼓励、劝喻民间士绅富户煮粥赈饥。为便民就食，官府在固定地区时间开赈；私人粥赈不限时间地点，在公共场合、私人宅院施赈，或担粥四出行走，见饥即赈，使不能赶到粥厂的饥民得到救济。形成官厂（饭厂、米厂）在交通要道及城市墟镇等人群易集之所、私人粥赈散于穷乡僻村的格局，呈现出官赈为主、民赈为辅的粥赈态势。

三、乾隆朝粥赈的成效与缺陷

乾隆朝相对完善的粥赈制度在灾荒赈饥中发挥了积极作用，取得了较好的效果，但具体实行中也出现了一些问题，影响了粥赈效果，而监督机制不够完善也从侧面反映了制度本身存在的缺陷。

（一）赈粥的积极效果。首先粥赈在救荒拯饥、活民济民过程中发挥了积极作用。在实践中不断改良、延续善法以广救灾活命之功效，成为了乾隆朝粥赈的根本宗旨，饥民藉之得以苟延性命，在一定程度上保障了灾后重建及经济恢复的人力。

其次，及时救济、安抚饥民，减少了流民数量及由此引发的社会动乱。施粥虽是权宜之计，却缓解了饥民的生存危机，使其不至于铤而走险，稳定了灾区局势，避免了大量饥民涌入城市造成的治安、卫生及生存压力。

再次，促使义赈力量兴起。官府鼓励私人粥赈，富民绅商举办的民间粥赈在政府力量不及之区、存粮不敷之时发挥了重要作用，矜奖鼓励了私人救济的发展，民间赈济力量不断增强，到晚清时各地义赈会纷纷兴起。

（二）乾隆朝粥赈制度的缺陷。首先，贪腐影响了施赈效果，官府大失民心。不法官吏克扣、侵吞粥赈钱粮后，为了蒙混过关，就在粥中掺石灰、拌糠稗、掺沙、掺水；或私换粥粮，以次换好，以霉变腐败之粮抵换赈粮，饥民食粥后大批死亡，既达不到粥赈活民的初衷，也败坏了官府的诚信及威望。粥厂雇用厂役时，不少官吏借机安插亲信，人浮于事，夫役开销甚至多于散粥赈米的费用，粥赈变成了胥吏贪污腐化的巧途。另外，监察形同虚设，胥吏煮粥有官员监督，却无人监管官员，吏役克扣米粮时，官员可以制裁，官员吞没粮米，衙役却不敢问津。

其次，管理不善导致饥民闹赈，促生了严苛的粥赈法制，产生了消极的社会影响。因饥民多粥厂少，或对饥民数量估计不足，使赈粥不能周遍所有饥民，一些地区赈粮被胥吏贪污后甚至无粮煮粥。因具体操作中管理失当，出现冒领及缺领、重领，为防冒领，规定迟到者例不发粥，致使饥民哄闹赈厂的事件屡屡发生。为防止闹赈，制定了更严厉的制裁法制，乾隆十三年规定闹赈者斩立决。官府不处罚贪污及管理无方的官吏，反而制裁饥民，对被救济的弱势群体处以极刑，使民怨加剧，暴露了传统专制体制下官本位及法制面前官民不平等的制度缺陷。

第三，粥厂管理无方导致饥民大量死亡，社会影响恶劣。粥厂饥民死亡主要有三种：饿死、食粥后胀死或病死、疾疫流行致死，有"粥赈活者二三，死者十六七"之说。饥民为赶到粥厂往返奔波，大批饥饿之人因虚弱、拥挤践踏而死，有的勉强支持到厂，挨不到领粥就冻饿而死，老弱病残者领粥就更不易。即使得粥，粥赈胥吏不宣喻劝解，也致饥民大批死亡，如人长期饥饿，肠胃萎缩，突然得粥，进食过多，撑破肚肠而死；新锅杂质及毒素较多，清洗及除毒除污不力，急切煮粥饲民，死者众多；饥民急食热粥，致胃肠膜破损而死者比比皆是。此外，饥民聚集粥厂，无卫生防疫措施，常引发瘟疫。

第四，粥赈区域分布不均，粥厂位置重京城及其附近州县与城镇，忽视饥民众多、地域广大的乡村。粥厂在京城及其附近州县多于各省地方，省府城镇多于州县村寨，分布格局呈现出极不均衡的态势，暴露了统治者重京畿、轻地方的灾赈观念。同时，粥厂位于城镇，饥民大量涌入，给社会治安、粮食供应、医疗卫生等带来了巨大冲击。

第五，粥赈对中国传统的社会心理产生了消极影响，饥民养成了依赖官府及民间救济的惰性心理。饥民在一次次饥荒中靠无偿赈济渡过危机，养成了依赖的行为习惯，强化了坐等外援的心理期待，这种“等”“靠”“要”的饥荒救济模式，泯灭了灾民奋发自救的思想，淡化了以自我力量积极主动救灾的行动。饥民习惯性依赖皇帝和官府“恩典”的救助钱粮，倘若官吏贪残，赈济便有名无实，皇帝就会成为失败政策的替罪羊而丧失民心，这对中国传统社会公共心理及王朝政治产生了深远影响。

四、结语

乾隆朝延长粥赈期限、增加粥厂及粥粮，活民无算，成为乾隆盛世的重要表征。但制度离开了有效监管就会流于形式，本来规定官员必须亲自散粥、都察院堂官及御史亲临督察，但实际上形同虚设。粥赈官员利用制度的疏漏，极尽所能地贪污粥赈钱粮，吏治的腐败与制度条文形成了极大反差，制度在实践中发生了严重背离。监管机制的缺陷使制度沦为官吏贪污腐化的合法外衣，酝酿了其后更深层次的赈灾弊端及社会危机。

作者简介

周琼，女，1968年生，云南大学西南环境史研究所教授，从事环境史、灾荒史、地方民族史及生态文明建设的研究。

尚之信案辨析

杨益茂

平定三藩或称为“平定三逆”，是清初历史上的一件大事。它对于清王朝建立君主专制与国家统一起了极为重要的作用。康熙年间专门编撰的《平定三逆方略》，中心是说明“三藩”对中央政权“不忠”，制造叛乱，企图分疆裂土或“取而代之”。最终，康熙帝用兵镇压了以吴三桂为首的武装叛乱，保卫了中央王朝，维护了统一，取得了决定性胜利。这一事件，成为康熙帝的重大历史功勋。《平定三逆方略》则作为清代官方的权威记载，成为了解、研究“三藩”问题的重要依据。但是，随着清史研究的深入，档案、族谱及个人笔记、口述等资料的发掘，可以看出《平定三逆方略》基本上只是统治者宣扬功绩的宣传品而已，事件的真相则很难看清。

随着《尚氏族谱》及其口传资料的发掘，一些专家学者相继发表专文对尚氏家族及尚之信在“三藩”事件中的表现予以考订，认为尚之信以叛逆定罪是冤枉的。本文认为这个结论可信，清王朝为何要制造这起冤案，目的和结果是什么，这在尚之信一案中可以看得较为清楚。

一、君主专制体制不允许封建藩王存在

清入关前，清朝统治者十分重视学习中原文化，并采取了广泛吸纳人才的政策。其中，不少汉族官员、知识分子来到后金政权，受到努尔哈赤、皇太极重用，或许以官职，或结以婚姻，或予以部曲，使之效力。特别是在进入中原地区后，面对以汉族为主的民众和辽阔的地域，对于为其带兵打仗的汉族将领，不惜封王建藩，以资鼓励，三藩就是这一背景下的产物。

入关以后，清廷对于建立何种政治体制尤为关注。皇太极主政时，仿照明朝体制，建立了以皇帝为中心的中央集权的君主专制体制。入关后，承明制，同时鉴于明廷教训，废除宦官干政等弊政。其后，不断采取措施，削弱地方及中央部分机构权力，将中央集权推向顶峰。平定三藩不过是这一过程中的必然事件。

当时的“三藩”，每位藩王都有一支军队，诸如吴三桂有五十二佐领，尚可喜和耿精忠各有十五佐领，同时还有一定的绿营兵；其驻守的区域，吴三桂占有云南、贵州；尚可喜拥有广东；耿精忠占据福建；甚至有自己选用官吏的特权，如吴三桂有权自己提名下属官员，吏部不能过问，一时称为“西选”。同时，他们在财政上要仰仗中央保证军饷，但又有自己的生财之道。尽管当时清政府在这些地区也派驻总督、巡抚一类官员，但是在这些王爷面前，他们很难施展。这样，在这些地区，明显出现了两套管理体制，形成“一区两制”。这些藩王逐步成为清代的“诸侯”“藩镇”。这对于刚刚站稳脚跟的清王朝无疑构成巨大的威胁。为了实现中央集权的政治目的，“撤藩”是必然之举。

康熙帝是撤藩的决策者。史料记载，作为最高统治者，他亲政之初，就将“三藩、河务、漕运”作为三件大事，书而悬之宫

中柱上，且“夙夜堇（jǐn）念”（《清圣祖实录》），其中“撤藩”是首要任务。

三藩均为投诚人员，有的是真心实意，如尚可喜；有的是有条件的投诚，如吴三桂。这样，当时局发生变化时，就出现了不同的走向。尚可喜镇守广东二十余年，随着年龄的增高，愿意将藩王爵位由长子尚之信继承，自己解甲归田；吴三桂则野心勃勃，想独立经营自己的一片区域。如果按照吴三桂的想法，清王朝就可能出现藩镇割据。清朝统治者的政治理想是建立大一统的中央集权的君主专制制度，这在历史发展中得到验证。他决不允许出现割据，不允许出现藩镇。清初“封建”不是目的只是手段。当中央王朝具备了一定实力，清除封建藩王，实现中央集权就成为当时最为紧迫的政治任务。尽管明清之间的战争刚刚结束，民众急需休养生息，当时清廷内部存在不同意见，但是康熙帝毅然决然发起撤藩之战，目的就在于此。

二、尚之信被清廷定性为“叛逆”有失公允

清廷撤藩决策于康熙十二年（1673）春夏。吴三桂于当年十一月始叛，耿精忠、孙延龄等继之，联合台湾的郑经，形成席卷半个中国之势。清廷入主中原的前景面临巨大的变数。为此，康熙帝不惜一切代价，调动全国兵马平叛，直至康熙二十年十月，才结束了长达八年的战乱，再次实现了统一。

为宣扬战功，清政府很快编纂出《平定三逆方略》，将吴三桂、耿精忠和尚之信列为这次叛乱的首领。其中吴三桂、耿精忠自不待言，尚之信列为祸首之一则有失公允。

首先，尚可喜于康熙十二年三月最先主动请求归老辽东，而且请求清廷将王爵由尚之信承袭。《清圣祖实录》载尚可喜上疏

称："臣年七十，精力已衰，愿归老辽东。有旧赐地亩房舍，乞仍赐给。臣量带两佐领甲兵并藩下闲丁孤寡老弱共四千三百九十四家，计男妇两万四千三百七十五名口。其归途夫役口粮，请敕部拨给。"尚可喜又疏请："臣年老且病，请以王爵令臣子尚之信承袭。"但吏部议覆："查藩王见存，子无移袭之例，应毋庸议。"随后，议政王大臣等议：同意尚可喜复归辽东，随即笔锋一转强调："该王之子尚之信，仍带领官兵住居粤东，则是父子分离，而藩下官兵、父子、兄弟、宗族亦至分离。今粤省已经底定，既议迁移，似应将该藩家属、兵丁均行迁移。惟广东左右两营绿旗官兵，仍留该省。"康熙帝立即批准。尚可喜本意是年迈歇肩，回归辽东老家，颐养天年；同时将王爵由之信继承，继续镇守广东，保持军事实力和既得利益。然而，清廷的目的是"撤藩"，将尚可喜请求归老辽东视为实现撤藩的突破口，要求其势力全部撤离。这种安排与尚氏父子本来的打算出现巨大反差，对其他藩王必然产生强烈刺激。如果不满意，首先是尚家；如果要反叛，也应是尚家。但尚氏父子还是依照朝廷旨意，积极进行回归辽东的准备。清廷却对尚氏父子显然不满意、有戒心。

二是吴三桂起兵时，尚可喜、尚之信父子积极为清王朝平叛，贡献良多。当时，尚可喜主政广东，在吴三桂起兵后的三年左右时间里，尚可喜不仅"执三桂使，奏其逆书"（魏源《圣武记》），严拒吴三桂策反，更重要的是在极其困难的条件下，坚守广东，使反叛势力不能连成一片，只能各自为战。尽管吴三桂、耿精忠和郑经势力从各方围困，广东犹如孤岛，但尚氏父子坚持抵抗，大大削弱了吴三桂等反叛势力的能量。有一些材料记载尚之信酗酒嗜杀，极力渲染尚氏父子矛盾。可是，当尚可喜拟归老辽东时，首先想到的继承人还是尚之信；平叛期间，又专门因援助江西上疏为尚之信请功，舐犊之情溢于言表。清廷不得不以

“今少保兼太子太保公品衔尚之信捐弓一千张、箭一万枝，忠荩为国”为由，加“少傅，仍兼太子太保”（《清代档案史料选编》）予以奖赏。其后，尚可喜在广州危机之时，汲取教训，改举尚之孝承袭王爵，康熙帝竟然立即批准。但尚之孝力辞，清廷只好暂且允准，仍由尚可喜执掌广东。应当指出的是，尚氏家族中，尚之信才干出众，较能得军心，因此后来危急时刻，尚可喜仍将军权交尚之信。

三是尚之信于康熙十五年二月确曾易服改旗，投向吴三桂。当时，郑经、吴三桂势力东西夹攻，总督、巡抚及尚可喜部下将领纷纷倒戈，广东危机空前。尚可喜重病在身，不得已请求清廷派重臣和大军增援，但迟迟得不到切实回应。尚之信危急时刻执掌尚府，遂决定叛清自保。直至十六年五月初四，“率省城文武官及兵民剃发归顺”，时间约一年零三个月。可是有四点应当引起注意：

一是在尚之信叛清时，尚可喜还在，直到康熙十五年十月二十九日去世。期间，九月七日尚可喜曾召见广西巡抚傅弘烈，要求他与尚之信联手，“将两粤复还朝廷”（《傅忠毅公全集》）。不管尚氏家族及父子之间当时有多少矛盾，说明尚可喜对尚之信是信任的，对他的举动是清楚的，至少是默认的，心向清廷的政治态度也是明确的。其后，尚之信执行的仍是其父的遗嘱。然而，清廷的文献中，总是将尚可喜与尚之信强行区隔，显然违背事实。实际上，尽管尚可喜对清廷一再表示效忠，但是清廷对他并不放心。一个极为特殊的例子可以证明。尚可喜死后，清军入广州，仍然要“启可喜棺”，见到“冠服皆遵国制”才对尚可喜予以再次肯定（《圣武记》）。应当说，这是对尚可喜及其家族极大的羞辱。二是在叛清期间，尚之信曾向清廷密报不得已之苦衷。不久，随着福建、江西清军的推进，即密疏清廷派兵南下广东，准备内应，并得到清廷的指令。此时，双方默契配合。三是在叛清期间，朝臣在上奏时指出尚之信“以炮击我营”，至于有无伤亡，没见记载。此外并没有发现攻击清军的记录。这说明，尚之信虽然声明投降吴三桂，实际上处处留有余地，为将来归清做准备。鉴于以上分析，我认为，尚氏父子叛清应属“权宜之计”。四是清廷在得到尚之信欲反正的消息后，立即予以支持和欢迎。康熙十五年十二月丁巳上谕不仅再次肯定尚氏父子的忠贞，而且对尚之信叛清予以理解和赦免。称：“今览尔密奏称‘父子世受国恩，断不敢怀异念，愿立功赎罪来迎大军’。知尔父子不忘报国、念笃忠贞，因事出仓卒，致成变异。朕心甚为恻悯。今特降旨，将尔以往之罪并尔属下官兵概行赦免。傥能相机剿贼，立功自效，仍加恩优叙。”尚之信归顺后，康熙帝立即兑现，“命之信袭其父可喜平南亲王爵”（《平定三逆方略》）。至此，尚之信叛清问题清廷已有结论。出于政治需要，尚之信不仅没有受到惩处，反而受到赏赐。

然而，具有戏剧性的是，仅仅过了三年，康熙十九年闰八月，尚之信被清廷“赐死”。罪名是“不忠不孝，罪大恶极”。此前，议政王大臣贝勒大臣集议，拟以“当谋反律”弃市。康熙帝则定为“不忠不孝，罪大恶极。法应立斩，姑念曾授亲王，从宽赐死”（《平定三逆方略》）。然而，在康熙帝日后言论及《平定三逆方略》中，仍将尚之信作为叛逆。近年来，诸多史学家对此进行研究，特别是滕绍箴先生的《三藩史略》运用丰富的史料，包括尚氏后人提供的珍贵资料，既揭示了尚之信一度叛清的真相及重新归顺后为平定吴三桂等叛乱所做的贡献，更揭示了清廷在尚之信反正后利用其“酗酒、嗜杀，口出妄言”等性格上的缺陷，采用监视、分化、制造矛盾和摩擦，乃至制造谣言、编造诬告信等手段，置之于死地的阴谋，从而使尚之信案真相浮出水面。

应当指出的是，当时清廷以“不忠不孝，罪大恶极”为尚之信定罪，并将其杀掉，另有目的。“不忠不孝”是极为广泛的概念，到什么程度，该如何处置，应有明确的对应条款，但是称其“罪大恶极”则没有边际了。“不忠”是对国家、对君主而言，是政治问题；“不孝”是对家长，对亲族长辈而言，是伦理问题。实际上，尚之信在清廷抓捕时束手就擒，自信效忠朝廷，相信“谋孽之诬，不足蔽圣明”。但他有“口出妄言”的毛病，说话容易被抓把柄。对于父亲，有不同意见、有矛盾，但在执行清廷平叛的大是大非面前还是比较一致的，不至于达到“不孝”的地步。康熙帝则不顾事实，将这两个罪名放到一起，再加上“罪大恶极”，尚之信的性命就可轻易了结了。有专家提出，康熙四十一年曾发上谕，认为尚之信被“诬陷不实”，对其妻子予以眷顾，是对尚之信间接平反。实际上，康熙帝直到临终也没有赦免尚之信，仍称之为“三逆”之一。

三、制造冤案的目的在于铲除尚氏藩王及三藩

康熙帝为什么费尽心机制造冤案置尚之信于死地？根本原因是为了实现撤藩。尚可喜早期提出的归老辽东，重要条件是让尚之信袭爵，但遭到清廷反对。反叛归正后，清廷鉴于当时形势，不仅同意尚之信袭爵，而且提高为“亲王”。是否清廷真的对尚氏家族信任有加，对尚之信改变了看法呢？我们看不到根据。相反，康熙帝多次说过，对于叛降的官员要在事平之后，严加审查、惩戒。因此，对于当时封尚之信为亲王，不过也是权宜之计。一旦形势好转，必然严惩不贷。这也就是为什么尚之信还在为清廷镇守广东、积极恢复地盘的时候，已经遭到监视、审查的

内在原因。因此，当广东基本底定，对尚之信罗织的罪名可以出炉时，康熙帝就迫不及待地下手撤藩。尚之信性格上的缺陷和缺乏政治权谋，就成为最早被铲除的突破口。之后，清廷相继攻灭吴世璠政权，擒拿耿精忠，彻底解决了三藩。

从这样的历史过程来看，三藩不过是满洲贵族统一中国的工具，事成之后就成为建立君主专制体制的障碍。因此，康熙帝上台后首要政治任务就是铲除三藩。他认定三藩是“撤亦反，不撤亦反”；当不少朝臣提出不同意见时，他主动承担责任，毫不退缩。这都一再表明康熙帝的远见和决心。其后，尽管三藩在被撤时的表现不同，康熙帝对他们实际上采取的对策是“反亦撤、不反亦撤”。至于采用何种名目，则因人因时而异了。康熙帝逐一平定三藩后，立即收回其兵权和管辖区域，整编其军队，改变当地权力结构，并加派八旗驻防。从此，在清代历史上不再有藩王，既维护了统一，又巩固了君主专制的中央集权体制。

作者简介

杨益茂，1948 年生，天津人。中国人民大学历史系教授，主要研究晚清史、台湾史及方志学。合著《中国近代史料学稿》《中国方志学纲要》《台湾——历史与现状》等，发表论文多篇。

乾隆年间的海升杀妻案

郑小悠

前些年热播的电视剧《铁齿铜牙纪晓岚》中，有这样一个情节：巡城御史海升当街烧毁了权臣和珅家的马车，和珅为图报复，唆使海升妻舅贵宁指其杀妻。在纪晓岚的保护周旋下，海升被无罪释放。剧中的海升被塑造成刚正不阿的青年才俊，蒙冤入狱，令人同情。而纪晓岚则保持了一贯的机敏正直、与和珅斗智斗勇的银幕形象。

在历史上，乾隆五十年（1785），确实发生过海升杀妻案。此案牵扯甚广，举朝震动，和珅与纪昀（纪晓岚）也都参与其间。不过，案情本身，以及相关人员在其中扮演的角色，都与电视剧的演绎大为不同。

涉案之人

在讲述该案之前，先要介绍一下当事的几位重要人物。海升，时年三十二岁，满洲正蓝旗人，姓伊尔根觉罗。他时任礼部员外郎，兼任军机章京。从五品的官职并不算高，位置却很重要。海升的家族背景颇为显赫，其父明山，官至陕甘总督，已经去世；其兄海宁，官至浙江巡抚；其姐伊尔根觉罗氏，则是名将福康安的嫡配夫人。除此之外，海升家族还和当时的首辅大臣、大学士阿桂有亲属关系，正是这层关系，直接影响到了本案的走向，并使一件简单的刑事案件，演化为波谲云诡的政治大案。

海升与阿桂有何亲缘，史料中没有明确记载。乾隆帝称二人是“葭莩（jiā fú）之亲”，即远房亲戚。考察记载阿桂家庭情况最为详细的《阿文成公年谱》，阿桂本族姓章佳氏、嫡母伊尔根觉罗氏、继母那拉氏、生母韩氏、夫人瓜尔佳氏。海升与阿桂嫡母家族同姓。

阿桂是满洲正蓝旗人（后因军功抬至正白旗），时年六十九岁。其父阿克敦是康熙末年进士，多次主持乡、会试，并长期担任翰林院掌院学士，门生故吏遍布朝野。阿桂举人出身，在平定准部、征金川、缅甸等战争中都担任重要将领，晚年授封公爵，任军机揆席，被时人尊称为“元勋首辅上公”，在朝中威望最重。而与其相对的是年仅三十五岁就担任协办大学士、军机大臣、户部尚书、步军统领的和珅。和珅出身破落的满洲中等贵族家庭，幼丧父母，家境贫寒，后进宫担任侍卫。他既非科举出身，也没有军功，全凭乾隆帝的赏识而平步青云，被举朝士大夫特别是阿桂这样的老臣视为佞幸。

案件始末

案件起自一件家务小事。海升娶妻乌雅氏，二人成亲之后一直争吵不断，亲友尽知。一天傍晚，海升让丫鬟为他点烟，坐在里屋的乌雅氏指其二人有私情，夫妻再次吵闹不休。吵到激烈处，海升走进屋去，踢了乌雅氏几下，乌雅氏大骂不止。海升又向她胸口猛踢一脚，乌雅氏倒在床上。海升再用手掐住她的脖子，但此时乌雅氏已经气绝。海升见此情形非常害怕，赶忙装点现场，用搭包（长而宽的腰带，内里可装钱物）系住乌雅氏的脖子，吊在柜子腿上作自缢状。事情发生后，海升不敢通知娘家亲属，而是由乌雅氏家陪嫁的小厮偷跑回去，将死讯告诉其弟贵宁。贵宁随即带着家属来到海升家，欲看尸身，海升将贵宁等人拦住，声称尸首已经装裹，需等盛殓再看。贵宁说姐姐自缢横死，应该报官。海升不肯，贵宁遂到主管京师治安的步军统领衙门递状，呈明亲姐死因不明，请求派官验尸。

呈状递到步军衙门，时任步军统领的和珅得知被告海升是阿桂的亲戚便大喜过望，颇欲借此机会，令阿桂难堪。按照惯例，步军衙门行文刑部，请他们派员验尸。阿桂家族在刑部威望极高，其父阿克敦担任刑部尚书达十年之久，阿桂此时又分管刑部事务，部内尚书、侍郎和主要司官，几乎都是他们父子提拔培养的。刑部接到步军衙门行文后派出的司官李阔、业成额二人，都不愿兴起事端，令阿桂蒙羞。而随同前往的仵作（验尸官）李玉又接受了海升管家的贿赂，虽然认出乌雅氏脖颈上的伤痕并非致命伤，仍然以自缢喝报，二司官也囫囵以自缢定案。

事情到了这一步，如果是寻常案件，自然可以糊弄过去。而此案既由和珅经手，就难以蒙混过关。和珅一面挑唆贵宁在步军衙门不断喊冤，且状词直指阿桂，称其指示刑部司官包庇亲属，一面亲自上奏，将此案摆在乾隆帝御前，建议“将海升解职，交刑部传集应讯人证，审明确拟”。乾隆帝对此案颇为重视，下旨都察院与刑部再次会同验尸。一时间，刑部派出侍郎景禄、杜玉林，司官王士棻、庆兴四人，都察院则由左都御史纪昀带领崇泰、郑徵两位御史，共同前往海升家，另调都察院五城中的西城仵作王国泰代替刑部仵作。

事实上，这参加复验的七位官员和一名仵作，也没有人愿意把事情的真相捅破。首先，按照清代制度，京城内有仵作的衙门只有刑部和都察院五城，刑部仵作水平较高、薪水亦高。都察院仵作水平较低、薪水也低，上升方向就是进入刑部，除非万不得已，他们断然不敢翻刑部之案。此外，这次检验官员中职位、资历最高的当属纪昀，而阿桂之父阿克敦正是他的乡试座师，两人通家世好。纪昀以年老眼花、不懂刑名为由，一语不发，其随来的两名御史自然也不作声。至于刑部此次派来的几位堂、司官员，都是部内干练之员。如杜玉林任司官时，是刑部第一个还没有实缺就获得总办秋审殊荣的人；庆兴是有名的验尸熟手；而王士棻更是秉公处死过和珅的家奴。不过，刑部官员中越是得力能干之人，越与阿桂关系密切，受其提拔恩惠越多。综合以上几个因素，这次验尸的结果仍是“自缢”，只比初验时多出左右膝四处不致命伤。

案子上奏后，贵宁仍然在步军衙门控告不休，一口咬定两次验伤不实，刑部、都察院因为阿桂情面故意瞒报致命伤。乾隆帝召见阿桂询问，问及柜子腿怎么能吊死活人，阿桂回奏：“床档船舱，皆可自缢。”乾隆又问贵宁屡控不休如何是好。阿桂说：“如虚即应治罪。”这样的表述被和珅抓住，事后成为阿桂包庇海升的证据。

两次检验无果，乾隆帝干脆放开刑部不用，改派户部侍郎曹文植、工部侍郎伊龄阿，借调大兴县仵作第三次前往验尸。这次验尸的结果是：“验得乌雅氏脖项耳际并无缢痕，亦无勒痕，而胸膛有脚踢致命伤一处，显系踢死。”乾隆帝恐阿桂等人不服，下旨阿桂、和珅及初验、复验、三验的官员、刑部全体堂官都到海升家共同看视。复核之后，阿桂和刑部也表示曹、伊二人所验是实，再提及全部犯证审讯，案件终于告破。

处理结果

真相大白后，主犯海升按律被拟为绞监候。按照清代的惯例，以夫杀妻，除非情节特别残忍，一般不予勾决，但当年秋审乾隆帝特意说："海升系阿桂姻亲，阿桂又不免意存袒庇，以致刑部堂司各官均有瞻徇回护之见。若非屡次派员复检，几致始终朦混。且由此酿成重案，众人皆因之获罪。该犯杀妻虽非必死之罪，而实有必勾之情。"因为秋审时阿桂在外面出差，乾隆帝又强调自己并非借阿桂离京之际处死海升，"试思朕何如主？岂阿桂在朕前竟能骫法救人，而朕即听信其言竟置人命重案于不问耶？是海升之死阿桂非惟不能救之，而适足以杀之也"（《清高宗实录》）。

至于初验、复验的涉事官吏，两名仵作李玉、王国泰在刑部门前枷号两月，发伊犁给厄鲁特兵丁为奴。因为同去验尸而拿了海升所赠车马费的书吏、马夫、皂役、稳婆分别革役，根据情节枷号一个月到两个月。初验、复验的刑部堂官杜玉林、景禄，司官业成额、李阔、王士棻、庆兴，革职发往伊犁效力赎罪。左都御史纪昀遭到乾隆帝痛斥，念他年老短视，刑名素非谙习，从轻改为交部严加议处，随去的两名御史也被交部严加议处。刑部其余四名堂官本应革职治罪，考虑到办事需人，"从宽降为四品顶带，带革职留任，所有应得养廉饭银公费一概不准支给"。阿桂"虽无授意嘱托之事，但其意已先存袒庇之见，咎实难辞"，罚公爵俸五年，带革职留任。

关于这件案子，有三个值得注意的地方。第一，读者在看到案件的始末后会问，此案会不会是海升真的冤枉，三验官员在人胁迫下谎报致命伤？事实上，这种情况基本可以被排除。历史的走向是阿桂一派在嘉庆年间获得全面胜利，和珅被赐死。如果海升有冤，此时一定会被成功翻案。但并没有人对此案提出异议。

第二，不管是乾隆帝还是和珅、贵宁，在整个案件中都不断强调海升是阿桂的亲戚，实际上他们亲戚关系可能非常远。却从未有人提到海升是福康安的妻舅，其中固然有福康安不在北京的缘故，但乾隆帝欲借此案打压阿桂的势力，又不愿意连累宠臣福康安的心态，也昭然若揭。

第三，当时的官场明显呈现出所谓忠奸不两立格局。阿桂因其功勋卓著、科举出身、操守清廉，成为官僚集团中“正面势力”的绝对领袖，与和珅所代表的谄媚、幸进、贪渎一派相对立。连对他颇为忌惮不满的乾隆帝也可以笃定，以阿桂的作风、人品，是不会有意嘱托刑部检验官员，为杀妻的亲戚开脱的。更有甚者，两次前往检验的刑部堂司官员，也都是舆论中公认的人品端方、办事精干的人物，他们之所以这样做，并非献媚权要以图利，只是出于对自己有知遇之恩的阿桂的保护与私人感情。以此获罪，舆论不但不责怪他们草菅人命、以私废公，反而颇有惋惜之意。至于最终查出真情的户部侍郎曹文植，和珅对他颇为感激，曾打算推荐他升任户部尚书。而曹文植为人耿直，对和珅十分不屑，此次虽然据实验尸，却感到自己是为奸臣张目，对不起阿桂及刑部、都察院一干同僚，很快就以母亲年迈为由辞职还乡。他的这一做法受到后来登基的嘉庆帝的尊敬，其子曹振镛在嘉道年间飞黄腾达，与此不无关系。

结语

海升杀妻案，由一个普通刑事案件最终转化为政治事件，影响深远。此案过后，阿桂及其僚属受到很大打击，阿桂与乾隆帝外尊重而内疏远的关系被彻底明朗化。乾隆帝对和珅愈加信任，其宠臣地位大大巩固。但与此同时，和珅与阿桂的矛盾彻底公开化，昭梿在《啸亭杂录》中记载："阿文成公桂与和珅同充军机大臣者十余年，除召见议政外，毫不与通，立御阶侧，必去和十数武（半步，三尺），愕然独立。和就与言事，亦漫然应之，终不移故处"。可见二人之水火不容。

嘉庆二年（1797），阿桂病故，和珅成为内阁、军机处的双料首辅，全面掌握朝政。然而不到两年光景，太上皇驾崩，亲政的嘉庆帝对阿桂极为尊敬，所重用亲近者多系阿桂门生故吏。而首参和珅的，正是在海升案中被降为四品顶戴的刑部尚书胡季堂。这一场重臣与宠臣之间的斗争，最终以和珅的获罪赐死而告终。

作者简介

郑小悠，女，1987年生，北京人。历史学博士，国家图书馆国家古籍保护中心馆员。研究方向为明清史。

两百年前的军中大贪案

——一个道员牵出的集体侵冒军费黑幕

卜　键

嘉庆元年（1796）正月，湖北白莲教信众在官兵缉拿时仓促起事，乘势攻占当阳县城，从而奏响了三省教变的序曲。此后数年间，多支教军冲州撞府，此伏彼起，成为清廷的心腹大患。为剿平游动于鄂川陕的教军，朝廷不断增调官兵，追剿防堵，军费开销巨大，带来了沉重的财政压力。这一方面是作战的需要，辎重粮饷，在在都要开支；另一方面则是侵占挥霍，一些带兵将领（也包括地方官）借机发财。清朝对军费开支本有严格的核发核销制度，但对于一个贪腐盛行的官场，总会有些模糊地带，也有空子可钻。本文副题中所说的“侵冒”，指假冒各种名目侵占军费，与我们通常说的“贪污受贿”略有差别，却正是当时军队中的潜规则，是一条以权谋私的捷径。湖北安襄郧荆道为交战最激烈的地区之一，道员胡齐仑既要带乡勇协助作战，又要负责军需供应，经手数百万银两。客观说来，他只是循例将部分官银打点领兵大员，可别处没有出事，胡齐仑却犯事了。

嘉庆四年正月初三日，太上皇帝——乾隆帝弘历崩逝。嘉庆帝颙琰亲政后，立即将内阁首辅兼首席军机大臣和珅赐死，并以胡齐仑案为契机，掀起了一场由地方到军队的反贪风暴，一批重要的前线将帅纷纷牵连在内，或革职逮治，或抄家流遣。

一、能臣的落马

实则胡案的事发，差不多是在四五个月之前。那时和珅正权势熏天，湖广总督景安为其族孙，上疏弹劾安襄郧荆道胡齐仑侵冒军费，引起朝廷关注。

准确论列，当年43岁的胡齐仑是个干员、一个勇于任事的能臣。前两任湖广总督毕沅、福宁都对他很欣赏，誉为“才具开展，办事明干，经理地方一切公务，均能妥协裕如”（朱批奏折，乾隆五十六年六月初八日，毕沅、福宁奏请以胡齐仑升署荆门直隶州知州、史纯义署理蕲州知州事）。后胡齐仑升任襄阳知府，襄阳为白莲教的大本营，不在少数的教徒已打入各衙门和绿营，杀官起事迫在眉睫。胡齐仑得到密报后临危镇定，亲自带兵抓捕，将各级官署及城中教徒一网打尽，致使襄阳城始终不失。作为对比的是不少地方官或懵懂漠视，或惊慌失措，身亡城破。

嘉庆元年三月，官兵在南漳土地岭猝遇教军，但见白莲教众漫山遍野呼喊杀来，安襄郧荆道王奉曾当场吓得昏厥过去。毕沅验明其真的神经失常，又保举胡齐仑兼护道员（录副奏折，嘉庆元年三月二十五日，毕沅等奏为道员王奉曾随营剿贼惊吓成癫请勒令休致并以襄阳府知府胡齐仑兼护道员事）。应该说，道府中很缺像胡齐仑这样精强勇为的官，几个月后，即因红土山军功实授，并赏戴花翎。

三年四月，景安任湖广总督。他庸懦无能，却因朝中有和珅撑腰，不断受奖受赏，一路扶摇直上。抵任数月后，景安即参奏胡齐仑声名狼藉、任意侵欺，说他与候补经历朱谟狼狈为奸，

“经手军需银两甚多，其中亦不无冒滥”（朱批奏折，嘉庆三年十月十二日，景安奏为特参安襄郧荆道道员胡齐仑声名狼藉请旨分别革休事）。以“迎送伯”著称的景安一向声名狼藉，却以此语指责他人。倚仗和珅权势，景安擅自将胡齐仑等革职，查封其任所资财，派令布政使祖之望严加提讯。有和珅在朝廷先吹了风，太上皇阅景安折深信不疑，命革职拿问，彻底查究。

自元年白莲教在湖北起事，迅速蔓延数省，仅仅三年，地方协提的资金不算，光是户部银库的军费开销已达七千多万两，成为巨大的财政负担。太上皇帝对前线军需一向出手阔绰，如苗疆之役，动辄拨发数十百万两巨额款项，加上大量银牌元宝，供领兵大员在作战时随时奖赏。负责供应军需的地方官，既要讨好领兵将帅，也会借机搭车沾光，黑幕重重，现在被揭开一角，怎不令朝野瞩目。可祖之望反复研审，却找不到胡齐仑的贪污实据。数月后和珅被诛，景安心神大乱，更是审不下去了。但嘉庆帝未忘此事，亲政的第二个月即降旨追问，表达了对景安的严重不满，“迄今已阅四月之久，尚未据景安将审办情形定案具奏，其中显有故意延挨，为弥缝贿嘱、化大为小之事”（《嘉庆道光两朝上谕档》，嘉庆四年二月十八日）。三月间，景安被免职召还，嘉庆帝甚至想杀之以警示那些恇怯大员。一把火延烧到自己身上，这位伯爵大人也是始料不及。

新任总督倭什布接奉谕旨，迅即奏报，详细叙说祖之望操守廉洁、办案认真的情形：先是在襄阳道署严密查抄，将“钤印领纸”开单飞传各营查对，出告示令下属州县上缴寄顿，“又亲提胡齐仑家丁人等再四研鞫，加以刑夹”；并称自己因带兵堵剿教众，逐日移营往来，实在没有时间悉心查核。嘉庆帝见奏较为认可，朱批：“汝自应专心办贼，胡齐仑一案责成祖之望可也。”（朱批奏折，嘉庆四年四月二十六日，倭什布奏为查办原任安襄郧道胡齐仑办理军需侵冒一案将册卷供情送部查审事）对祖之望办案，此时还是充满信任的。

景安参奏时称胡齐仑声名狼藉，上皇曾批谕“岂有此理”，嘉庆帝也说他声名狼藉，原因颇为复杂。主要是由于隐瞒造假和杀俘杀降，具体说是在南漳杀戮投降教军的事件。白莲教所过之处，均有当地教徒积极加入，一旦战败则大多逃回故乡，南漳一战亦如此。胡齐仑招募乡勇，配合官兵将教军击溃，然后大开杀戒，将藏匿在夹河洲的本地教众尽行屠戮。至于他隐瞒297名乡勇的死伤情况不报，更属军中惯例，报喜不报忧。这个野心勃勃的家伙显然不是什么好鸟，仅招募一千多名乡勇，却谎报为三千，希图多领资费；遇到上司核查，又说捐出养廉银支给费用，实际压根没有这回事儿。到受审时，胡齐仑无可掩饰，只好一一承认。谕旨命将胡齐仑及朱谟解京，交刑部审讯，关于杀降，有这样一段问答：

问：你在夹河洲，如何将就抚之民诱出，诛戮数百充数？

据供：我带乡勇一千三百名，总兵马瑀带兵五百名，在夹河洲驻扎，时贼匪业已散去，我见有余剩的贼匪二三百名藏匿洲内，我就去禀知汪巡抚，带兵来将他们杀的。实是贼匪内冲散余贼，并非就抚良民。

问：……你既见有余贼，即应设法招抚，况你带有一千三百多名乡勇，又有兵五百名，他们只有二三百名，正是势穷力尽之时，岂有不俯首就降的理。即使他们抗拒，你带的兵勇数倍于贼，无难立刻歼除，何又张大其事，禀请巡抚前来剿杀？明是你妄报于前，将就抚良民杀害塞责，还有何说呢？

据供：我当时原要安抚，因他们不肯就降，所以禀请巡抚的。至他们原系贼匪中窜出的，实不是良民，有汪巡抚原奏可查。我们办理此案，有候补知县萧应登、守备衔武举汪德洋、委员陶琛并招抚出来之管学渊、燕廷栋等，可以查问的。（《嘉庆道光两朝上谕档》，嘉庆四年五月十二日）

杀俘当然是一种严重的战争罪行，可当时在军中极为普遍。乾隆帝就曾下令在苗疆大肆杀俘，并对分派部队看押俘虏的大员严厉训斥，要求即行杀掉；剿灭王聪儿一役，清军杀俘杀降逾万人，上皇见奏也是喜形于色。比较起来，胡齐仑的枉杀就算小巫见大巫了。后来的审讯不再说起，将重点放在侵占军费上，大约也是想到这些吧。

刑部大堂之上，原本巴高望上的胡齐仑万念俱灰，有的一概招认，却找不到贪污侵占的确证，京宅的查抄也没有什么大发现。办案人员难以向皇上交差，便列举一些疑点，如胡齐仑独自管理庞大的军费开支，将五万多两银子存于署中，核查时让胡齐仑参与，押解进京途中未将胡与朱分开等等。嘉庆帝甚怒，对主审此案的祖之望严重不满，降旨切责："乃景安、祖之望查办胡齐仑经手未完各件，并未将支发底账预行封提，转借行查领项各员为名，耽延数月，且令胡齐仑自行核对卷宗，为弥缝抽改地步。是景安、祖之望有心徇隐，并未彻底查究。必有同胡齐仑通同取巧之处，显而易见。"（《嘉庆道光两朝上谕档》，嘉庆四年五月十二日，军机大臣字寄）最后一句，系皇帝朱笔所加。此时景安已被解职，命往四川办理军需，胡齐仑等主犯虽已移交刑部，然审不出重大案情，仍要怪罪到祖之望头上。

祖之望曾任刑部司员，自是办案审案的好手。他在接案后急急赶赴襄阳，抵达后逐一查抄，并将账簿单据封存。胡齐仑正在竹溪边卡，也被押解回来听审，又交出随身携带的军费开销底册。祖之望率员核查比对，见账目大致相符，便把重点放在复核支领单据的真伪上。涉及的军中员弁甚多，因流动作战，大多已在数百里之外，核对颇费时日，便拖了下来。最后的核对结果，也是基本相符。应相信祖之望以及刑部堂官的办案能力，更要相信其奉旨办案的认真态度，审不出头绪的关键，在于胡齐仑不能算是一个贪官，至少没有把银子弄到自己兜里。

湖北巡抚高杞遵旨密奏，逐条解释胡齐仑之罪难以落实，说了一番大实话：

> 查景安原参“胡齐仑声名狼藉、民间颇有怨言，军兴以来办事不实，任意侵欺”等语，并未指实款迹，殊难折服其心。及委藩司祖之望究讯，止有嘉庆二年七月内贼近南漳，胡齐仑雇募乡勇打仗，伤亡二百九十七名，延不详请恤赏，复乘贼匪西窜捏报添雇乡勇堵御……等情。查乡勇打仗伤亡未经造报请恤者非止一处，而添雇乡勇他处亦难保无捏报之事……若其军需银两存留内署酌发，此经手之责，亦难指为营私确据。

所有这些能戴到胡齐仑头上的罪名，在高杞看来都是官场通例，属于战时的潜规则，算不得大罪。那么胡齐仑为何会声名狼藉呢？接下来，高杞却要从他的大功说起：

> 嘉庆元年襄属教匪起事，勾结城内书役暗中接应，经胡齐仑察审确实，数日之内擒斩多名，郡城赖以安贴。此胡齐仑之微劳，而前任督抚所以保奏也。及升补道员后，又以承办军需料理无误，相待较优。胡齐仑因而俯视一切，凡遇在襄办差官员，逢迎可爱者，赞不容口；稍不投机者，动加呼叱。其骄矜狂妄之态，遂为众怨所归。

看似指责胡齐仑骄矜狂妄，实则也暗示了官场的嫉贤妒能；而所谓的声名狼藉，怕是由于其精明强干，对待一些官员不少假借，当然也只是对官职低于他的人。关于夹河洲的妄杀，高杞指出胡齐仑有铺张粉饰、小题大做之处，也说不应把账全记到他一人身上：

接阅前抚臣汪新抄发具奏剿尽窜伏夹河洲反侧逆匪一折，内叙接据胡齐仑禀报该处伏匿匪徒，潜图蠢动，汪新会同总兵马瑀各带兵勇驰往，并派员弁分投扑捕，歼毙数百名，生擒一百余名，佥供“闻知城内兵少，商量充作乡勇难民，混入抢占”等语。旋奉恩旨，汪新、马瑀、胡齐仑各加升衔，其在事文武各员亦蒙分别加恩。维时奴才因襄阳本多习教匪犯，窜伏蠢动事之所有，今经歼剿净尽，实为地方之幸。后始风闻原奏系据胡齐仑之禀，多有铺张粉饰之处，其保举各员亦有不实，且有枉杀投诚之说。奴才相隔路远，疑信参半。八月间汪新札调奴才办理吉林索伦兵差，赴襄阳察访，夹河洲地方原有教匪，却无如许多人，未免小题大做，其有无枉杀悔教之人原系得自传闻，并无亲属首告。惟在襄人员不少曾各办差出力，咸思侥幸保举，或有求之不得者，则因此事起于胡齐仑之禀报不实，互相传说，众怨沸腾，此胡齐仑声名狼藉之由来也。（朱批奏折，嘉庆四年六月初一日，高杞奏为遵旨据实密奏已革安襄郧道胡齐仑在任劣迹事）

兜了一个大圈子，高杞还是把找不到枉杀和贪酷的实证，只是襄阳城一些人未获奖赏，嫉妒愤恨，传播流言的内幕说了出来。嘉庆帝阅后似有些省悟，批了个“览奏俱悉”。

在高杞此奏之前，嘉庆帝已命将祖之望解职，来京听候问询，并在倭什布奏折后作了一段朱批，说的正是景安参奏的政治背景：

胡齐仑一案，始于和珅闻其声名狼藉，兼少私馈，授意景安勒令参办。而楚省军需原系伊一手经理，久已通同使用，景安、祖之望恐查办过急，胡齐仑和盘托出，是以令彼自对底册，早已天衣无缝，从何审究？（朱批奏折，嘉庆四年五月二十二日，倭什布奏为遵旨密查胡齐仑擅杀难民侵欺公款一案事）

原来竟是出于和珅之授意！颙琰曾说早知胡齐仑声名狼藉，大约也来自于和珅之口。他还说到和珅没得到胡的贿赂，有意报复，则胡齐仑岂非成了被迫害者？然而且慢，一码说一码，和珅厌憎胡齐仑是实，胡齐仑借经管军费搞关系私送人情也是实。皇上坚定地认为军需开销混乱，认定胡齐仑侵冒军费，要在他这儿打开一个缺口。

二、支领清单上的统兵大员

祖之望被解职的原因，是办案中故意拖延（“迟延多日，意存掩饰，非寻常怠玩可比。”见《清仁宗实录》嘉庆四年五月乙酉），并且不把核心证据及时上报，的确如此。精于审案的他很快就搞清此案的复杂背景，而更为复杂的是胡齐仑交上一本账目底册，当时领兵将帅的名字绝多在上面，支领数目不一。祖之望顾虑的是，一旦清查追缴，前线将帅人人自危，军心大乱，必然影响到进剿白莲教之役。思虑再三，他在胡齐仑解京时未将此底册移交，希望能亲自交给皇上，陈明利害。后刑部审出还有底册未交，嘉庆帝赫然震怒，传旨将他撤职查办，祖之望这才上缴倭什布转呈。也算是一番苦心，翻成大罪。

八月十七日，祖之望到京，嘉庆帝命迅即讯问，听其细述苦衷，有所谅解，而对其所说的前线军需开销实情，由震惊转为震怒：

本日祖之望到京，据称湖北办理军需，查出胡齐仑经手帐簿，多系开载领兵大臣犒赏提用，及督抚与该道馈送领兵官员款项。如明亮、庆成、永保、恒瑞、德楞泰、舒亮等，皆曾得过，惟额勒登保一人未经得受。是军兴以来所发饷银七千余万，竟为伊等馈送侵肥花消之用……（《清仁宗实录》，嘉庆四年八月癸卯）

就在前一天，倭什布已将胡齐仑的底账进呈御前，这份清单至今仍在，可见当日军费使用之乱象。兹仅举总统湖北军务的永保一例，老胡出手大方，记的也很详细，清单开载：

永保

嘉庆元年五月初三日收元宝二十个（毕沅送）

七月初十日收纹银八千两（注明系沈姓带京）

十二月二十六日收银二千两（毕沅送盘费）

四月二十四日收银二百两（未注明何人馈送）

五月初二日收银三千两（未注明何人馈送）

七月十九日收纹银三千五百两（未注明何人馈送）

以上共银二万三千七百两

三月十九日打银牌纹银十两

三月二十九日收五钱重银牌一百面

四月十七日收五钱重银牌一百面

五月初二日收一两重银锞一千个

五月初八、十日收五钱重银牌一百面

五月二十四日收五钱重银牌五百面

六月初一日收五钱重银牌四百面

以上共银二千六百一十两

又收大银牌八十面小银牌二百面（未注明分两月日）

永保曾任军机章京，金川之役，其父定边将军温福殁于战阵，他冒矢石夺回父尸，亦一员猛将也。后历道员、布政使、巡抚，调喀什参赞大臣、乌鲁木齐都统，奉旨往湖北带兵，不久即受命总领湖北诸军。故支取军饷，以永保签名最多。永保起初连连告捷，加太子太保，可教军散而复聚，奔扰各地，上皇焦灼恼怒，仅仅过了半年，就将他革职逮京，几乎掉了脑袋。这里倒也能见出官场情义的一面，永保押解去也，毕沅说“永大人在刑部监内最苦，令将前存二千两银子一并带京，送交永大人”（《嘉庆道光两朝上谕档》，嘉庆四年九月二十五日），胡齐仑出手更阔绰，个人又馈送白银六千两，当然用的是军费。

永保后面，清单上依次是古北口提督庆成、湖南提督鄂辉、湖广总督毕沅、理藩院尚书惠龄、署广州将军明亮、西安将军恒瑞等人，或多或少，都有支领。嘉庆帝降谕切责：“此内各路军营任意提用，及督抚支取馈送者，款项累累，实堪骇异……今自剿办贼匪以来，部发帑银多至七千余万，而各省协济银两尚不在此数。如果实用实销，则兵精饷足，士气奋扬，早应扑灭贼匪。何至兵丁衣服蓝缕，几同乞丐，经年累月，迄未成功。是节年所发帑金，竟徒为伊等骫（wěi，弯曲）法营私之用，而于兵丁全不体恤，又何怪师老兵疲，士不用命耶？”（《清仁宗实录》，嘉庆四年九月庚辰）谕令将永保、庆成等家产查抄，并将清单发交钦差大臣那彦成、陕甘总督松筠就近逐条严讯，计赃定罪。

清单上的那些支项，不能笼统称为贪污侵占，但提用任意，赏赐滥行，私人馈送挥霍，则在所难免；前线士卒缺饷少粮，衣衫褴褛，士气低落，也是事实。但具体到每个将领，情况便有较大差异。如惠龄接任总统湖北军务，枣阳告捷，提银一万两发军营犒赏士兵，又领取袍褂料四十付奖励巴图鲁，皆有经办人，皇上也未再追究。庆成更属冤枉，不光没有侵吞军饷，还从家里取了两千多两银子用于激励士气。此时他先因失误军机革职，在汉中军营戴罪立功，松筠奉旨审讯，调查军需粮台的记录，将其家人也拘来细细审问，颇为同情，奏报时引录庆成原话："缘我带兵打仗，毕沅、胡齐仑供给赏需银牌银锞银两，意系例有之事，所以伊等送来我就收了……俱系交与跟随备弁收存，以备犒赏。每逢打仗有杀贼出力的官兵，均令分别等次，即以前项银牌银锞银两随时分赏。"庆成还说打仗时"总在前敌亲身督率，察其实在奋勇杀敌者，无不立时奖赏"；说自己曾向众官兵发誓，绝不带军需银两回家；说是身任提督、护军统领、户部侍郎，管崇文门税务等，俸廉丰厚，"出兵时曾由家中带银二千数百两，俱在军营犒赏官兵用尽"（朱批奏折，嘉庆四年十月初十日，松筠奏为遵旨查讯已革提督庆成前在湖北军营收用银两恭折复奏事）。松筠是一个诚实正直之人，将这些详悉转奏，并说河南、陕西、四川等地也会送一些赏兵银两。

沾了哥哥勒保擒获教魁王三槐的便宜，永保由刑部大牢放出，赫然又是陕西巡抚，至此再次被抄家审讯。永保和庆成在京家产都被抄检，数额不多，嘉庆帝命将大部分赏还，作为恩典。抄家时还查出庆成在军营家书一封，内称今年不比从前，不能寄银子回家。呈至御前，皇上看了有些感动，本要将他逮京治罪，已行至山西，命往伊犁效力赎罪。明亮和永保，既列名清单之上，进剿时又内讧不止，谕令押解进京。还有恒瑞，有旨令查在汉中军营的支领用途，松筠奏报"并无冒支入己情形"。至于毕沅虽已病故，仍命革去应袭世职和子孙官职。鄂辉卒于云南总督任所，也未逃过查抄家产、撤出贤良祠的处置。

三、福宁的厄运

降旨严查胡齐仑侵冒案之初，嘉庆帝就联想到原来保举他的上司，湖广总督毕沅已逝，湖北巡抚福宁继任，转四川总督，现在四川办理粮饷，此时被嘉庆帝盯上。福宁出身伊尔根觉罗，仕途顺畅，由兵部笔帖式升工部郎中，外放为甘肃道员、陕西布政使，乾隆五十五年（1790）擢湖北巡抚，胡齐仑在湖北的两次升职，都由他与毕沅联署。五十九年九月，福宁在山东、河南巡抚上转了一圈后，升任湖广总督，即行保奏胡齐仑署理武昌知府，无疑很欣赏这位老部下。福宁有几分庸碌，曾对和珅极尽巴结，先是调两江总督，因苗疆之变未赴，又调川督，当有和大人推助之力。但剿敌无功，屡被上皇责斥，一年前即被革职，赏副都统衔办理粮饷。

湖北军费出了事，嘉庆帝立刻就想到四川军需的使用，谕曰：

> 福宁奏筹办粮饷一折，殊多浮泛之词。此次办理军务为期已久，而军需经费数逾七千余万之多，尤属向来罕有。总缘伊等倚恃和珅为之护庇，遂致恣意妄为，毫无顾忌，带兵各大员皆踵福康安、和琳习气，在军营中酒肉声歌，相为娱乐，以国家经费之需，供伊等嬉戏之用。此等积弊，朕闻之熟矣……至军营支费，原应实用实销，即或例外供支通融办理，亦必有实在情形，可以复核。若如现在军营各路兵勇日费虽多，而迟延不发，多令枵腹将事；至领兵大员，则任意支用，承办者不敢过问，无怪其浮滥更甚也。

乾隆帝禅让的三年，仍主持军国大事，颙琰作为子皇帝的一项好处，便是能够暗中观察，了解到一些实情。所说福康安军中挥霍，领兵大员开销任意，以及兵勇饷银往往延误发放，都有一些影子。皇上语气虽严厉，目的仍在于减省军费开支，对福宁也是训诫叮嘱，要他撙节使用，不得再有欺隐。福宁赶紧表态，奏报各路大军的粮饷支领情况：额勒登保所领一路，包括远道赶来的吉林、黑龙江官兵在内，只解过军费二万两；而德楞泰所带军队

人数差不多，供支银数远远超过。颙琰由此断定："德楞泰之浮冒，更无从置辩矣。"（《清仁宗实录》，嘉庆四年六月丙申）

福宁生性有几分公子哥习气，加上受责恐惧，显得方寸大乱：一会儿奏称教军有增无减，一会儿奏细查无新起教众；先奏称军费充裕，又与经略大臣勒保会衔奏请拨饷五百万两。嘉庆帝极为不满，命吏部尚书魁伦接任川督，抵任后将福宁经手军需款项逐一清查，据实严参。此时胡齐仑案已基本审清，几个支领数额较大的将帅分别撤职和查抄，嘉庆帝又说到福宁，认定他必有严重问题：

> 胡齐仑仅系道员，辄以公帑作为馈送见情，何况福宁职分较大，总办粮务，如勒保、明亮及在营带兵官员，岂有不任意提用，作为馈送藉资结纳之理？即如福宁从前曾经致送和珅银两，朕所深知。此时朝中虽无权要有须馈赂之人，而督抚等或藉犒赏为名，私行提用，自肥己橐，皆所不免……伊等之意总不过欲藉办理军务，屡请多发饷银，可以浮冒开销，为补从前亏缺地步，是以有意迁延，总不欲剿办完竣。诚恐军营蒇事，则平时亏空悉行破露，无可弥疑。此实外省积弊，最为可恨！今特交魁伦将福宁经手军需严行查核，其平日如何侵用饷银、致送何人、并各路带兵大员如何藉词犒赏、提用若干之处，一一详细查究。若得实据，即行锁拿，速即具奏。

诛杀和珅之后，颙琰曾表示不再追究与之过从亲密的官员，实际上心中从未释然，一遇到具体人和事，立刻就会有极大反感。其实和珅恃宠弄权之时，连福康安都要讨好送礼，各地督抚大多难免，但真正与和珅亲近的人并不多。嘉庆帝指责福宁曾经送过银子，没有拿出任何确证，当也是出于臆度猜测。他密谕魁伦，抵川后急办两件要务：一是严讯经略大臣勒保，务得军中贪腐实据；二是悉心查核福宁经手款项，一旦发现侵用和馈送，即行革职锁拿。

魁伦在福建举报伍拉纳、浦霖一案有功，得伉直之名，给子皇帝留下很好印象。颙琰亲政后，魁伦显然抱负不浅，已署任吏部尚书，还要不断请缨往四川治军，皇上也寄以厚望。到达四川后，魁伦先至达州大营逮讯勒保，将士不服，费好大劲才算按住，却不将实情奏知皇上。十月份赶到成都，魁伦传谕将福宁解任，并亲自审讯，严厉诘问，没想到处处碰钉子，请看这份"讯问福宁供词"：

一、诘问：我节次钦奉谕旨，因湖北现在查出胡齐仑动用军需底账，各路领兵大员均有得受馈送及滥提银两之事。湖北所用军需为数尚少，川省所用不止数倍。胡齐仑不过道员，辄敢以公帑作为馈送见情，何况你职分较大，经手日久，岂有不任意滥行提用、作为馈送、藉资结纳之理？又况川省领兵各大员在湖北既经得受馈送，岂来到川省即肯清廉自守，不向你藉端需索？现在皇上令我向你明白开导，趁此时若即将你任内曾经馈送何人、及带兵官员何人藉词犒赏、提用若干之处，据实自行供明，呈出底账，无稍隐饰，我尚可代你奏明乞恩。若再饰词含混，你试想此事岂能始终隐瞒？倘别经发觉，岂不是罪上加罪吗？

福宁回供：达局支发银两，皆由道员详准库官给发，丝毫皆有案据，又按旬月折报经略、总督，层层牵制，我断难凭空提取饷项，藉资结纳。至领兵各大员如德楞泰、明亮多用饷项，我皆专折具奏，他们即有不肖之心，岂不虑我据实具陈，焉敢向我需索！现有局详库簿可以确查，倘有丝毫隐饰，我愿领侵蚀之罪。

又诘问：据你所供，是你经手饷项竟无弊窦了？现奉谕旨，皇上因你办理军需较之从前宜绵等尚为严紧，所以仰邀圣明洞鉴，如将宜绵、英善、明兴等三人任内如何浮冒侵肥，及馈送之处呈出底账，或指出实据，不但可以免罪，且尚有恩典擢用。你试想圣恩如此宽大，如此剀切训导，你不知感激，尚敢饰词隐混，这就是辜恩昧良了。况宜绵、英善、明兴俱系前任，与你无干，你若供吐实情，便可表白自己；倘代为徇隐，岂不是从井救人么？至如勒保、明亮俱已革职拿问，伊二人有无得受馈送、提用饷银之处，你供出时于伊二人本罪原无可加减，但你须为自己计，不值代人受过。可据实供来。

福宁回供：参奏侵蚀饷项，必须确切款据。宜绵支用糜费，我得自传闻，并无账据；英善前次办理军务，又在宜绵之前；明兴随同各营带兵，并无定向。他们有无弊窦，我当时尚在湖北，难以预知。我一无指实，又无账据，岂能混供？至勒保、明亮军营各有总理粮员，若得受馈送，必由总理经手；若提取银两，必由粮员经手。必须总督提齐各总理及各粮员，严切讯问，并令各开用账，方能水落石出。且各路军营浮支滥用均所不免，我叠次奏明，总于事竣后分别追赔，岂肯独为勒保、明亮隐瞒，自干重咎？

又诘问：你到达州后，既访知宜绵诸事不能撙节，其支发各账李宪宜延不开报，即应据实参奏。你系奉旨专办粮饷，岂得以革职总督、呼应不灵为词，这不是有心徇隐、事后推诿吗？

福宁回供：宜绵在川年余，惟川东道李宪宜经手支用饷项多而且久，必须开出清账，按款确核，方可得其浮滥实据。上年我到达州，李宪宜先经勒保派赴云开一路总理粮务，后复调派随营总理，彼时军务紧急，屡次催饬开造前账，总以无暇兼及为词。若专调来达造报，又无大员更换。且该道正值承办军务吃紧之际，旋即在营病故，我焉能即行参奏？至委派大小各员，皆由现任总督主政，我专办粮饷，从未派调一官，实由呼应不灵，并非事后推诿。

又诘问：你称明兴帮办粮饷，并不经手银两，无从作弊等语，支发饷银虽由局员之手，但批准核发总由你与明兴定夺，有无通同弊混之处，据实供来。

福宁回供：二月间明兴与我同办粮饷，至四月卸事，一切支发饷项由我同明兴批准核发。但有支银局详，即有收银印领。若有发无领，即系通同弊混，今有发有领，针孔相对，弊从何作？我经办粮饷，止能杜绝局员支发侵冒，至各营总理及随营粮员如何零星散放，各有承办之员专司其事，凡系何员经手之项，即责成自行造报。总须事竣按款质算，察其浮用，分别追赔，屡经奏明在案。我招取众怨，皆由于此。（录副奏折，嘉庆四年十月二十七日，魁伦奏为遵旨诘问福宁照录其口供单）

历史著作的一大功能，就是要努力再现当日场景和细节。此处审讯与被审者一问一答，情景逼真，唇吻口角极为生动，故全文照录。魁伦志大才疏，奉钦命兴冲冲而来，急欲像在福建那样审出一串贪腐大案，威逼利诱，却显出心中没底，也毫无办案经验；福宁乃觉罗枝叶，打内心瞧不起他，针锋相对，随时反诘，同时也诉说委屈不平。新总督审老总督，在魁伦已不是第一次了，这次却被搞得张口结舌。他当然不会善罢甘休，另一位当红大员、副都御史广兴也从京师赶来，接手总办粮务，也做了各种查核比对，却未能查出实证。福宁的语气看似平和，实则激烈愤懑，底气应来自没有侵冒之实。皇上所说的送给和珅银两，也不再提起。延至岁末，魁伦连上两折，重提福宁在旗鼓寨杀降一案，嘉庆帝先命福宁于军营效力，再降谕遣发新疆。

四、平余的秘密

平余，又作余平，清代指征收赋银所加损耗，而在支出时反以折损之名，加以倒扣，且愈演愈烈，成为官员贪污中饱的一项财源。对于白莲教的大起事，乾隆帝归为邪教的传播，是以追缉教首，不遗余力；颙琰的见解当比乃父深刻些，认为主要原因在于地方官失职，为官逼民反。他亲抓胡齐仑等案件，虽有整顿军务、节省军费的目的，更多的则是要纾解百姓怨气，安抚地方，使乡野小民休养生息。于是，一些所谓能员被革职查办，被视为平常的杀俘杀降得以追究，酷刑和滥杀被禁止。如果说颙琰推行了若干新政，力图整顿地方吏治即其一。

倭什布赴任时，嘉庆帝密谕抵任后“访贪官污吏，如胡齐仑、常丹葵，严参重处几人，则小民怨气自纾，地方必能平静”；还要他善待从川陕返回家乡的教民，“辨明良莠，细心妥办”（《清仁宗实录》，嘉庆四年三月）。对赶赴四川的魁伦，嘉庆帝也是行前谆谆告诫，离京后再发密旨，说的还是在饱受动乱杀戮之地收拾民心，复苏村镇：

> 自卿起程后，朕日夜焦思，访得川省清官、贪官数名，今特列名于后，卿应留心访求实迹，清官即行越格保荐，贪官立予降革。若得贪婪实迹，奏请拏问，破其积奸，伸民之怨，大功可计日而定，卿其勉诸。好官：刘清、王赞武、严士鋐、沈念兹、方积、赵华；劣员：戴如煌、姚令仪、石作瑞、黄铣、吉兴、俞廷举。再谕卿知朕思治贼之道，先示之以威，后抚之以德，虽不可姑息，亦不可酷暴，害民之官必宜去，爱民之官必宜用。（《清仁宗实录》，嘉庆四年八月癸

卯）

这番话说与魁伦，也是对牛弹琴。颙琰缺乏其父的识人之能和用人之量，对魁伦和广兴便是例证，竟将此类轻狂燥急之辈倚为栋梁；但其一心想要惩治贪官酷吏、养活细民，将国家治理好，也是实情。

由于皇上有了这个想法，胡齐仑和武昌同知常丹葵等人被先后押至京师，达州知州戴如煌也被逮治，查找“激变”百姓的罪证。但得自传闻之词，往往夸大，审讯时难以确认：

常丹葵自属酷吏，但所传用大钉子钉教民手掌，以大铁锤击碎犯人腿骨，逮京后经刑部审讯，皆为子虚乌有，本人拒不承认，也找不到任何人证。

戴如煌则是庸官，被指“居官贪劣，激成事端”，经审讯，也只说年老力衰，听信差役苛索百姓。广兴衔命来川，惟恐事情闹不大，初审即奏报戴如煌“私设衙役至五千名之多”，一个小小知州，怎么可能？可身为都察院副都御史的广兴如此奏报，皇上居然一听就信，要求接着追查。经勒保、德楞泰再审，实际为在任四年内公差花名单上有四千余名，哪儿跟哪儿啊，派广兴这样的人办案，就会出现这种笑话。毕竟老戴名声较差，当地参与教变者甚多，嘉庆帝命在达州枷号三个月，发往伊犁充当苦差。

对胡齐仑的审讯仍是皇上关注的重点。由军机大臣会同刑部严讯，各项人证物证都已调齐，很快就水落石出。最后的罪名是私扣平余二万九千余两，任意馈送。胡齐仑供称：“部发银两每百两短平四、五、六、七、八两不等，我奉文于原短平外又扣八两，因襄阳一局差费浩繁，扣项不敷，我又于八两外复扣二两，实是有的，不敢谎供。”（《嘉庆道光两朝上谕档》，嘉庆四年九月二十五日）户部银库拨发时每一百两扣留四到八两，督抚再下文扣八两，胡齐仑又加扣二两。这样下来，一百两银子实际能发下去的只有八十余两，士卒的饷银一般不敢减少，最后只能在军需上克扣，枪械弹药、军装军粮都被核减，士兵饥寒交迫，不免抢劫敲诈，如此恶性循环。

平余款项也是有账的，但已换了一个名目，不再是军费正项，主事者用起来便无太多顾忌。胡齐仑坦白，有的是督抚和各营将军提用，有的是自己送礼，有的用以打造银牌银锞，有的奖赏乡勇……名目繁多，有真有假，却也救不得其性命了。

十月十二日，嘉庆帝发布长篇谕旨，抨击军营恣意侵扣和馈送之风，切责明亮、永保等领兵大员，以及已死的毕沅。就中特别提到毕沅和胡齐仑馈送永保一事，“即如毕沅馈送永保银二千两，胡齐仑馈送永保银六千两一节，伊等即因永保在京监禁，欲行资助，亦当各出己资。何得用国帑为朋情耶。试思此项银两，皆兵丁等衣粮扉屦之资，今忽短饷八千，则从征之士因兹而罹冻馁之患者，不知其几千人矣。而欲令其踊跃戎行，克敌致果，其可得乎？从征之士不能饱暖，焉能破贼？以致贼害良民，不可屈指，其罪皆由于此等劣员所积也”（《清仁宗实录》，嘉庆四年十月丁酉）。谕旨论及领兵大员“以养寇为肥身之计，以糜帑为饱橐之资，纵贼蔓延，日久未灭”，隐隐已见动了杀机。刑部拟胡齐仑之罪，只够一个斩监候，皇帝不许，谕以业已监禁一年之久，曾经动用大刑，如果病死狱中，反而逃脱显戮，命即行处以绞刑。一桩大案，就此画上一个句号。

平余，是本案侵占弊端的根子，也是拴住一连串将帅的绳子。

作为军政大员，没有几个人敢去直接贪污军费，谁都知道那是掉脑袋的罪，但平余就不同了，这是一个有意留出的模糊地带。由于有了这样一批银两，请客送礼、人情往来就有了出处，各种不合法的开销也有了理由。那些专门打造的银锞银牌，名义是作战时激励勇士，而赏赐随意，全在主事之人。和珅赐死后，户部拨款时开始足额发出，各地督抚大约也不敢再扣，嘉庆帝表达了赞赏，却不见在谕旨中明确禁止平余。一项制度性积弊，要完全剔除也难。

作者简介

卜键，江苏徐州人。文学博士，研究员。现任中国图书评论学会副会长、北京市文史馆馆员、国家清史编纂委员会委员。已出版《国之大臣——王鼎与嘉道两朝政治》《明世宗传》等著作十余种，主编《元曲百科大辞典》等。

清官的“糊涂账”

——仪封河工大案与制度樊篱

卜 键

一个新的帝王即位，常也伴随新一轮的清查和整顿，清查涉及所有与资金资产相关的领域，整顿则集中于吏治。不管是清查还是整顿，一旦被皇帝盯上，便会成为钦办大案。清朝轮到道光皇帝执政，清理陋规之议遭到臣下反对，标志着全面的治理整顿已经很难做到，只能是抓重点，以案件入手了。自道光元年(1821)春至次年秋，都察院左都御史王鼎一直在京外办案，一件接着一件，常是此案未完，又接到新的谕旨，奔波于数省之间，鞍马劳顿，所办皆奉皇上钦命，大多与整顿吏治相关。在王鼎这次出京查办事件中，最重要的当属仪封大工一案：被控告的是时任河南巡抚姚祖同，说他主持的仪封大工“冒销帑项，滥行支应”，金额竟达一二百万两。

仪封大工，亦称兰仪大工，为嘉庆二十四年(1819)七月黄河兰阳汛决口兴办的工程，因其地属仪封厅，故名。该工持续近一年半时间，堵而复决，一直到嘉庆二十五年十二月方才“合龙稳固”，自然是要花费大把的银子。有清一代黄河水患频仍，特设河道总督，先是一个，后来又分为南河与东河。野史多泛泛指责河督之奢靡，实则其中颇有廉臣，不宜一概论之。河督责任重大，决口奏报到京之日，常也就是其获罪革职之时。这次决口，东河总督叶观潮被免职，于南北两岸轮番枷示，漕督李鸿宾调任东河，富有治河经验的吴璥也受命前往。而两个月后，李鸿宾即奏请改调，皇上认为是意图躲避，一怒之下将他贬为郎中衔，还不准离开，留在工地效力。

吴璥出身治河世家，父亲吴嗣爵曾长期任河道总督。吴璥早年被乾隆帝召见时，“询及河务情形，奏对甚为谙悉，人亦明白晓事”，由安徽学政改派河南开归陈许道，后来署东河总督，调南河总督，擢刑部尚书，再任南河总督，然后入京任职。此时吴璥署吏部尚书，半年后实授，晋协办大学士，奉钦差主持大工。先编制大工总预算，素有经验的吴璥也是狮子大开口，上报960万两银子。嘉庆帝虽然心疼，对河工之事总是不大明白，只好照准，谕令“将来如有赢余，工竣仍当核实奏缴，不准再请分毫”。

嘉庆帝大概没有想到仪封大工结算时自身已在天国；也没有想到，实际花销比预算少了一半有余。二十五年四月，向称清正精强的姚祖同调任河南巡抚，大工的经费主要由他负责，这是嘉庆帝的一步妙棋，不独大大节省了经费，且确保了工期。岂知工竣之后，姚祖同被人告到朝廷，揭发有巨额冒销，提出的证据也看似确凿，于是钦命王鼎等严究。

核查河工用项最是繁杂，账本堆积如山，项目五花八门，整个工程设总局统管经费开销，各工地设分局，建料场，购料、收贮、发放皆有专责委员，光总局管账的就有20多人。钦办大臣王鼎的族弟王之谦也在其中负责登记钱文册档，为此他还特地奏请回避，道光帝倒是充分信任，谕知不必。七月初五日，王鼎等提交了初步的核查结果，原奏提到的各项弊端，几乎都存在：

> 秸料一项，连裹头预用秫秸七百八十垛，及大工实买秫

秸四千六百八十九垛，共止五千四百余垛，应合银九十八万四千余两，今细核奏销单内秸料一项，共销银一百七十九万六千余两，是原奏内所称浮销几至加倍，的系实情；又原奏所称易钱之银每两扣制钱八十文、名为八子一款……前后共换银八十余万两，除知县栗毓美等换银十余万两未经坐扣外，共扣得八子钱五万六千余串，亦与原奏相符……又查出引河、抽沟、沟线项下，共实发银一百九十八万五千余两，今奏销银二百六十万九千余两，计浮销银六十二万四千余两。（朱批奏折，王鼎、玉麟，奏为查讯河南仪封大工奏销不实情形并请旨将巡抚姚祖同解任事，道光二年七月初五日）

以下还有初步查明的一些数额较大的赠银、抚恤金等项，按规定皆属不应。办案人员将经手者一一提讯，逐项追究。姚祖同尚在工地巡查，王鼎等奏明皇上，提议将他暂行解任，以便深入调查。

七月十八日夜，正在查勘漳卫河工的姚祖同匆匆赶回，接受审讯，被要求写出详细的清折。他很坦然，说开始时也发现了多报的情况，严厉追问，才知工地实际开销名目繁多，省里报销规定与户部核查又限制太死，只好截长续短、挪东补西，历来都是这么做的——

有成规内不准多销而实用较多者，有成规内可以多销而实用较少者，且有成规内并无开销委系实用者。即如单内所开两坝夫工项下实发银八十七万五千余两，而今造报止三万两千余两；麻斤项下实发银四十二万九千余两，今造报止二十万三千余两；谷草蒌缆□木船只器具项下实发银二十四万九千余两，今造报止六万一千余两。此次大工实用银四百七十五万二千余两，现在实销总数并无毫厘溢出，不过将款内

> 截长补短迁就成规，实无弊窦。（朱批奏折，玉麟、王鼎，奏为续讯解任河南巡抚姚祖同等仪工冒销帑项情形事，道光二年七月二十八日）

姚祖同说此次大工在隆冬季节，凿冰开溜，极其危险，要备足各种器具物资，要随时奖赏激励，不能靳惜小费，皆系成规所不许，施工中又不能不做。他曾将账目清单细细核过，细账是糊涂的，是故意的糊涂，不得不糊涂，但每一笔都能说清楚；而总账是对的，与实际花销分毫不差，是清晰和清白的。

姚祖同也清晰交代了“二两经费”和“八子钱”的用项，即以公济公。二两经费，为河工常规做法，指每一百两银子扣留二两，用以大工各项经费开支。他说此次将军呢玛善率兵在工地弹压，黑夜和雨雪中也要冒险巡查，起程时无力置办车马，公议赠送路费银五百两。其他如抚恤死伤兵夫，隆冬时为购买棉衣，发放节礼以鼓舞士气，都用此项银两。而八子钱，则是用银子换钱时，每两扣制钱八十文，以备意外开销。像原武县知县吴锡宽在坝身亡，父母年迈，公议给银两千两，并为代还生前借款，用的就是八子钱。祖同也坦承不懂河工则例，有的事没有奏报，自请严加议处。

王鼎显然被姚祖同的坦率真诚打动，这样勇于任事的大臣已不是太多了！但职责所在，仍对所有疑点、所有关联者一一调查核实，在奏折中详细列举姚祖同的敬业奉献与精明节俭：即以八子钱一项，户部定例每两换钱一千文，查历届大工多不到此数，而姚祖同“设法调剂，每两换钱一千一二百文”，扣下的八十文皆用于公项，账目笔笔清楚。这份奏折后面，附的是姚祖同四份材料，即“清折”。远在京师的道光帝阅后也深受感动，对所作所为多予肯定，谕曰：“巡抚实无丝毫沾染情事。”办案组最后向姚祖同提了两个问题：料价工员的长支银为何没有追回？夫工项下误列款为何没有查出？祖同做了解释，也承认有所不妥。

九月初五日，仪封大工的剩余问题全部查清，王鼎起草了案件总结和处理建议，上奏朝廷。奏折再次提及姚祖同的认真严谨，“该抚以向来河工多弊，择总局及各厂适中地方搭帐居住，日间各处考查，即深夜亦密为稽察”（朱批奏折，玉麟、王鼎，奏为查讯仪封大工用项明确酌拟核实归款并请旨严议议处解任巡抚姚祖同等员事，道光二年九月初五日）。其也指出提扣八子钱的违规，以及减免料员赔累之例不可开，建议追还，并给以处分，得旨：

> 姚祖同于此案奏销通融，系照旧案办理。惟于误列款项未能确查厘剔，各员长支银两始则严追，继复免缴，并未将购料赔累例应津贴实情奏明遵办，率行归入销数，复私准提扣八子钱文，实属办理谬误。姚祖同着来京，以四品京堂候补。（《嘉庆道光两朝上谕档》，道光二年九月十一日）

姚祖同被革职降级，大约嘉庆帝和王鼎都不愿看到这样一个结果。这是一个实心任事的方面大员，主持的仪封大工廉洁高效，比预算节省一半资金。他最后上交了一本糊涂账，皆因格于成规，无法如实报销。这就是因循，是制定规则、掌管规则的人疲玩。遗憾的是皇帝和钦差大臣都没有想到要去修订成规，仍将姚祖同以例罢免，虽然不无怜惜。

人情难却：道光年间的一件刑部舞弊案

郑小悠

道光元年（1821）七月初二，刑部汉尚书韩崶（fēng）到部坐堂，有直隶司的首席满官——掌印郎中舒通阿持案稿上堂，请他批示意见。舒通阿上报的是一件命案：宛平县民妇李刘氏，在都察院控告当地富户傅大指使伙计武三，将其夫李大打死，宛平县不为究办。都察院将此案移交刑部，抽签分到直隶司审理。舒通阿向韩尚书表示，现在案子司内已经审讯明白，李大确系被武三殴打后重伤不治，当时傅大并未在场，与李大之死毫无干系，村邻王刘氏愿意作证。虽然死者李大之妻李刘氏仍然不服审断，但刑部仍可行文顺天府转饬该县，强令她到县衙领取棺材，将死者下葬。

韩崶是当朝首屈一指的律学名家、断案老手。他只简要听了舒通阿的汇报，就心生疑惑。按照刑部的惯常做法，命案必须审结以后才能令死者亲属领棺收尸，断断没有案情未清，就催着领棺材埋人的道理。此外，直隶司有满汉司官多人，此案事关人命，何以只有舒通阿一人上堂回话？想到这儿，韩崶慎重起见，当场拒绝画稿，将舒通阿的呈文驳回，令其再审。

果然，没过多久，直隶司的首席汉官——主稿司官梁恩照，就愤愤然向韩崶面禀，抱怨舒通阿办理此案独断专行，不但不将被告傅大收押，还不认真审讯，本司其他官员有不同意见，他也拒不听取，恐怕其中存私舞弊，请部堂另行派员审理。韩崶当即意识到事情的严重性，马上与管部大学士戴均元、满尚书那彦成商议，将此案改交刑部贵州司审理，并派部内以精明强干著称的秋审处司官，前往贵州司会审。

从上下其手到真相大白

复审官员接手此案后不久，便查出实情：被告傅大家境富裕，在本县有祖坟一座，傅大想让住在坟地旁边的李大为其看坟，于是派自家伙计武三向李大说明，并许给地五亩、房三间，李大含糊应允。

道光元年二月二十八日，傅大、武三与李大在村口路遇，李大称，需再加五亩地，才去看坟。见李大反悔，武三怒不可遏，揪住李大扭打起来，又在傅大的怂恿下，就地捡起一石块，打破自己的额头，打算栽赃到李大头上。李大见势要跑，傅大命武三将李大追回。武三一路追去，连殴几下，李大站立不稳，向前一扑，狠狠跌倒在地，当场死亡。

傅大恐怕干犯重罪，央求武三到官后一人顶罪，将自己开脱出来，并许诺日后照看其家属。武三答应。傅大又找到李大的妻子李刘氏行贿说和，许给李刘氏京钱五百吊，地三十亩，求她到官后不要供出自己，但被李刘氏拒绝。很快，地保将命案呈报到宛平县衙。傅大赶忙托宛平县公差花京钱三百吊，买通了宛平县的刑书、仵作，又贿赂目击人王刘氏替自己作伪证。

三月初一，知县前往验尸。仵作范志见李大尸身鼻窍有食物，大小便失禁，又因先前收了贿赂，便将李大身上致命的左耳近上拳伤及左右腿磕碰伤，都隐匿不报，只喝报说“内损身死”。

李大之妻李刘氏不服，次日再验，仵作仍报伤如前，知县因其所报与《洗冤录》内“内损”情形相符，遂定为内损身死，李大耳根等处的伤势仍未验明。

李刘氏不服，于三月十二日到都察院呈控。都察院将此案咨回顺天府，改交宛平的邻县大兴审办。大兴县差役马亮是傅大的至亲，遂从中作梗，使审期一再拖延。李刘氏无奈，再次到都察院呈控，都察院遂将此案送到国家最高级的法司衙门——刑部审理。

复审结果与舒通阿所报出入如此之大，令韩葑等刑部堂官大为吃惊。寻常一桩命案官司，身为刑部直隶司掌印的舒通阿，竟然刻意不按程序办理，接案后既不将主使正凶傅大收监，又强令家属买棺结案，内中必有隐情。韩葑等人马上下令，命复审官员昼夜熬审原案人员及刑部直隶司办案书吏，务必问明内中情弊。

熬审过程中，傅大拒不招供，但直隶司书吏王黼（fǔ）荣却供认，傅大到案时，曾有本部云南司主事兴贵向自己行贿，委托照应傅大。复审官员以此为突破口，再审傅大，傅大见王黼荣招出兴贵，也只好承认与兴贵一家是世交，此前通过自己嘱托直隶司书吏照顾属实，但对于如何买通舒通阿一事，仍不承认。

韩葑等人于是上奏请旨，将本部司官舒通阿、兴贵一并革职，严加审讯。案件既经上奏，就变成了重大钦案。在道光帝的支持下，刑部从兴贵、舒通阿二人入手，再次系统审理了这件原本情节简单，但牵扯进朝廷官员的大案。

事实上，当年五月中旬，傅大听说案子已移交刑部，即欲在刑部内打点。可如何能与刑部大员攀上关系呢？他想起了自家世交——兵部侍郎哈丰阿。傅大当即面见哈丰阿，求其转托在刑部云南司当主事的儿子兴贵打个招呼。哈丰阿念及交情，就答应下来。

然而，哈丰阿与刑部直隶司掌印司官舒通阿并不认识，难以讲话。兴贵年轻初来，也难与隔着司的资深掌印交谈。琢磨多日，哈丰阿忽然想起，自己在兵部的下属郎中庆恩在调到兵部以前，常年在刑部任职，应该与舒通阿熟悉。不过，庆恩刚到兵部不久，自己虽然是长官，也不便直接向其说情，遂叫来庆恩之弟、也在兵部任职的员外郎庆志，说自己的世交傅大因为武三命案被谎告拖累，现在刑部直隶司审办，让他告知庆恩，如果认识直隶司掌印舒通阿，就求其帮忙照应，早日结案。

庆志回家向庆恩告知，庆恩遇到舒通阿后，又照哈丰阿之意说明。舒通阿当即答复：此案正在提取文卷，傅大尚未移送刑部。

几日后，傅大到案，与王刘氏等人串供，一起声明自己确实不在伤人现场。因有庆恩之言在先，哈丰阿也并未将傅大收禁刑部监狱，而是仍交回大兴县收押。至此，傅大、武三等都已画供，惟李刘氏仍坚称其夫尸身有伤，原验不实。舒通阿随即缮写稿片禀告堂官，请求下达文书给顺天府转饬大兴县，下令受害人亲属领棺结案。

这边，唯恐单走舒通阿的路子不够，哈丰阿又命其子兴贵在刑部活动，托刑部云南司皂役胡泳兴，由其向直隶司书吏王黼堂等人嘱托，并令傅大给胡泳兴京钱二百吊用作打点。此后，兴贵探知舒通阿并未将傅大收禁，且未向自己索贿，遂起意敲诈，屡次向傅大声称，舒通阿帮了大忙，必须重重酬谢。事实上，傅大先后送来的京钱六百吊都由兴贵私吞，舒通阿并未见到贿赂。

刑部将涉案诸人按律定罪，请旨定夺。道光帝下旨，主犯傅大依威力主使他人殴打而致死，拟绞监候，秋后处决。武三为从犯，拟杖一百，流三千里。

涉案人中职位最高的兵部侍郎哈丰阿，道光帝对其恨憎至极，痛斥他身为二品高官，结交傅大这样的市井无赖，已经廉耻丧尽，居然还让儿子辗转向刑部承审官员求情，实属辜恩负职，理当严办。于是下旨将哈丰阿发往乌鲁木齐效力赎罪，其子兴贵也随父一并发往新疆。

主审此案、徇私枉法的刑部郎中舒通阿，按律虽然只应在主犯傅大绞罪上减二等，断为杖一百、徒三年。但因其身为刑部承审命案官员，竟敢瞻徇别部大员情面，险些令正凶漏网，理应从重治罪，请旨发伊犁效力赎罪。

至于兵部员外郎庆志，听从本部堂官哈丰阿指使，通过其兄庆恩转向舒通阿请托，兄弟二人均属有罪，现在庆恩已经革职，念庆志情节稍轻，可免予革职，开复原官。此外，宛平、大兴、刑部收受贿赂的书吏、衙役，均按律定以徒、杖等罪。宛平知县受仵作蒙蔽，断案不实，也被交吏部议处。

司法中的人情难却

一场惊动御座的大案就这样尘埃落定。放开傅大、武三这两个倚仗财势、杀人行贿的无赖不说，单看涉案的几名官员，除了受贿说情的兴贵，其他如哈丰阿、舒通阿，以及庆恩、庆志兄弟，都并未收受贿赂，只是碍于人情，就不问缘由，帮助傅大压和命案，最终牵连在内，或遣戍或罢官。

碍于人情，是清代司法舞弊中一个非常常见的问题。在许多惊天大案里，真正收受贿赂的官员并不多，大都是囿于亲戚、同乡、科举同年、官场同僚等千丝万缕的人情关系，而陷入其中。这是传统中国人情社会的写照。

一般而言，这类碍于人情造成的司法舞弊，更多的是体现在地方基层政权当中。一方面，地理范围越小，范围内的人与事利益关系就越大。以州县为例，虽然官员是外来的流官，但衙门里的书吏、衙役都是本地人，与原被告双方容易产生利益关系，从而干涉、左右案情；另一方面，品级相近、关系相熟的官员容易通融枉法，而品级悬殊、交往较少的官员，彼此间坚持原则的可能性更大。

因此，相对而言，高居中央的刑部，地位要超脱一些。首先，刑部地处京城，与各省路途遥远，以当时的交通通讯状况，较难和各级地方法司串通。其次，刑部官员与地方法司的考绩追求完全相反。清代议处制度设计的连带性过强，容易造成地方官内部上下遮掩，官官相护。比如命盗案件疏防处分，除处分对此负有直接责任的州县官及当地绿营武官外，向上要一直连带处分到知府、道员和绿营副将。是以州县官讳盗，即便被上司发觉，也未必肯于揭发。相对于地方官，刑部官员在处理咨题奏案时，受到处分的可能性要小得多。从雍正末年起，刑部司官如果将情节不实的错案驳改，还可以获得纪录两次的奖励。这与地方官妥办刑案是职责分内，一有出入即遭议处的境遇形成鲜明对比。

不过，此案原被告双方都生活在北京城的附郭县——宛平，其中一方又是本地大户，这是刑部官员也被牵扯其中，成为傅大等人贿买对象的重要原因。

另外，傅大虽然并不直接认识本案的审讯者舒通阿，但却与一位满洲高官——兵部侍郎阿哈丰相熟。满人，特别是其中上层多居京，相互之间有密切的婚姻圈联系。他们进入官场后，也和传统的汉人士大夫一样，通过科举同年、官场同僚等仕宦关系相互熟识。因此，相对于汉族京官群体，满洲京官在婚与仕的双重作用下，人情联系更加紧密，此案中的哈丰阿，作为一个与案件审理毫无干系的兵部侍郎，在很短的时间内，就转托多人，实现了为傅大说请的目的。幸而最终遇到与这个人情圈毫无关涉、又肯秉公办事的刑部侍郎韩崶，案件真相才得以大白。

刑部的纠错机制

然而，从另一个角度来看，清代刑部的“纠错”机制还有颇多可以借鉴之处。

首先，嘉庆以后，刑部各司形成满洲掌印、汉人主稿并重的局面。本司的重要事务，都要由掌印、主稿商量处理，如果有人试图打破这种局面，就会被视为“专擅”，乃至另有隐情。本案舒通阿是直隶司掌印，该司的“一把手”。按照刑部各司稿案呈堂的程序，掌印用印钥换回司印，加盖在文稿上，是回堂前的最后一个环节。如果掌印本人有作稿回堂的能力，为人专横，罔顾同司官员的意见，就可以做到独断专行。各司另设主稿司官之后，虽然掌印在体制上仍然具有司内最高地位，但主稿的汉官通常在业务能力上更胜一筹，二者形成势均力敌的格局，可以相互制衡，类似舒通阿案这样的情弊才有机会被及时发现纠正。

此外，到了嘉庆年间，刑部的法律专业化程度已经非常之高，每天坐堂主理部务的“当家堂官”，尤系经历内外的资深法学专家。比如首先揭发此案的尚书韩崶，从二十岁起就在刑部任职，升任知府、按察使等地方官，不数年而回任刑部侍郎，为官五十余载，绝大多数时间都从事断狱问刑的司法工作。韩崶办案犹以逻辑严密著称，在他从刑部司官外放知府时，管理刑部事务的大学士阿桂与他执手告别，曾感慨：“部中作稿尚有丝丝入扣如君者乎！”（韩崶《韩桂舲先生自订年谱》）这样资深的阅历、严谨的性格，使韩崶虽然仅是个汉尚书，但在刑部内却具有绝对的权威，就连排位在他之上的管部大学士戴均元、满尚书那彦成，在政务方面都唯他马首是瞻。因此，此案虽事涉满人大员，但部内满官亦不能稍有掣肘。

在清朝中后期人的眼中，刑部已成为行政效率高、专业化程度高的代名词。如清人将刑部秋审处官员、河道官员（河务）、久任边疆（边才）的官员并称为“专家学”，即有今人所谓“技术官僚”之意。又如“六部诸曹司事权皆在胥吏，曹郎第主呈稿画诺而已，惟刑部事非胥吏所能为，故曹郎尚能举其职”（徐珂《清稗类钞》）。本案即是刑部自身纠错能力的一个典型证明，可为时人的褒奖之语做一注脚。

道光二十三年户部银库亏空案与道咸变局

韩　祥

道光二十三年（1843）春，京师户部银库爆发了清代历史上最大的一起库银亏空案，亏空额高达925万两。不过，因发生在鸦片战争结束后的第二年，其巨大的社会影响多被置于鸦片战争的阴影之下，而变得湮没无闻。

一、案件经过

在清代，户部是主管全国财政的最高行政机关，户部银库则在相当程度上扮演着国库的角色，每年超过全国财政1/4的各类地方款项被汇解至该库，由中央政府直接支配。可见，户部银库的收支直接关系着清代财政的全局。

虽然户部银库在调节国家财政上起着关键作用，且设有专司及管库大臣、查库御史进行制度化管理，但因吏治腐败、贪渎之风盛行，库银自乾隆后期便极少清理，库吏侵蠹成性、子孙相沿。嘉庆初年“虽经盘查，然皆受库吏贿嘱，模糊复奏，未能彻底澄清”，明贪暗吞之行屡禁不绝。当弊政累积至承受极限时，便会以偶发小事件的形式突然爆发，道光“二十三年，库吏分银不均，内自攻讦，其事不能复蔽，达于天庭”（欧阳昱《见闻琐录》)。

这起惊天大案是在一件库丁舞弊举报案中被揭露的，虽颇具戏剧性，但其中又蕴含着制度弊端暴露的必然性。根据该年三月十八日潘世恩、祁寯藻等人关于案情审理报告的长篇奏折，我们可以大体了解此案发生的过程及当时户部银库的管理状况。案件情节概括如下：

户部银库库丁张诚保之兄张亨智，想为其二儿子张利鸿报捐知州，于道光二十二年十一月初二，托付其姊夫周二将银 11474 两分装 11 个口袋送至户部报捐。当日，由于前来报捐的监生众多，直至傍晚才轮到张利鸿捐银交库，周二令帮手张五将银袋携进银库门内，库内每称量一袋，张五即续携一袋进库。仓促之际，库丁张诚保将第 2 袋误报为第 3 袋，而查库御史与库官均没有听出其中的错误，张诚保便更大胆地在报第 7 袋时捏报为第 10 袋。这样，等到将张利鸿需缴纳的捐银称量完毕，共偷漏出银 4 袋（约 4100 多两）。

之后，张五将偷漏的银两趁乱携出库外，与周二准备将漏银运走。而这种舞弊把戏被其他库丁看得一清二楚，并在库外路边谈论此事，恰好被多名路人听到。路人有意敲诈，便一哄而上拦住周二，争相抢夺，各抢得银两若干。最后剩下 3700 两运回由张亨智开办的万泰银号内。事后，相关知情的库丁均分得了好处，而万泰银号的几位管事人却未得好处，遂向张亨智讨要，反被辱骂，这几个人在一怒之下将其告到了衙门。最后，经该城衙门咨送刑部，弊案曝光。(《嘉庆道光两朝上谕档》)

此案在道光二十二年底便上报刑部，但到次年二月仍未审理清楚，户部只是重新拟定了银库收放章程八条（《清宣宗实录》)。三月十八日潘世恩等人的长篇奏报出炉后，道光帝才得悉弊案全貌与事态的严重性，认为“此等积惯舞弊之人，恐盗用已不止此一次”，“钦派大臣将库项全数盘查”，“交军机大臣会同刑部严刑审讯”（《嘉庆道光两朝上谕档》）。然而，案件的清查结果让道光帝更为震惊，所牵涉的京官、大员之多亦为清史罕见。

需要指出的是，此次清查户部银库亏空是在清政府内外交困的背景下进行的。当时，在广东与英国交涉的伊里布还未筹足对英的第2期赔款（210万两），加上道光二十一年八月黄河决于河南祥符、次年八月再决于江苏桃园，朝廷急需调拨河工、灾赈的巨额银两。若再加上此次银库大案，国内全面的财政危机已迫在眉睫。正如曾国藩事后所论，“至于财用之不足，内外臣工，人人忧虑。自庚子（1841）以至甲辰（1845），五年之间，一耗于夷务，再耗于库案，三耗于河决。固已不胜其浩繁矣”（《皇朝经世文编续集》）。

道光二十三年三月二十六日，刑部尚书惟勤等奏报了户部银库亏款的实际情况：实应存银约1218.2万两，而统计存贮各项实存银两约292.9万两，实际亏银约925.3万两（中国第一历史档案馆藏录副奏折）。面对巨额的亏空数字，道光帝愤恨交加，认为“实属从来未有之事！览奏曷胜忿恨！以国家正项钱粮，胆敢通同作弊，任意攫取，似此丧心昧良，行同偕国盗贼”（《清宣宗实录》）。本来1200多万两的家底，现在不到300万两，连京师的开支都难以维持了。情急之下，道光帝把亏空案的全部责任推在了相关官员、吏役身上，“渎职、侵蚀、盗窃”成为此案追查的焦点。

在审查中，户部银库的大量陋规被曝光，不仅库丁盗窃，而且管库大臣与查库御史都收受银库规银。正如晚清学者欧阳昱所述，“逢皇上命御史查库，必进规银三千两，仆从门包三百两，日积月久，习以为常。或穷京官与会试举子知其弊者，向库吏索诈，库吏必探访其人之家世，才能如何，以定送银多寡，数两、数十、数百、数千不等”（《见闻琐录》）。这种“集体违规”的腐败风气深深侵蚀了整个官场。

二、亏空追缴

面对国库严重空虚，道光帝对此案的处理，与前相比极为严厉，几乎严惩了所有涉案官员，包括历任银库司员、查库御史、管库王大臣、查库王大臣等。于是，一场清代历史上最大的库银罚赔、追缴运动开始了。

道光二十三年四月七日，道光帝下旨：嘉庆五年（1800）至道光二十三年（1843）间历任库官、查库御史各按在任年月，按月罚赔银1200两，已故者照数减半；其历任管库之王大臣每月罚赔银500两，查库王大臣每次罚赔银6000两，已故各员按数减半（《清代起居注》）。因涉案人数众多，一时难以全部停职查办，不得不以“革职留任”的方式，让戴罪之人来查“罪”。

既定方针确定以后，大规模的罚赔、追缴便开展起来。道光帝亲自规定了处罚的等级与期限，对于涉案官员交纳罚赔银两的程序与管理亦有明确规定：应交罚赔银两每次先在户部呈报，由部移交管库大臣率库官平兑，验收后给与实收知照，户部备案，再入库另款存贮，每月随月折具奏一次，等积有成数时，奏归正项。兑收日期，以每月逢十兑收，如遇小建（农历小月）于二十九日兑收（中国第一历史档案馆藏录副奏折）。对官员的罚银一般以在任时间长短而定，虽然谕旨中规定每在任一月罚银1200两，但在实际的追缴中则多通融为1000两。盛怒之下，道光帝将涉案官员无论清正廉洁与否，一律予以惩处，如当时以清廉著称的御史骆秉章也被罚赔5000两。对于涉案的已故各员，则由子孙代赔。

通过对现存相关档案的统计可知，除去重复统计后，在1800至1843年间共有321位官员（包括现任、卸任、已故）涉及此案。其中，历任银库司员共104人（含已故61人）、299人次，历任查库御史共89人（含已故26人）、134人次。若依道光帝对此二类人员罚赔银两的标准来算：在世者106人罚赔银应为134.6万两，已故者87人减半罚赔银应为77.968万两，总共应为212.568万两；历任管库王大臣共54名（含已故46人），罚赔银共应为30.775万两：历任查库王大臣共76人（含已故54人，有2人次的重复），罚赔银共应为40.2万两。当然，上述得出的三个总数相加（共283.543万两）只是一个理想状态，考虑到一些未交、漏交及缓交的情况，实际所得显然会更少。查证相关档案可知，罚赔、追缴运动由道光二十三年四月持续至道光二十九年六月，共收银约150.5万两，均奏明归入正项，但远少于预定的罚赔银数。

此外，清政府还采取了其他方式弥补此次户部银库的亏空，如追缴库丁、书吏所侵蚀的库银；减平发放各项开支银两；没收各省关“库吏规费”等陋规收入弥补库亏；增加征收入库岁银的附加费等四项举措。然而，这些临时举措或收效甚微、或无法持续，最后的弥亏作用大打折扣。经测算，四项措施最多能够筹得弥亏银213.5万两。

由于相关档案的缺失，该亏空追缴运动的整体面貌已无法完全弄清，但通过以上的推算可知，此次追缴对库亏银的弥补最多为363.8万两。而据咸丰元年（1850）户部尚书卓秉恬的密折可知，至该年十月底户部银库实在存银共187万两（《中国近代货币史资料》），而其时的户部银库账面余额为800万两（孙鼎臣《畚塘刍论》）。与1843年的925万两相比，亏空减少为613万两。这样，可以推出到1850年实际的库亏弥补数额至少应为312

万两。因此，自1843至1850年间库亏追缴运动的实际效果应介于312万两至364万两之间，这对于925万两的亏空总额来说，是远远不够的。

三、社会影响

鸦片战争后，清政府发生了严重的财政危机，对国家社会经济造成了巨大冲击。相关论著一般将战争视为造成当时财政困难的最主要因素。然而，这种观点却使我们的视线过分集中于外来影响上，而忽视了国内体制积弊的影响。道光二十三年户部银库亏空案就是这种体制性弊政的一次大曝光，吏治腐败、制度失效被暴露无遗。该案对晚清财政的影响不可低估，但长期以来却少被研究，部分原因就是其恶劣影响多被转嫁到鸦片战争上去了。

此案处于鸦片战争后的敏感时期，进而与战争的影响结合在一起，共同加剧了道咸时期的社会经济危机。然而，鸦片战争的影响显然被放大了，而此案的影响则被人为缩小。由于户部银库亏空的积累、发生与鸦片战争并无关系，所以二者所产生的影响有必要区别分析。

首先，此案影响了当时社会公共工程支出。该案被揭后，清廷立即减少了各类财政支出，其削减幅度甚至超过了鸦片战争期间。道光帝紧急下发的节银谕旨要求“所有大小工程及支领款项，遇有可裁可减者即行裁减，可节省者即行节省，总期实力撙节，积少成多”（《清宣宗实录》）。

其次，该案对当时清政府的防灾、救灾工作产生了严重的消极影响。库亏案爆发前，黄河连续决口，先后波及50多个州县，清政府在战时仍从各库拨出了2000多万两巨款救灾（岑仲勉《黄河变迁史》）。但在库亏案被揭之后，政府的赈灾支出则出现了大幅削减，这不仅是现实上的战争影响，更是统治者在心理上对隐性亏空的恐惧。随后的1844至1850年间爆发了连续的大灾荒，波及黄河、长江流域的上千个州县，灾害程度比1841至1843年间更严重，持续时间更长，但清政府救济拨款银两却仅有约900多万两（《清史稿》），远少于前者。

第三，此案加速了清代传统财政体制的瓦解。鸦片战争后，各地方省库拖欠部款的情形明显加重，其重要原因之一便是沿海省份过度担负对英赔款，以致不能年清年款。其实，道光二十三年亏空案的突然爆发，在促使中央将财政压力倾泻于地方过程中起了关键作用。对英赔款自1842至1845年分7期偿还，1843年年底户部银库结存账面额为993.4万两，如果扣除当年的巨额亏空，国库便一贫如洗了，故所有赔款也只能由地方分摊承担。该案发生以后，地方省库拖欠户部解银的现象大为增加，至太平天国运动爆发，“拖欠解银”已成为常态，从而使清代沿用200多年的“奏销制度”趋于崩溃。在这个层面上讲，此案与鸦片战争一起加速了清代传统财政体制的瓦解，形成了空前的“道咸变局”。

综上，道光二十三年户部银库亏空案及其追缴运动历时近十年，涉银近千万两，涉案官员达300多名，成为了清代最大的银库亏空案。该案的社会影响与教训十分深刻，但由于其发生在国外侵略战争之后，故一直存在于鸦片战争的影子之下。当然，鸦片战争的影响亦是巨大的，但它更是与国内政治经济变动一起，方才开启了近代历史之门。

作者简介

韩祥，1986年生，河北安平人。史学博士，山西大学中国社会史研究中心讲师。

清入关前满洲宗教信仰的多元化

孟繁勇

明末女真各部统一后，其宗教信仰呈现多元化趋势，从单一信奉萨满教，变为以萨满教为主，其他宗教为辅。这种变化不仅对满洲的形成和清朝的崛起起到了巨大的促进作用，而且对清入关后的宗教政策也产生了深远的影响。

一、努尔哈齐时期的宗教信仰

萨满教是一种原始宗教，出现于原始社会时期，其特点是认为“万物有灵”，多神崇拜，其神职人员亦称为“萨满”。满洲的先世很早就开始信奉萨满教，几千年中一直虔诚供奉，延至明末。在明亡清兴的历史转折之际，女真人的宗教信仰也经历了巨变。

努尔哈齐（赤）在统一女真各部、开国创业的过程中，对传统的萨满教进行了重新整合，对汉、蒙古、藏等民族的宗教信仰则采取了兼容并包的政策。

（一）整合规范萨满教

明中叶以后，东北地区的女真部落处于分散状态。女真各部相继设立了祭祀本部祖先神祇与本氏族世代守护神祇的堂子（时称“堂涩”或“堂色”），即后来清宫“堂子”的雏形。各部遇有重大事项，都要叩拜堂子。除了堂子，萨满对各部的影响也十分巨大，甚至修建城堡的选址，也要由萨满来决定，努尔哈齐建立后金政权时的都城赫图阿拉就是萨满用野鸡占卜选定的城址。

明万历十一年（1583），努尔哈齐以十三副铠甲起兵，开始统一女真各部，当时“各部蜂起，皆称王争长，互相战杀，甚且骨肉相残，强凌弱，众暴寡”（《满洲实录》）。各部信仰的萨满教各成体系，为各自军事、政治斗争服务，堂子已经成为各部的精神支柱，萨满在其中更是起到鼓舞士气、激励斗志的作用，有些部族的萨满甚至就是该部的首领。因此，努尔哈齐灭掉哈达、辉发等部时，兵马先破“堂色”，“掠祖像神器于贝勒马前”，神、神辞或被烧毁或被改造。在摧毁堂子的同时，努尔哈齐还屠杀了大量萨满。值得注意的是，当攻灭一个部族时，有的首领或许能够幸免于难，而萨满则必遭杀害（富育光、孟慧英《满族萨满教研究》）。

在摧毁女真其他部落的过程中，努尔哈齐确立了爱新觉罗氏堂子的独尊地位，并对祭祀的神灵作了调整。采取的做法是在“各姓普遍信奉的神祇中找出几个有代表意义的，并结合本族少数的几位神，组合成一个新的堂子祭神群，通过皇族祭祀上的影响和强制性的祭礼大法进行推广新神、限制旧神的运动”（《满族萨满教研究》）。遇重大事项和重大节日，努尔哈齐必率众祭堂子祷告。

（二）包容儒释道和喇嘛教

在整合并尊崇萨满教的同时，努尔哈齐对儒释道三教采取了比较开明的包容政策。万历四十三年（1615），即努尔哈齐建立后金政权的前一年，当时女真尚未进入辽沈地区，努尔哈齐就在赫图阿拉开始修建“七大庙”，“三年乃成”（《清太祖武皇帝实录》）。“七大庙”包括堂子、地藏寺、玉皇庙（后改称显佑宫）、关帝庙、文庙、城隍庙和昭忠祠。其中堂子属于萨满教，文庙属于儒教，地藏寺属于佛教，玉皇庙、关帝庙、城隍庙属于道教，可见努尔哈齐不仅对萨满教，而且对儒释道三教都尊崇有加。

努尔哈齐对蒙、藏地区盛行的藏传佛教——喇嘛教的僧侣也十分尊重。天命六年（1621），囊苏喇嘛从蒙古科尔沁部来到后金，努尔哈齐盛情接待，礼遇有加。囊苏喇嘛感念优待之恩，临终前叮嘱将其遗体葬在辽东。他圆寂后，努尔哈齐为其在辽阳城南门外修庙治丧、料理后事。

二、皇太极时期的宗教政策

皇太极即位后，继承了努尔哈齐兼容并包的宗教政策，既坚持本民族的传统宗教——萨满教的主导地位，同时对汉、蒙古、藏等民族的儒释道和喇嘛教也有所吸纳，使满洲的宗教信仰逐步趋向多元化。

皇太极继承了萨满教祭拜堂子的传统。天聪十年（1636），皇太极改国号为清，正式称帝，改元崇德。是年正式规定：每年元旦，皇帝率亲王以下、副都统以上及外藩来朝王等诣堂子上香，行三跪九叩头礼。皇太极时期是整个有清一代对堂子最为尊崇、祭祀最频繁的时期。除重大节日外，遇有大事，如军队出征及取得重大军事胜利等，都要祭拜堂子。祭堂子已不仅仅是一项宗教活动，同时也是一项极其重要的政治活动，颇有“政教合一”的意味。

皇太极对儒教也比较重视。天聪三年，他下令改建沈阳孔庙，开始崇祀孔子。同年，开设文馆，还举行了后金建国后的第一次科举考试，并录用考中的生员。建孔庙、祭孔子，是皇太极重视文教，开始采用儒家思想治国的一个显著标志。他还仿照汉族王朝的传统做法，修建天坛、地坛祭拜天地，修建太庙祭祀祖先，这表明清代的祭祀制度逐渐向汉族王朝的儒家礼制靠拢。

皇太极非常尊崇汉传佛教，在自己的寝宫——清宁宫供奉佛、菩萨，并将其作为萨满祭祀的朝祭神，足见其敬佛之虔诚。他还兴建和修缮了许多佛教寺庙。例如，天聪四年，拨银二百两，作为正黄旗建庙经费。同年，又敕建莲花寺。后来，又陆续下令重修广佑寺、栖云寺和无垢净光舍利佛塔等古寺、古塔。

皇太极也能够包容道教。天聪三年，他经过辽阳时，发现努尔哈齐修建的玉皇庙被贝勒阿济格、多尔衮下属拆毁，他十分恼怒，命“追讯毁者，偿值重建”。庙宇修好后，又拨银百两予以资助（《清太宗实录》）。城隍也是道教俗神之一，皇太极即位后，把旧沈阳城隍庙升为都城隍庙，提高其规格。他喜读《三国演义》，对关羽十分景仰。崇德八年（1643），敕建关帝庙，并赐额曰“义高千古”。关圣帝君亦成为清宫萨满祭祀的朝祭神之一，享有很高的地位。

皇太极对喇嘛教尤为尊崇，修建了著名的实胜寺和四塔四寺。他征讨察哈尔时，察哈尔林丹汗战败出逃，死于青海大草滩，其众纷纷归顺后金。有墨尔根喇嘛用白驼载元代所铸玛哈噶拉佛前来投奔，皇太极下令修建实胜寺，专门供奉。该寺落成后，皇太极几乎每年正月上旬都要率众来此礼佛。此外，他又修建了东塔永光寺、南塔广慈寺、西塔延寿寺、北塔法轮寺。皇太极还通使蒙藏上层，延请高僧宣讲佛法。通过喇嘛教这个纽带，清政权与蒙藏地区建立了紧密的联系。崇德年间，蒙藏宗教领袖多次派人觐见皇太极，其中包括五世达赖和四世班禅的信使。

三、宗教信仰的嬗变与满洲形成和清朝崛起

女真宗教信仰的嬗变对满洲的形成和清朝的崛起起到了巨大的促进作用。

（一）促进了女真各部的统一和满洲共同体的形成

明末，女真各部居住分散，互不统属，虽然都信仰萨满教，但所信奉的神灵各成体系。宗教信仰的分散，成为政治上统一的巨大障碍。因此，努尔哈齐在征服女真各部时，不仅在政治上，同时也在宗教信仰上完成统一。与此同时，努尔哈齐根据需要对其供奉的神灵重新作了调整，使女真各部只能信奉爱新觉罗氏的堂子。萨满教的整合又促进和巩固了女真各部政治上的统一。

进入辽沈地区后，女真与汉、蒙等民族接触更加密切，对其他民族宗教的接受程度也越来越深。当时，加入满洲共同体的除了女真人之外，还有一部分汉人和蒙古人。正是因为女真人接受了儒释道、喇嘛教等宗教，从而使其与汉、蒙等民族在宗教信仰上有了交集，由此形成了“共同心理素质”，进而促成了满洲共同体的最终形成。天聪九年十月，皇太极正式定族名为“满洲”。从此，满洲作为一个生机勃勃的崭新民族，出现在历史舞台。

（二）促进了清朝的崛起

满洲宗教信仰的嬗变，赢得了各族人民对清朝的认同，增强了清政权的向心力，促进了清朝的崛起。

满洲因为吸收了汉族宗教的诸多要素，由此产生了文化认同。同时，汉族对满洲萨满教的一些习俗也有所接受。例如，汉军旗人在祭祖时，也有跳神的仪式，甚至还出现了“汉军萨满”，

也“戴神帽、穿神裙”，其表演的“绝技令人惊叹”（《满族风俗志》）。这说明满洲与其他民族在宗教信仰上已经互相接纳，满洲和其他民族融合的程度在不断地加深。尊崇喇嘛教，也为后金（清）赢得了蒙古族的政治资源。蒙古墨尔根喇嘛载玛哈噶拉佛投奔后金，囊苏喇嘛临终前叮嘱将其葬在辽东，都在后金赢得蒙古各部的支持时发挥了重要作用。

满洲统治者对其他民族宗教的尊崇，不仅是为了安抚、笼络汉、蒙古、藏等各族人民，同时也是为了达到军事胜利、统一天下的目的。在当时的历史条件下，宗教对满洲而言，起到了提供精神动力、增强信心和斗志的积极作用。例如，军队出征前，必拜堂子祈求获胜。天命三年，努尔哈齐领兵进攻抚顺之前，即“率诸贝勒及统军诸将，鸣鼓奏乐，谒堂子而行”（《清太祖高皇帝实录》）。崇德八年，皇太极开始在盛京修建四塔四寺，目的也是为了保佑清朝一统天下，“每寺建白塔一座，云当一统”（《盛京通志》）。

皇太极时期，很多官员和百姓修建寺庙时，在碑记中都表达了祈求国泰民安及君主长寿的愿望。例如崇德元年，僧人果证等重修了保安寺，在碑记中开篇点明：“立寺名曰保安，非保一人之安，而保天下国家之安也者”，且“愿保皇图巩固，更重华于尧天舜日”（《奉天通志》）。六年，孔有德、尚可喜、耿仲明、范文程等众多官员在辽阳东京城修建弥陀寺，在碑记中赞颂皇太极“仁恩惠政，乃大慈大悲之主”，并祈求“助我哲后，大业早就，千万斯年，而臧而寿”，最后表示“佛力君恩，并自难酬。天高地厚，怀抱悠悠。永享茅土，永守藩职”（张羽新《清政府与喇嘛教》）。类似的文字，碑文中几乎随处可见。由此可知，修建庙宇已经成了官员和民众向清廷表达忠心的一种手段，它不仅是宗教活动，同时也成为一种政治效忠，这在客观上增强了各族人民对清政权的向心力。

清入关前，满洲统治者在面对汉、蒙古、藏等其他民族时，能妥当处理各民族宗教的关系，既坚持本民族传统宗教——萨满教的主导地位，同时又积极吸纳其他民族的宗教信仰，做到了既内外有别，又有机结合，反映了满洲在文化方面的兼容精神。这对后世产生了极其深远的影响。清入关后，继承此前的宗教政策，实行“因俗而治”，对增强各族之间的凝聚力、促进国家大一统和中华民族共同体的最终形成，发挥了积极的作用。

作者简介

孟繁勇，1976 年生，辽宁抚顺人。历史学博士，辽宁社会科学院历史研究所副研究员，主要研究方向为清史、满族史、东北地方史。发表论文十余篇。

皇太极下令吸烟种烟按盗窃治罪

程大鲲

17 世纪 30 年代，烟草刚传入中国不久，统治东北的皇太极很快认识到种烟吸烟对百姓生产生活的严重危害，明令查禁。清政府特别发布命令严禁八旗官兵人等种烟吸烟，违者按盗窃治罪。

烟草在东北的传播

烟草为一年生草本植物，原产于美洲。印第安人有吸烟的习惯，哥伦布发现新大陆后，烟草开始传入欧洲，以后逐渐在世界范围内传播开来，在 17 世纪初开始传入中国。

据史学家吴晗先生考证，烟草传到中国的渠道有三个：一是从日本传到朝鲜，又传到我国东北，然后进入关内；二是从菲律宾传入中国的台湾、福建，然后南传广东，北传江浙，再向四周推广；三是从越南等地传入广东，然后北上。

烟草传播到东北的渠道主要有两个：一是由广东的军人带来。16 世纪末，努尔哈齐为了替父祖报仇，以 13 副遗甲起兵，先后统一了大部分女真地区，到 17 世纪初，开始向辽沈进军。为了镇压努尔哈齐的反抗，明政府陆续征调大量广东军队到辽东，广东的军人把烟草先后带到了北京和东北。二是由朝鲜传播过来。大约在明万历三十三年（1605）左右，葡萄牙人首次将烟叶带到日本，日本当时把葡萄牙人叫做“南蛮”，并根据葡萄牙文音译称烟草为“淡巴菰”。明万历四十四至四十五年（1616—1617）间烟草由日本输入朝鲜，朝鲜人便称其为“南蛮草”，又名“南草”。明天启元年、后金天命六年（1621）以后，朝鲜吸烟的人很多，烟草由朝鲜商人带入辽宁境内。

烟草曾是贵重的礼品

烟草传到沈阳以后，迅速在八旗各阶层流传开来。周边的蒙古贵族、明朝将领中同样吸烟者众多。当时烟草并非本地土产，全部依赖进口，价格昂贵，逐渐成为当时的一种贵重礼品。

在后金天聪四年（1630）以后，皇太极与人交往中双方经常用烟草作为礼物。当时皇太极派人与驻守在皮岛（今朝鲜椴岛）的明将刘兴治谈判议和，刘兴治除赠送给皇太极茶叶、粉丝、铁针、牛角、耳坠、生丝、线、石青等礼物外，还送给皇太极派去谈判的使者巴吞巴克什白银30两、绸缎4匹、貉皮袄1件、弓1张、烟50刀（1刀为100个烟叶），送给使者李棲凤白银10两、绸缎2匹、弓2张、插有9支箭的撒袋1个、烟30刀。（《满文老档》）

清崇德二年（1637），朝鲜向皇太极臣服。朝鲜国王按照从前接待明朝使臣赠送礼品之例，向皇太极派往朝鲜的使臣每人赠送同样的礼物。礼物中除了马匹、银两、布匹、纸张等物品外，正副使臣每人送细折南草35袋、烟杆30根，一等常随官每人送细折南草20袋、烟杆20根，二等常随官每人送细折南草20袋、烟杆6根，三等常随官每人送细折南草14袋、烟杆6根，跟随人役每人送细折南草6袋、烟杆6根。直到崇德八年，这些烟和烟袋杆才被皇太极下令禁送（《沈阳状启》癸未年五月十四日）。

而皇太极赠送烟草的对象，主要是来访的蒙古各部贵族。《满文老档》记载，仅天聪五年一年之内，皇太极就先后向来访的岳母、妻兄等蒙古各部贵族23人赠送烟草。如这一年的闰十一月二十八日，皇太极赠给来沈阳的蒙古科尔沁部“大嬷嬷、小嬷嬷各貂皮帽一、烟二十刀、海参一包，乌克善舅舅烟二十刀、海参一包”。

皇太极禁止平民吸烟

由于烟草并非本地土产，主要依靠从朝鲜进口，价格昂贵。皇太极见到那些穷困的八旗人家，仆从衣服不周，竟然也耗费钱财购买烟草。因此，在他当政初期，便下令禁止平民和官员抽烟，但没有对违犯烟禁者规定任何惩罚措施。皇太极此时并没有禁止贵族贝勒们吸烟，烟草依然作为对外交往的礼物之一。由于禁下不禁上，大臣们便阳奉阴违，在公署里不吸烟，回到家偷着吸，禁令没有收到什么效果。

天聪八年十二月，皇太极生气地质问管理旗务的固山额真纳穆泰说：你们这些大臣，在公署禁止别人用烟，等到回家又私自吸烟，这样做又有什么颜面去指责别人呀？以此推之，则阳奉阴违，竟无一可信之事。

看到禁烟没什么成效，皇太极便问他的侄子和硕贝勒萨哈廉：“烟之为禁已久，民间仍有不遵而自擅用者，何故？”萨哈廉没有直接回答，而是转述了自己父亲大贝勒代善的话：禁烟只禁平民不禁贝勒，大概是因为我抽烟的缘故吧。萨哈廉说：要想彻底禁烟，必须是不分贝勒平民，一概禁止。皇太极为自己辩解说："不然，诸贝勒所用，小民岂可效之？如诸贝勒服用貂鼠、猞狸狲等物，庶民亦将效之乎？彼民间食用诸物，朕又何尝加禁耶？"（《清太宗实录》）

由于满族贵族内吸烟的人比较多，即便皇太极想禁也没有能力禁止。当时八旗旗主权力很大，每个旗就相当于旗主自己的私有财产一样，有绝对的管理统治权，大贝勒代善为正红旗和镶红旗两个旗的旗主，另一个烟瘾大的和硕贝勒多尔衮是镶白旗主，正蓝旗的两任旗主莽古尔泰、德格类均吸烟。当时皇太极真正执掌的只有正黄旗和镶黄旗，因此他禁烟也只能绕过旗主贝勒去禁止官员和平民吸烟。

吸烟种烟按盗窃治罪

崇德三年（1638），盛京刑部开始对违犯烟禁者治罪处罚。十月，正蓝旗唐贵在囚禁时抽烟，应打82鞭，准许每3鞭折交银1两赎罪。十一月，正白旗大凌河守备陈家茂被家奴坦达、宋亚美、宋有明举报到法司说："陈家茂做烟袋卖给铺子。"经审讯属实，应打陈家茂82鞭、贯耳鼻（即用一根铁钎子穿透两耳、鼻子），但准许交银两赎罪，又另外罚银9两，共罚银42两3钱（《盛京刑部原档》）。

崇德四年六月，奉皇太极的命令，户部颁布告示，禁止官员人等栽种或吸食烟草，违者将严加治罪，并规定了相应措施。

普通旗人栽种、吸食、贩卖烟草按贼盗治罪。当时盛京城有德盛门、天佑门等8个城门，凡犯禁者分别戴枷在8门旁边的集市各示众1天，打82鞭，用铁钎贯耳，并罚银9两奖励给捉拿违犯烟禁的人。如果有人看到违犯者徇私情不举报，与其一样治罪。种烟人所属牛录的牛录章京等负有管理责任，即使不知情也要受罚（辽宁省档案馆藏《崇德四年户部禁种丹白桂告示》）。

虽然皇太极下令张贴告示严惩，但当时还是有很多人偷偷地种烟。颁布告示后的第一个月，盛京刑部就查办了金有官、觉沙、德衣布等22个人的种烟案件。其中崇德四年七月二十四日这一天，就查出4人种烟，结果这4人戴枷在8个集市各示众1天，各打82鞭，用铁钎贯耳，各罚银9两。对失察的主管牛录章京赵宗科、李茂、宋仁、张承德各罚银10两，分管的4个分得拨什库各打30鞭，负有直接管理责任的4个屯的拨什库各打50鞭（《盛京刑部原档》）。

走私烟草者处死

当时明与清处于战争状态，物资禁运，朝鲜是清廷唯一的烟草输入国，朝鲜出产的南草质量很好，深受吸烟者喜爱，不管是商人还是出使的官员，都喜欢夹带烟草贩运到沈阳。

崇德元年，皇太极为了断绝朝鲜与明朝的关系，解除自己攻明的后顾之忧，亲自统兵进攻朝鲜，迫使其订立城下之盟。为使朝鲜不敢轻举妄动，朝鲜国王世子及一些六卿子弟在多尔衮的押解下到沈阳当人质，住在质子馆中。朝鲜世子的随从陪臣经常给国内写信，索要烟草及钱物等，用于送礼或交换日常用品。

崇德三年四月，朝鲜世子的陪臣们写给国内的报告中提到：清国虽有南草禁断之令，而旋虑永绝不来之患，故敕书中有“行中所用则勿禁”之语。即清政府对朝鲜人带来的南草虽有禁令，但又不愿彻底断绝，于是允许为人质者可以借自用之名带来。朝鲜陪臣需要用南草来换取蔬菜等必要的生活用品，因为清廷禁止种烟，所以有个别吸烟的清朝官员利用职权到质子馆中索要南草，要求国内迅速送烟草过来（《沈阳状启》）。

清政府禁烟后，便下令禁止朝鲜人从国内带来南草贩卖，特别是防止朝鲜人带来“无用”的南草来赎还被八旗官兵掠来的人员，因此只允许人质带来自己使用。对朝鲜国内来人的搜查极为严格，到凤凰城后，守堡将领都要带兵搜检南草。凡是搜出烟草，一律就地焚毁。

清廷禁烟政策虽然严厉，但是效果不佳，贵族大臣们有意见，老百姓依旧偷着种，于是两年后又开放自种自用。崇德六年二月，皇太极谕户部曰：“前定禁烟之令，其种者用者，屡行申饬。近见大臣等犹然用之，以致小民效尤不止。故行开禁，凡欲用烟者，惟许人自种而用之，若出边货买者处死。”（《清太宗实录》）

烟禁的开放，只限于自种自用，至于从国外走私输入的，要杀头。但对朝鲜来人则不再搜查有无私自携带烟草，采取了价买的方式，“南草一斤，价银三钱”。于是质子馆的朝鲜陪臣在给国内的报告中大肆索要，“此处粮草杂物贸用及不时需用莫如南草”（《沈阳状启》）。

在当时的历史条件，皇太极根据形势调整烟草政策，最终采取了允许民间自种、严禁走私进口的措施。那时还不了解吸烟对人体的危害，《盛京通志》记载说：烟草“冬可御寒，上人尤多食之，出抚顺者佳。”随着禁令的解除，烟草得以在东北的很多地区种植和使用，以至于后来关东烟闻名全国。

作者简介

程大鲲，满族，1968 年生，辽宁绥中人。中央民族大学满文清史专业毕业，中国人民大学档案管理学硕士，现为辽宁省档案局（馆）历史档案整理处处长。

慈宁宫所见清帝孝治

孔　勇

孝道，是中国优秀的传统文化，历代统治者承袭倡导，沿至清朝，“孝治天下”已成为治国理政的指导思想，清代诸帝躬身实践。作为奉养太后、太妃之所的慈宁宫，即成了清帝践行孝道的历史见证。

一

慈宁宫，处紫禁城隆宗门以西，修建于明嘉靖十五年(1536)，是几组建筑的统称，包括慈宁花园、寿康宫、寿安宫和英华殿等。按照皇家礼仪，皇帝去世之后，其皇后、妃子遂成太后、太妃，须迁居至专为她们而建的住所，即慈宁宫。

清朝入关后，慈宁宫仍是奉养前朝后妃之地。顺治十年(1653)，经过几个月的工程建造，慈宁宫迎来了它在清朝的第一位主人——昭圣太后（即人们熟知的孝庄太后）。

昭圣太后是皇太极的妃子、顺治帝的母亲、康熙帝的祖母，相继辅佐三君，对稳固清初政局起到了重要作用。尤其康熙帝，即位之时年仅八岁，两年后，生母孝康章皇后病逝，昭圣太后便成了康熙帝的唯一至亲。康熙帝曾说：“忆自弱龄，早失怙恃，趋承祖母膝下三十余年，鞠养教诲，以至有成。设无祖母太皇太后，断不能致有今日成立。罔极之恩，毕生难报。”（《清圣祖实录》）此种感受，确非虚言。康熙帝以实际行动竭诚报答昭圣太后的抚养之恩。

昭圣太后在世期间，康熙帝三十余年如一日，每天必“亲诣慈宁问起居”。遇有节庆，更要前往慈宁宫行礼。康熙帝认为，“问安视膳，趋侍庭闱，以尽孝道，为子孙者之恒礼”。所以，特谕令起居注官不必每次随行记录（《清圣祖实录》）。即使外出巡视，也时刻挂怀祖母于心。如康熙十年（1671）、二十一年，东巡至盛京和兴京，每天必发折向祖母请安；沿途捞获鲜鱼和野味，遣人亟送北京，让祖母品尝。康熙二十四年九月初一，“上在青城，闻太皇太后违和，即启行星驰来京”。次日抵京后，立刻赶往慈宁宫问安，并接连几日数度往探，直至祖母渐愈，康熙帝方觉心安（《康熙起居注》）。

在此后两年多的时间里，昭圣太后年事益高，经常患病在床。康熙帝“无日不虔洁精诚，默行祈祷”，并且朝夕在慈宁宫中“席地奉侍，亲调药饵，寝食俱废”。当祖母病情加重，康熙帝更是昼夜不离慈宁宫，“隔幔静俟，席地危坐，一闻太皇太后声息，即趋至榻前，凡有所需，手奉以进”（《清圣祖实录》）。

康熙二十六年底，昭圣太后病逝于慈宁宫，谥曰孝庄文皇后。深知孙儿性情的孝庄太后，在遗诰中特意勉励康熙帝要以社稷为重，不可过于悲痛。可康熙帝还是悲痛异常，“哀号痛切”“五内摧迷”（《清圣祖实录》）。几日之后，依然昼夜痛哭。任凭大臣们竭力劝谏，依旧无法缓和心底悲伤。至于孝服，依照礼制规定，过了二十七天即可除去，但康熙帝执意要求延长至二十七月。对年内办理丧事的祖宗规定，他也认为太过简促，于是不顾大臣们的一再反对，改到了年后进行。这种至孝之举，可谓历代帝王亲践孝道的典范。

二

清代皇帝竭心尽孝，既有寻常人一样的尊老敬亲之情，也意在以身作则，示范天下。顺治帝在位时，曾在诏书中强调："帝王以孝治天下，莫大乎事亲，必福寿康宁，而人子之欢心始畅。"(《清世祖实录》) 可见，"事亲"与"孝治天下"本就是不可分割的一体。康熙帝说得更为明晰："人孰无祖父母、父母，为子孙皆当尽孝，何分贵贱？朕孝治天下，思以表率臣民，垂则后裔。"(《清圣祖实录》) 即希望从自身做起，后世子孙及天下百姓都能侍奉亲长，无违孝道。

雍正帝即位之后，其生母仁寿皇太后暂居于"东六宫"之一的永和宫，未及移居宁寿宫，便于雍正元年（1723）五月病逝。于仓促之际，仍能看到雍正帝对皇太后的诚敬孝心。皇太后得病之时，雍正帝"诣永和宫亲视汤药，昼夜无间"。至皇太后病重去世，雍正帝"擗踊号恸，抢地呼天，哭无停声"，"昼夜悲号，水浆不御"。一年之内，连丧父皇与母后，雍正帝的悲痛自可想见。其对孝道的认知和实践，则与乃父一以贯之。雍正三年二月，雍正帝谕令直省督抚："朕惟古昔帝王，以孝治天下。诚以孝者，天之经，地之义，民之则也。"(《清世宗实录》) 虽然雍正帝继位期间侍奉生母时日较短，但其对孝道的认识同样深刻，并且提升到了维系"天""地""民"重要准则的高度。

乾隆帝登基之后，对久无皇太后居住以致濒临倾圮的慈宁宫进行了大规模改建，以便更好地侍奉母后，尽达孝心。雍正十三年九月，乾隆帝即位伊始，下旨拆除慈宁宫西侧的宫墙，辟地新建寿康宫。乾隆元年（1736）十一月，正式迎接其生母孝圣宪皇后，也就是后来的崇庆皇太后入住寿康宫。所以，此后史籍记载皇太后居住于慈宁宫时，只不过沿用了笼统说法，准确来说已是寿康宫。

乾隆帝处处以皇祖康熙帝为榜样，除了日常的请安、侍奉外，还屡屡在南巡、东巡时携母同行。礼亲王昭梿曾记述："纯皇（即乾隆帝）侍奉孝圣宪皇后极为孝养，每巡幸木兰、江浙等处，必首奉慈舆，朝夕侍养。"天性慈善的崇庆皇太后，多次劝说乾隆帝减刑罢兵，"上无不顺从，以承欢爱"。乾隆帝极力满足皇太后所需，从不稍有违碍。"后喜居畅春园，上于冬季入宫之后，迟数日必往问安视膳，以尽子职"（《啸亭杂录》）。这也正如乾隆帝在即位之初所言："朕惟致治之本，孝道为先。"（《清高宗实录》）在60年统治期间，乾隆帝继承并进一步发扬了父祖"孝治天下"的治国理念。

最能体现乾隆帝竭尽所能博母欢心的举动，当属乾隆十六年、二十六年、三十六年连续三次为皇太后举办的六十岁、七十岁和八十岁寿典。每次都对慈宁宫建筑群进行修缮，仪典场面相比之前愈加宏大。以皇太后八十寿诞为例，不仅有各方纷纷敬献的奇珍异品，乾隆帝还亲自登上戏台，着彩衣献舞。随后，"诸皇子、皇孙、皇曾孙、额驸以次进舞"。乾隆六十年十月，乾隆帝决意归政之际，仍旧念念不忘昔日慈宁宫内的温馨情景。他特别强调："慈宁宫为圣母皇太后所居，颐和益寿，最为吉祥福地。后世子孙，逮事慈帏，即可于此承欢隆养。"（《清高宗实录》）"以孝治国"的指导思想，在乾隆朝得到充分贯彻，并为后继帝王树立了榜样。

三

嘉道以降，清廷渐受内忧外患的侵扰，国力难比康乾盛时，无力全面修缮慈宁宫，但清帝问安行礼、“孝治天下”的行动并未改变。尤其值得一提的是，对待生母以外的其他太后太妃，也是无微不至，极尽孝道。

道光帝的生母喜塔腊氏，早在嘉庆二年（1797）即已病逝。道光帝继位后，一方面追封生母徽号，以感念生养之恩；另一方面，把无尽孝心放在了嘉庆帝的第二任皇后——孝和皇后身上。孝和皇太后只比道光帝大六岁，但他始终恪尽孝礼，和对待自己生母没有分别。道光十二年（1832）八月，道光帝为免皇太后被俗事所扰，特参照乾隆时期定例，下旨慈宁宫上下人等：“一切不准在太后圣母面前，以无作有，信口谈论。非但徒劳圣心，而恐有碍。”并明确告诫宫中人员：“如有为私事来往者，概行阻止。如日久懈弛，或别生事端，一经破露，必将失察之人治罪不贷。”随之将此规定载入宫中则例。道光二十九年，皇太后去世，道光帝悲痛万分，久久无法缓解哀思，以致“擗踊摧伤，渐形亏弱，气益上逆，病势日臻”（《清宣宗实录》），于次年病逝于圆明园。道光帝对皇太后的孝顺，发乎本心，真情至性，传继和发扬了清朝“以孝治国”的理念。

光绪时期，慈禧太后在慈宁宫中居住时间不长，光绪帝问安行礼如常。光绪十年（1884）十月，适逢慈禧太后五十寿辰，光绪帝特恭迎慈禧太后至慈宁宫内，“捧觞上寿，彩衣躬舞”，随之“王、贝勒、贝子、公等以次进舞”（《清德宗实录》）。“孝治天下”的治国方略，并未因时势的变迁而受影响。

四

在躬身实践的同时，清朝皇帝还将孝道普及，推向全国，力图形成人人孝亲敬长的社会风气。康熙十年，康熙帝任命大学士熊赐履为总裁官，纂修《孝经衍义》，于二十八年纂成后，刊刻颁发，对社会教化起到了重要推动作用。正如康熙帝所说："兴起教化，鼓舞品行，必以孝道为先，节妇应加旌表，孝子尤宜褒奖。"（《清圣祖实录》）有清一代，清廷多次下令地方官，挖掘各地的孝子、孝女事迹，通过旌表的方式予以表彰和鼓励。

在位任职的官员，当遭遇父母去世的情况时，需要回籍守制，以尽孝思。清代诸帝对此均有过严格的规定。乾隆帝继位之初，明确下旨"禁在任守制"。针对留恋官位而不肯守制的官员，乾隆帝则严惩不贷。乾隆元年九月，福建漳州总兵官李荫樾上奏称，继母顾氏病故，照例应丁忧回籍，但自己刚刚上任，加之妻儿无人照料，所以请求允准留任。乾隆帝看折之后，随即痛斥李荫樾"贪恋爵位，而忍忘其亲；公然自奏，而不以为愧"。甚至狠狠地说："朕从未见世间有此等无耻之人……李荫樾但知有妻子，不知有父母，灭性灭情，无礼无法。诚有玷于圣世，不齿于人伦。"（《清高宗实录》）最后下旨将李荫樾革职重处。乾隆帝处置李荫樾，起到了"杀一儆百"的作用，也把孝道作为规范推广至官民之间。

"禁在任守制"的规定，贯穿整个清代，极少有特例。即如道光帝所说："我朝以孝治天下，凡属丁忧人员，非有重大事务，从不夺情起用。"这样做的目的，就是为了"崇孝治而维风化"（《清宣宗实录》）。在人人重孝、尽孝的社会风气下，老人有所养，有所终，由此出现了大量的高龄老人。康熙帝、乾隆帝在位期间，多次举行“千叟宴”，邀请数千位老人一起，共享盛世发展成果。

有清一代，“以孝治国”始终是统治者治国理政的指导思想，以康、雍、乾为代表的清代帝王，躬身实践，尽展孝道。清代帝王提供的历史经验，值得当今社会借鉴。

作者简介

孔勇，1988 年生，山东曲阜人，中国人民大学清史研究所博士生。

清代的行宫

赵云田

行宫是京城以外供皇帝出巡时居住的场所。清代行宫分布范围广，所处环境优美，规制整齐，保卫严密，有的在清代历史上起过特殊的作用。

一、分布和兴建

清代行宫的分布和兴建与皇帝出巡的路线密切相关。清代皇帝出巡的路线主要有以下几条：

一是从京师（今北京）到木兰围场（今河北省围场满族蒙古族自治县）的北狩路线。康熙帝为了训练军队，抚绥蒙古族等少数民族上层人士，实行围班制度，在康熙二十年（1681）四月北巡期间，以喀喇沁、敖汉、翁牛特等蒙古王公敬献牧场的名义，设置了木兰围场。围场建成后，在康熙朝和乾隆朝，皇帝几乎每年都在此举行秋狝（秋季打猎）大典，所以在路途上风景优美、水源丰富、适合留宿的地方便开始建造行宫。北狩路线上的行宫，以古北口为界，分关内和关外两段。关内行宫有蔺沟、汤山、三家店、怀柔、鬇（níng）鬡山、南石槽、密云、遥亭、石匣城、白龙潭、羊山、河漕、南天门。关外行宫有巴克什营、两间房、常山峪、鞍子岭、王家营、桦榆沟、兰旗营、钓鱼台、黄土坎、唐三营、喀喇河屯、热河（即承德避暑山庄）、汤泉、二沟、中关、什巴尔台、波罗河屯、张三营、济尔哈朗图、阿穆呼朗图。以上行宫总计33座。

二是从京师到江南的南巡路线。从康熙二十三年（1684）到乾隆四十九年（1784）间，康熙帝和乾隆帝各有六次南巡，目的是阅视河工、省方问俗、阅兵察吏、加恩士绅，以及欣赏沿途和江南的名胜古迹。南巡路线上的行宫在江南境内的有顺河集、陈家庄、天宁寺、高旻寺、钱家港、苏州府、虎邱、龙潭、栖霞、江宁、杭州府、西湖等，总计12座。

三是从京师到盛京（今沈阳）的东巡路线。清帝东巡，指的是康熙帝（三次）、乾隆帝（四次）、嘉庆帝（二次）、道光帝（一次）到东北拜谒祖陵——永陵、福陵和昭陵，以及期间的各种活动。东巡路线上的行宫前半段基本上是北狩路线上的行宫，只是离开木兰围场之后，行进在内蒙古地区时，皇帝有时驻跸科尔沁和硕纯禧公主的府第。如果从山海关路走，有夷齐庙、文殊庵、达鲁万祥寺、塔子沟北、广慧寺、盛京旧宫、广宁、夏园、吉林城等行宫，总计9座。

四是从京师到山西五台山的西巡路线。清帝西巡，是指康熙帝（五次）、乾隆帝（六次）、嘉庆帝（一次）到山西五台山的礼佛活动。到乾隆帝时，西巡路线上建有端村、圆头、赵北口、黄新庄、半壁店、秋澜村、梁格庄、正定府、定州、保定府、涿州、台麓寺、菩萨顶、灵南寺、众春园、紫云寺、灵雨寺、柘岫云寺、大教场、法华村、东北溪等行宫21座。

五是从京师到山东、河南的鲁豫行路线。康熙帝和乾隆帝除南巡经过山东外，还曾专从京师前往山东祭祀泰山和孔子。从京师到泰山、曲阜的路线，在直隶、山东境内和清帝南巡的路线相同。在直隶境内的行宫有思贤村、太平庄、红杏园、绛河，总计4座。在山东境内的行宫有德州、晏子祠、灵岩、岱顶、岱庙、四贤祠、古泮池、泉林、万松山、郯子花园、分水口，总计11座。乾隆帝曾出巡河南一次。从京城到河南的行宫，在直隶境内的有保定、高玉堡、众春园、正定、吕仙祠，在河南境内的有百泉、少林寺，以上总计7座。

六是京畿行路线。该路线包括从京师前往直隶遵化州（今河北省遵化县）的东陵，前往易州（今易县）的西陵，以及去南苑行围，到天津阅河，往盘山揽胜。从京师前往东陵路线上的行宫有燕（烟）郊、白涧、桃花寺、隆福寺，共4座。前往西陵的行宫有黄新庄、半壁店、秋澜村、梁格庄，也是4座。南苑有旧衙门、南宫、新衙门、团河4座行宫。前往天津的行宫有涿州、紫泉、赵北口、泰堡庄、左格庄、台头、扬芬港、柳墅、洛图庄、桐柏村，总计10座。盘山有行宫1座，即静寄山庄。京畿行路线上的行宫总计23座。

综上，除去西行路线上和京畿行、河南行重叠的8座行宫外，清代全国存在过的行宫总数是112座。

清代行宫修建的时间，北狩路线上的多在康熙、乾隆年间，只有羊山行宫建于道光年间。南巡路线上的行宫在康熙朝已开始修建，到乾隆朝时呈现高潮，多修建在乾隆十三年至二十七年间。东巡、西巡、鲁豫行、京畿行路线上的行宫，除南苑有的行宫兴建在明朝外，其余的行宫也多修建于康熙、乾隆年间。

清代兴建行宫的费用来源有三种情况。一是由国家出资，比如热河行宫、盘山行宫等。这些行宫规模大，修建周期长，费时费力，费用基本上由国家承担。二是由地方官向各方面筹措，国家也承担一部分，比如五台山台麓寺行宫和菩萨顶行宫。三是全部由商人出资，比如江南的杭州府行宫、西湖行宫等。

二、环境和规制

清代行宫环境优美，景色秀丽，水源丰富。比如北狩路线上的三家店行宫，潮白河蜿蜒而过，景色极为清幽。怀柔行宫杨柳轻风，千畦扑香，郊原浓露，景色绝佳。鬔鬙山行宫岩苍树古，意境幽远。南石槽行宫地势平衍，空旷辽阔，令人心情舒畅。密云行宫秋天金风玉露，蛩声不断，别有一番情趣。遥亭行宫轩窗无俗韵，风物极新秋，寥廓澄虚宇，威纡露远峦，一川景物斗斜阳，平野风寒吹稻黍，看上去别有异趣。南天门行宫松柏青翠，风景优美，令人赏心悦目。巴克什营行宫金秋时节，果实累累，清香袭人，尤其是站在宫门的高台上，远望南山上的猎场，只见麋鹿成群，悠闲自在，别有风光。南巡路线上的虎邱行宫，两岸劈分，中有剑池，石泉清冷，还有千人石、说法台等景点。龙潭行宫背倚大江，树木葱茏，岩峦苍翠。栖霞行宫秀石磋峨，茂林蒙密。西湖行宫群山环拱，万堞平连，西湖全景一览无余。东巡路线上的夷齐庙行宫，面临滦河，一望弥漫。文殊庵行宫地势平坦，视野开阔。夏园行宫四面环山，两面临水，充满文雅之气。直隶境内的红杏园行宫以环植红杏数百株而得名，别有风味。绛河行宫斜抱村墟，环罨烟树，澄虚月影风光，景色十分优美。山东省境内的德州行宫，平原开阔，树木丛茂。灵岩行宫山色溪光，别有情趣。泉林行宫有泉数十，互相灌输，合而成流，气象万千。万松山行宫松柏成林，苍翠一片。河南省境内的百泉行宫在百泉湖畔，湖水四季碧绿，清冽纯净，湖周古柏参天，绿柳婆娑，景色如画。

清代行宫的规制，一般都分两部分，即宫殿区和苑景区。宫殿区又分左中右三路。以山东德州行宫为例，左路是朝房、军机房、四明亭、内值事房；右路是朝房、膳房、值事房、垂花门、照房；中路是照壁、大宫门、二宫门、便殿、垂花门、寝殿、佛堂。规模小一点的行宫，宫殿区一般也都由东、西、中三座院落组成，并建有亭、台、楼、阁，中有回廊相连。苑景区或是树林中麋鹿成群，百鸟争鸣，湖水碧波粼粼；或是亭、台、轩、阁掩映在榆柳松柏之间。

清代行宫的环境和规制多能完美地结合在一起，比如喀喇河屯行宫，位于滦河与伊逊河交汇处的南岸，川谷宽敞，气候温和，土地肥沃，宜于耕牧。宫殿区有三组庭院，即东、西、中三宫。三宫的后院是小花园，园中假山错落嶙峋，松柏苍翠，芳草如茵。在宫殿区的西、北两侧是广阔的苑景区，地势辽阔，滦河从中缓缓流过。苑景区的西边是滦阳别墅，建筑在两个山包之间的坡台上，是园中之园，有假山、石峰、奇花、异草，分布自然，极有情趣。又如热河行宫，是塞外规模最大的行宫。这里有林木茂密的山峦，幽静深邃的峡谷，形态奇异的怪石，蜿蜒回环的河水。山庄周围环绕着虎皮石墙，绵延起伏，宛如游龙，总长约 20 里。山庄南向，宫殿区在整个山庄的南部，由正宫、松鹤斋、万壑松风和东宫四部分组成。苑景区则包括湖区、平原区和山区三部分，又都别具特色。再如江南盐商修建的高旻寺行宫，有前、中、后三殿，包括茶膳房、西配房、画房、西套房、桥亭、戏台、看戏厅、闸口亭、亭廊房、歇山楼、石板房、箭厅、丸子亭、卧碑亭、歇山门、右朝房、垂花门、后照房等，亭台楼阁几百间。行宫内部布置得富丽堂皇，陈设古玩珍宝、花木竹石、书籍、字画、瓷器、香炉、挂屏等，乾隆帝起居、听政、游乐等各种设施一应俱全。

三、保卫和作用

清代行宫在皇帝驻跸时，负责保卫工作的是銮仪卫的官员銮仪使，内容包括随扈保驾、行宫守卫、戒备等。参加保卫工作的还有前锋营、护军营、侍卫处、步军营、骁骑营等机构的官员。没有皇帝驻跸的行宫，日常的保卫工作由所设的总管各官专司稽查，又有内外围千把外委兵丁巡逻看守，防范严密。此外，各处行宫内围，还有内务府千把兵丁守卫。规模比较小的行宫，比如北狩路线上的蔺沟行宫内围，则没有内务府弁兵，只有绿营外委1名，兵23名，在外围看守巡查。

清代行宫的作用，主要是保证皇帝出巡的顺利和衣食起居的舒适，以及保障政务的及时处理。不过，有的行宫，比如热河行宫，在清朝历史上则起过特殊的作用。

热河行宫，最初也称承德离宫，康熙五十年经康熙帝题字称避暑山庄后，才最终得名。它本是众多北巡御道上行宫中的一个，从康熙四十二年开始修建，至乾隆四十七年基本建成，逐渐成为清朝的一个政治中心。康熙帝、乾隆帝许多重大的政治活动，特别是涉及少数民族事务的，都在这里举行。比如：乾隆十九年五月，乾隆帝在避暑山庄封授杜尔伯特蒙古族首领车凌、车凌乌巴什、车凌蒙克亲王、郡王、贝勒爵位；三十六年九月，乾隆帝在避暑山庄热情接见西蒙古土尔扈特部首领渥巴锡；四十五年夏，乾隆帝在避暑山庄万树园举行盛大筵宴，欢迎六世班禅喇嘛，参加的有蒙古王公、回部伯克、四川土司，文武大臣以及一些高僧喇嘛，共计60桌。这些重大事件，对清朝多民族国家的统一和发展产生了深远影响。

作者简介

赵云田，1943年生，北京人。中国社会科学院近代史所研究员。主要著作有《清代蒙古政教制度》《中国边疆民族管理机构沿革史》《乾隆出巡记》等，主编《中国文化通史·清前期卷》《中国社会通史·清前期卷》《北疆通史》等。

清代中国读书人的数学知识

李伯重

“五四”以来，人们心目中的旧式中国读书人，就是范进、孔乙己一类漫画化了的冬烘先生，狭隘、猥琐、可怜，除了能死记硬背四书五经的文句和会写一笔尚属过得去的正楷外，一无所能。至于说到数学知识，他们更似乎是一无所知。然而我近来从一些明清野史小说中发现，在新式学堂出现以前，中国读书人的数学知识似乎颇为丰富。因此以往那种对中国旧式读书人的印象，也随之改变。这里我仅以夏敬渠的《野叟曝言》为例谈谈。

一

《野叟曝言》是乾隆年间的一部长篇小说，原本不题撰人，光绪八年（1882）刻本西岷山樵序说系“江阴夏先生”。鲁迅考证“夏先生”即夏敬渠。又据赵景深考证，夏敬渠字懋修，号二铭，江苏江阴人，生于康熙四十四年（1705），卒于乾隆五十二年（1787），享年八十三岁。《野叟曝言》是他在乾隆四十四年前后完成的，其时他已大约七十五岁。

《野叟曝言》对18世纪读书人家庭的数学知识有细致的描写。现将部分描述之著者摘录于下（据人民文学出版社1999年排印本）：

第 70 页——（文素臣）只见（刘璇姑）房内……侧首一张条桌，桌上笔砚济楚，摆有旧书数十本，文素臣看时，是一部《四书》，一部袖珍《五经》，一部《法算》，一部《纲鉴荟要》，还有四本袖珍《字汇》。

第 84 页——素臣道："那桌上的算书所载各法，你都学会么?"璇姑道："虽非精熟，却还算得上来。"素臣欢喜道："那签上写得九章算法，颇是烦难，不想你都会了，将来再教你三角算法，便可量天测地，推步日月五星。"璇姑大喜道："小奴生性最爱算法，却不知有三角各色，万望相公指示。"素臣道："三角止不过推广勾股，其所列四率，亦不过异乘同除，但其中曲折较多，还有弧三角法，更须推算次形。我家中现有成书，将来自可学习，也不是一时性急的事。"当将钝角、锐角，截作两勾股，与补成一勾股之法，先与细细讲解……

第 93 页——素臣取一根稻草，摘了尺寸，令大郎削起几枝竹箭听用。一面取过画笔，画了许多黄白赤道、地平经纬各图，将那弧度交角之理指示璇姑。

第 95 页——（素臣对璇姑讲授历算之法说）其大略也，测算并用，心目两精，循序渐进，毋有越思，斯得之矣。我生平有四件事略有所长，欲得同志切磋，学成时传之其人。如今历算之法得了你，要算一个传人了。

第 97 至 98 页——璇姑见素臣情致无聊，取出《九章算法》来，请指示纰缪，以分其心。

第 112 页——（素臣将娶璇姑，致函并礼物。）其书曰：……算书全部一百三十二本、规矩一匣、仪器一具，专人寄付，好为收领。算法妙于三角，历学起于日躔……

第 113 页——（田氏）知道璇姑通晓文墨，在书房内取进一张书架，便他安放书籍，一切文房之具都替他摆设在一张四仙桌上，又将自己房内一把十九回的花梨算盘也拿了过来。

……从书中可见，当时江浙一些士人家庭中（主人公文素臣是苏州人，刘璇姑未嫁时住在杭州），对数学的兴趣颇为浓厚，甚至连夫妻之间亦以讨论数学为乐。他们的数学知识颇为全面深入，不仅知道加、减、乘、除、平方、立方算法，而且也了解黄、白、赤道，地平、经纬各图，弧度交角之理，勾股、三角法、割圆之法。不仅在士人（文素臣）家中数学书籍（算书）及运算工具（规矩、仪器、算盘）颇为齐备，而且连“卖糕饼以营生”的市井小家碧玉（刘璇姑）闺房里，也有一部《法算》。

二

但是我们也要问：《野叟曝言》中反映出来的这些情况，是否具有一定普遍性？

首先，从夏敬渠的经历，来看看他的数学知识在当时的士人中是否独一无二。夏氏是18世纪江浙地区的一个下层知识分子，一生不得志。其家贫，又只是生员，不得不以教书游幕为生。虽科场不得意，但他英敏好学，通经史，旁及诸子百家、礼乐兵刑、天文算数之学，靡不淹贯。他足迹几遍海内，经历丰富。晚年回到家乡，“屏绝进取，一意著书”。著有《经史余论》《学古篇》《纲目举正》《全史约论》《医学发蒙》《浣玉轩文集》《浣玉轩诗集》等。《野叟曝言》成于其晚年，友人读稿本，即“识先生之底蕴，于学无所不精”。由此可见，夏氏虽然知识比范进、孔乙己们要丰富，但其所受教育和后者一样，基本上仍然是传统教育，而非如徐光启、李善兰等学者那样通过与传教士交往，受到西学影响。因此夏氏的数学知识，主要来自江浙地区的传统教育。换言之，与大多数清代江浙一带的读书人相比，夏氏所掌握的数学知识可能比较丰富一些，但也绝非是一特例。

其次，我们从《野叟曝言》的成书背景，来看看该书中所反映的情况是否独一无二。《野叟曝言》是清代中叶出现的“才学小说”之一。关于“才学小说”的时代，胡适曾有很好概括：“那个时代是一个博学的时代，故那时代的小说，也不知不觉地挂上了博学的牌子，这是时代的影响，谁也逃不过的。”由于乾嘉学派的影响，读书人崇尚学问，流风所及，通俗文学的作者也往往喜欢把学问写进文学作品。《野叟曝言》的凡例云：“是书之叙事、说理、谈经、论史、教孝、劝忠、运筹、决策，艺之兵、诗、医、算，情之喜、怒、哀、惧，讲道学、辟邪说、描春态、纵谐谑，无一不臻顶壁一层。”将如此丰富的内容融入小说，就是为了显示作者的博学。

博学是这个时代的风尚，除了《野叟曝言》外，其他的“才学小说”如屠绅《蟫史》（蟫读 yín，生活在衣箱、书箱深处的虫）、陈球《燕山外史》、李汝珍《镜花缘》等，也有类似的取向。这些作者为了显示自己博学，力求将传统学术尽可能地包罗其中，使得小说成为可读性与学术性的结合。就数学知识而言，《镜花缘》中也颇有表现，可参见何炳郁《从〈镜花缘〉试探十九世纪初期科学知识在一般士人中的普及》一文。

再次，除了这些“才学小说”外，读书人拥有一些数学知识，也反映在清代前中期的其他通俗小说中。例如在《儒林外史》中，即使是像周进那样的冬烘先生，或者像匡超人那样的农家子弟，也都掌握了一定的数学知识，因此周进才会被商人雇去当书记记账，而匡超人则自己经营店铺作坊。

因此，可以说，《野叟曝言》中反映出来的情况具有一定的时代普遍性。换言之，18 和 19 世纪初期的中国读书人掌握了相当的数学知识，是一个普遍的现象，因此才表现在野史小说中。

三

那么，新式学堂出现以前，中国读书人的数学知识是从何而来的呢？

清初数学家陈世明说："尝观古者教人之法必原本于六艺，窃疑数之为道小矣，恶可与礼乐侔……后世数则委之商贾贩鬻辈，士大夫耻言之，皆以为不足学，故传者益鲜。"清中期数学家张豸（zhì）冠则说："数为六艺之一，古之学者罔弗能。自词章之学兴，而此道遂弃如土。虽向老师宿儒问以六经四书中之涉于数者，亦茫然不能解。"当时的学堂教育似乎不包括数学教育，但是在学堂教育中，至少可以认识记数文字、加减乘除等基本运算的名称及含义、主要计量单位以及大小、多少等数学基本概念，并学习到与计算有密切关系的历法、天文等方面的知识，这些知识反过来又促进了对计算方法的学习。有了这些起码的概念，在"九九歌"、珠算口诀等通俗数学教育手段的帮助下，学会加、减、乘、除四则运算并不是一件很难的事。

清代，中国数学出现了很大的进步，大大推动了数学教育。其中之一，是民间数学知识传播的进步，主要是珠算、笔算和口算（心算）方法的出现与普及。早在明中期，算盘在江南已经颇为普及。清劳乃宣编的《筹算蒙课》，内容即以珠算教育为主，表明珠算教育进入了启蒙教育。中国原来没有笔算，明代后期利玛窦把西方算法传入后始有。口算的基本口诀如"九九歌"，早在春秋时代就已出现，到南宋时已变得和今日完全一样。但是这些口诀一直是为筹算服务的，因此口算是否已经出现并不清楚。

到了清代，运用这些口诀进行口算（当时称为“嘴算”）才变得普遍。算学以及与数学关系密切的关于声律、医学、天文、舆地等的启蒙教材，也陆续出现于清代，是数学教育逐渐普及的表现。

四

这里，我们还要特别讨论一下《野叟曝言》中所反映出来的那些比较高深的数学知识（特别是那些与西洋数学有关的知识），到底是从何而来，以及为什么这些知识会传播到一般知识分子之中。

明清时期中国数学进步的一个重要组成部分，是西洋数学的引进和吸收。西洋数学自明后期传入中国后，很快即为中国学界所接受。在传入的数学中，影响最大的是几何学。《几何原本》是中国第一部数学翻译著作，绝大部分数学名词都是首创，其中许多至今仍在沿用。徐光启认为对它“不必疑”“不必改”，“举世无一人不当学”。其次是三角学，介绍西方三角学的著作有《大测》《割圆八线表》和《测量全义》。《大测》主要说明三角八线（正弦、余弦、正切、余切、正割、余割、正矢、余矢）的性质，造表方法和用表方法。《测量全义》除增加一些《大测》所缺的平面三角外，比较重要的是积化和差公式与球面三角。

入清之后，西洋数学更受到朝野的重视。清初学者薛凤祚、方中通等从传教士穆尼阁学习西洋科学，编成《历学会通》和《数度衍》等，其中数学内容有《比例对数表》《比例四线新表》和《三角算法》，介绍了英国数学家纳皮尔和布里格斯发明增修的对数以及球面三角、半角公式、半弧公式、德氏比例式、纳氏比例式等。对数的传入十分重要，它在历法计算中立即就得到应用。清初中国数学家中会通中西数学的杰出代表是梅文鼎。他是集中西数学之大成者，其数学著作有十三种共四十卷，对传统数学中的线性方程组解法、勾股形解法和高次幂求正根方法等方面进行整理和研究。他坚信中国传统数学“必有精理”，对古代名著做了深入的研究，同时又能正确对待西方数学，使之在中国扎根，对清代中期数学研究的高潮具有重要影响。与他同时代的数学家还有王锡阐和年希尧等人，也在中西数学的融合方面做了重要的贡献。

当然，在对推动中国学界接受西洋数学方面影响最大的，还是康熙帝。他除了亲自学习天文数学外，还命梅瑴（jué）成任蒙养斋汇编官，会同陈厚耀、何国宗、明安图、杨道声等编纂天文算法书，完成《律历渊源》一百卷，以康熙“御定”的名义于雍正元年（1723）出版。其中《数理精蕴》主要由梅瑴成负责，分上下两编，上编包括《几何原本》《算法原本》，均译自法文著作；下编包括算术、代数、平面几何、平面三角、立体几何等初等数学，附有素数表、对数表和三角函数表。由于它是一部比较全面的初等数学百科全书，并有康熙“御定”的名义，因此对当时学界和社会有一定影响。

到了乾嘉时期，中国传统学术达到顶峰。而乾嘉学派的治学方法，与近代西方的科学方法颇有相似之处，以致丁文江说：“许多中国人，不知道科学方法和近三百年经学大师治学方法是一样的。”胡适也“推崇清代经学大师，称为合于西方科学方法”。乾嘉学派的兴起，有的学者干脆就认为是受到西方科学的影响。而在当时的西方科学中，数学是最重要的领域之一。乾嘉学派中的许多学者，都对数学有浓厚的兴趣。

受考据学的影响，乾嘉乃至道光时期中国学者在对先前引进的西洋数学进行进一步消化的同时，也出现了一个研究传统数学的高潮。焦循、汪莱、李锐、李善兰等人，都有重要贡献。其中李善兰在《垛积比类》（约1859年）中得到三角自乘垛求和公式，现在称之为“李善兰恒等式”。

清代数学家对西方数学做了大量的会通工作，并取得许多独创性的成果。嘉庆四年（1799），阮元与李锐等编写了一部天文数学家传记《畴人传》，收入了从黄帝时到这一年的已故天文学家和数学家270余人（其中有数学著作传世的不足50人），和明末以来介绍西方天文数学的传教士41人。这种将中西数学家合在一起写的方法，表现了明清传入的西洋数学，已经与中国的传统数学融为一体，成为乾嘉学术不可分割的部分。由此来看，我们对于《野叟曝言》所反映出来的十八世纪中国读书人，虽然与传教士没有交往，但对许多源自西洋的数学知识知之颇多的情况，也就不会感到诧异了。

由于数学知识的普及，因此清代读书人掌握了相当的数学知识也就是理所当然的了。特别是在夏敬渠所生活的江浙地区，由于教育最发达，精通数学的人士也最多。数学家王锡阐、项名达、戴煦、李善兰、华蘅芳（同时也是机械制造专家），以及天文学家陈杰、天文气象学家王贞仪、地理学家与人口学家洪亮吉、水利专家陈潢、兵器制造专家龚振麟、化学家与机械制造专家徐寿等，都是代表人物。他们数学知识之精深，当时即便在世界范围内也是数得上的。

简言之，在西方新式学堂出现以前，中国的传统教育中就已包含着数学教育，而且由于大量引进的西洋数学知识已被有机地融入中国数学，因此这种传统教育的内容绝非仅只是读四书五经和学写八股文。受过这种教育的人（亦即“读书人”），也当然并非尽是范进、孔乙己一类冬烘先生。比较全面的说法，这种教育培养出来的读书人，既有范进、孔乙己一类庸人，也有梅文鼎、李善兰这样的科学英才。至于大多数读书人，其知识水平应当在这两个极端之间。而就江浙一带的情况而言，由于教育发达，大多数读书人不仅熟悉文史，而且也掌握了相当的科学知识，无怪乎博雅会成为时尚。在这样的背景下，像夏敬渠这样的下层知识分子也掌握了相当的数学知识，并将这种知识写入小说以趋时示博学，也就不足为奇了。

作者简介

李伯重，1949年生于昆明。历史学博士，长期从事中国经济史研究。现任清华大学历史系教授、博士生导师。有《江南的早期工业化，1550—1850》《发展与制约：明清江南生产力研究》等专著十余部。

清代的嫁妆

毛立平

嫁妆，是女子出嫁时娘家陪送的财物，亦称“嫁资”“妆奁（lián，梳妆用的镜匣）”等。在中国传统社会，嫁妆于婚姻意义重大。一般来说，它在女子出嫁时是必不可少的，无论家庭贫富，都须尽力筹办。嫁妆的多少常常影响到婚约的缔结，丰厚的嫁妆往往可以使女性取得更高身价。在清代，嫁妆给家庭及社会带来了一系列影响，如助长社会奢靡之风、导致婚后奁产纠纷等。

一、清代嫁妆的种类

在清代，嫁妆大体可分为生活用品和不动产两类。生活用品是嫁妆最基本的组成部分，主要是衣物首饰和日用器具。衣物首饰做嫁妆，可以从最直接的层面体现出新妇之“新”，并且这种“新”不仅要体现在婚礼上，还将一直延续到她结束“新妇”状态为止。

清代学者瞿兑之的《杶（chūn）庐所闻录》中，记载了一位贫妇的嫁妆：“贫人无他长物，止银簪、耳环、戒指、衣裙，寥寥数件而已。”近人徐珂的女仆向他叙述了其弟妇的嫁妆：“布衣三十事，为棉袄、夹裤、棉单、半臂、围裙、裹腿，今有千张皮（碎皮纫成）之袄一，已为绝无仅有。”（《仲可随笔》）这两位妇女嫁妆中衣物首饰较为简单，若富贵人家女儿出嫁，则会陪送大量衣物首饰，数量多的甚至足够穿到去世。

衣物首饰之外，女家一般还要陪送被褥、家具等日用器具。在清代的黑龙江地区，男家要事先准备好“被褥各二，及箱柜、梳匣”等日用品，提前送往女家，“俟女家送奁至男家时，携以俱至。女家所增者，尚有洗衣盆、手巾、胰子（肥皂）等物”（徐珂《清稗类钞·婚姻类》）。此即由两家共同预备婚后生活用品，再以嫁妆的形式由女家发往男家。这些婚后生活所需的日用品大到箱橱，小到烛台、马桶，与衣物首饰一起组成全副嫁妆。

除了生活用品，清代一些富家巨室往往还陪送店铺、土地、宅院等不动产。《清史稿·列女传》记载：桐乡濮氏富而无子，其女的嫁妆中“田宅、奴婢、什物皆具”。巨额的嫁妆足以使普通家庭的男子一夜暴富。如吴三桂之婿王永康，婚前家境败落，漂流无依，婚后则穷极奢侈，俨然厕于缙绅之列。

二、清代嫁妆的规模

嫁妆的多少随女家贫富程度而定，差别很大。清代最为隆重的嫁妆当属皇帝大婚中皇后的妆奁。如光绪帝大婚时，皇后的嫁妆共二百抬，其实际价值很难估算。此次大婚总共花费白银五百五十万两，其中皇后的妆奁占不小的比例。

官员家庭的嫁妆也十分可观。清人吴炽昌《客窗闲话》记载一位白姓侍卫“因爱女远离，盛备奁具，媵（yìng，陪嫁）以婢仆百余，雇群艘，由水路行。运奁之日，自京至通，四十余里，络绎不绝于道者，翌日始毕”。近人吴汝伦的外祖父马鲁迁在蜀地为官，吴汝伦母亲出嫁时“装赀甚盛”。不过由于官员们追求“廉洁”的名声，对女儿嫁妆的实际内容往往比较隐讳，很少见到确切的记载。

与官员的态度相反，商人在陪送时则爱“炫富”。多数商人之女的嫁妆都有银两记载，毫不隐讳，甚至夸大。如有人为昆山学者龚炜之子与某湖商女做媒，特意说明“奁资可得数千金”；又如，山西洪洞人韩承宠娶晋商亢氏女，“奁金累数万”；江宁某商人在义女出嫁时，“奁赠十万金，使成嘉礼”（《清稗类钞》）。

不过，史料中的“千金”“数万”，往往用以形容嫁妆之多，而非具体数额。康熙帝曾恩赏41位因贫困而无法出嫁的宗室之女每人100两银子，以筹备嫁妆。乾隆帝亦曾下旨赐宗室贫困者每人“赐银一百二十两以为妆费”。可见，100两银子左右的嫁妆，在清前中期应为一份比较体面的嫁妆。

晚清时嫁妆的数额有所变化。曾国藩一向治家节俭，认为“吾仕宦之家，凡办喜事，财物不可太丰，礼仪不可太简”。大女儿出嫁时，曾国藩“寄银百五十两，合前寄之百金，均为大女儿于归之用。以二百金办奁具，以五十金为程仪”。为防止讲排场，他一再叮嘱“家中切不可另筹钱，过于奢侈”（《曾国藩全集·家书》）。从曾国藩给女儿准备的嫁妆估算，当时200两银子的嫁妆应是既体面又不奢侈。

如果将物价上涨的因素考虑在内，晚清200两银子的价值与清前期的100两银子差不多。可见，清代中等规模嫁妆的标准，在100两至200两白银之间。一二百两银子的花费，对官僚缙绅和富商大贾而言，根本算不上负担，但贫困之家温饱尚难解决，更谈不上为女儿陪送体面的嫁妆了。许多女子因此不能及时出嫁，或找不到合适的配偶。面对这种情况，一些宗族义庄出资为族中贫困女子置办嫁妆。道光、咸丰年间，常熟邹氏义庄规定：

族中贫困之家嫁女给银五两。道光二十一年（1841），济阳义庄规定嫁女贴钱六千（《明清以来苏州社会史碑刻集》）。但这还不是笔者所见的清代嫁妆的最低标准。

清人欧阳玉光妻蔡氏，家贫，“将嫁，宗族周焉，得钱三千有奇”。这钱蔡氏不忍带走，最后留给老父用以维生（《清史稿·列女》）。三千钱的嫁妆可谓简陋，但根据经济史学者的研究，这对于贫困农民而言，常常相当于一年的家庭总收入，贫家陪嫁之苦由此可见。

三、引发的社会经济问题

嫁妆中的生活用品大致属于消耗品，其价值随着时间流逝而递减；而其中的土地、店铺、宅院等不动产，则可能随时间的推移而增值。然而在现实生活中，后一类嫁妆却给人们带来了一系列社会经济问题。

首先，这些不动产不能随着女子的出嫁而迁移。特别是如果缔姻两家相距较远，婚后无论是房屋的居住和使用，还是土地和店铺的管理都极为不便。基于此，清代许多家庭在陪嫁不动产时，都会预先考虑到距离问题。清初吴三桂受封平西王，驻云南，而女婿王永康为苏州人，吴三桂“檄江苏巡抚”，在苏州“买田三千亩，大宅一区”作为女儿的嫁妆；雍正年间，年羹尧之女嫁入曲阜衍圣公孔府，年羹尧在济宁买田19顷，作为女儿的奁田；乾隆年间，于敏中之女嫁入孔府，他斥资万两，在附近为其女置买庄田四处。这几个例子说的都是高官显贵，而有的人家就由于距离遥远，不得不将嫁妆中的土地房屋变卖。

其次，店铺、土地等作为嫁妆，很容易造成经济纠纷。店铺与土地同样不能迁移，但店铺更需要日常的经营与管理。嫁妆中的店铺，通常会出现两种情形：一是将店铺的所有权、经营权全部转移到女儿女婿手中，改由男方直接经营。如京城崇文门王氏“以质库（当铺）作奁资”，将女儿嫁与一旧家子。婚后夫妻有矛盾，王女骂道：“吾父以数万金之质库畀汝不为薄。”（俞蛟《梦厂杂著》）该质库是以嫁妆的形式全权转赠给女婿，由他直接经营管理并获取收益。二是店铺继续维持原有的经营管理模式，出嫁女只获得收益权。如林则徐的父亲在为儿子们分家时，考虑到已婚的长女、次女、五女嫁妆单薄，决定将龙门口四间店面分给三人，以补从前之不足。

嫁妆中的土地，即奁田问题更为复杂，并非像有些学者所认为的那样，奁田属分割产权：所有权在娘家，使用权在夫家。奁田是一种特殊的土地让渡形式，既区别于土地买卖，因为双方并不涉及金钱交易；又区别于土地的完全转移，因为女家往往对奁田做出种种限制。奁田权属纠缠不清，容易引发经济纠纷，下面举两个案例加以说明。

> 案例1：道光四年（1824），四川巴县朱太贵起诉姐夫将其姐的奁田随意变卖。朱太贵之姐嫁给赤贫无业的陈以谦为妻，朱家“所赠妆奁服饰不少”，其姐生子陈庆美后，娘家又追赠奁田一份，但规定，田业不准陈家私当私卖，其每年租谷的一半给陈庆美作为学费，另一半仍存在朱家作为陈庆美将来婚娶的费用。（《清代乾嘉道巴县档案选编》）

此案例中，奁田合约明确规定，陈以谦父子不仅没有土地所有权，而且对土地收益的使用亦有严格限制。此合约由“亲族乡戚”作证，即产生了法律效力，陈氏父子不得违背，否则可能导致诉讼。

> 案例2：雍正六年（1728），刘连俸的祖父将一块土地赠与姑爷张九安以作奁业，当时说明“世守业不问，倘有典

卖，业仍还刘姓”。但嘉庆五年（1801），九安夫妇去世之后，九安之子张世文“忘恩负义”，“将业私售”。（《清代乾嘉道巴县档案选编》）

这里，女家在陪送嫁妆时亦明确规定：如果男家世代守业，则女家对于土地的使用和收益都不予过问。然而，一旦男家变卖奁田，女家即要将其收回。也就是说，男家拥有对奁田的所有权和使用权，但没有出售权。可见，清代婚姻中的婆家和娘家各自对奁田的权利，不能简单地划分为使用权和所有权。

作者简介

毛立平，女，1974年生，山西太原人。历史学博士，中国人民大学清史研究所副教授，主要从事清代社会史、性别史研究。著有《清代嫁妆研究》《19世纪中国婚姻家庭的社会经济透视》（合著）等，发表论文十余篇。

清代妇女的再婚自主权

吴 欣

在“未嫁从父，既嫁从夫”的古代男权社会中，妇女没有独立的人格及地位，婚姻“合二姓之好”的本意并没有表达出男女双方对待婚姻自主的态度，而是体现了家族之间的利益与关系，所以在“父母之命、媒妁之言”所主导的婚姻里，妇女自然也没有婚姻自主权。但事实并非完全如此。对于清代寡居的妇女而言，其在再婚的过程中拥有一定的婚姻自主权，并且这种权力是被国家法律和民间社会普遍认可的。

一、清代妇女婚姻自主权的类型

清代妇女再嫁可分为三种情况：一是寡妇再嫁，按再婚的方式又可分为嫁到夫家与坐产招夫两种；二是丈夫外出未归，虽没有明确亡故的消息，但因年代久远而改嫁他人；三是被丈夫或他人典卖。

再嫁妇女的婚姻自主权表现在两个方面，一是不嫁的权利。《樊山批判》中有这样的案例：李杨氏丈夫去世后，立志守节，并已在夫家守寡三年。后因婆婆李刘氏及小叔李裕成欲将其嫁卖而躲至母家，表达了其坚欲守节的决心。

清代法律规定：“其孀妇自愿守志，母家夫家抢夺强嫁者，各按服制照律加三等治罪。”所以相对于初嫁少女而言，寡居妇女对于“父母之命”是可以拒绝的。

二是请求再婚的权利。寡妇自嫁为律例所禁，并被民间认为是“寡廉鲜耻”之事，但请求改嫁与自嫁是两种性质不同的行为，因此不为律例禁止。如《顺天府宝坻县刑房档案》中记载：民妇刘氏自称自己17岁嫁给陈孟龄，夫妇虽然和好，但陈孟龄却屡行不善，两人因此反目，孟龄遂将其休弃。刘氏请求知县准许其再嫁。虽然这则呈状并没有记载最终该妇女是否已改嫁，但从呈词中可知，清代妇女有再婚的请求权。

二、清代妇女婚姻自主权的来源

从表面看来，比之初嫁少女，清代再婚妇女的婚姻自主权来自于丈夫去世，或妇女对丈夫人身依附关系的减弱。但实际上，丈夫的去世或外出只是妇女寡居和再嫁的前提，并没有使妇女获得完全脱离夫权的人身自由。妇女“从一而终”“饿死事小，失节事大”的理学贞节观念，与民间社会中“闾阎（民间）剌剌之家，因穷饿改节者十之八九”的社会现实，才是妇女获得再婚自主权的真正社会心理基础与经济动力。

一方面，自宋以后，作为官方哲学的程朱理学被抬到至高无上的位置，到清代就成了规范妇女的最高准则。于是，统治者与社会精英利用其强权与文化选择权，将程朱理学及其所倡导的价值观念，以教化、灌输、旌表、奖励等方式渗透到民间。当然，在这个过程中也有民众对官方文化自愿认同的方面。比如官方首先要了解民众的心理需求，然后将一套与民众需求相呼应的世界观、价值观透过民间社会，慢慢内化到一般民众心中。至清代，

“讲贞节、尚名分”之风在社会中已成为一种主流习尚。有人根据《古今图书集成》所录历代烈女统计：从明至清康熙末年（1368—1722）的354年间，共11529位烈女，占历代总数的95%。虽然其间人口本多，所存记载也多，但如此多的烈女确也反映了当时的社会氛围。在这种氛围中，妇女自幼就被要求谨守妇道，保持名节，恪守“三从四德”。因此，当时妇女坚持不改嫁以保持自身名节的决心具有很深的社会基础。

另一方面，尽管在正史、地方志、族谱中有关妇女守节不嫁的记载不绝于目，但这并不表明再嫁现象不存在。之所以较少看到这种记述，是因为在社会普遍视“寡妇再嫁”为可耻的价值取向下，明清时期的一般族谱、方志编修者大多把此类事件视为家丑而不予记载。但与此同时，在一些档案资料中，因妇女再嫁而引发的纠纷与诉讼却又大量存在。这是一种与理学所倡导的道德理想相异的社会现实，正所谓“上者守节，下者再嫁，各以其志可也”（《东昌府志》）。

那么，在“妇女足不出户”“家夫亡，妇耻再醮（jiào，再醮指再嫁）”的清代社会中，妇女又怎会提出再婚的请求？国家又如何会对其再婚的请求施以保护呢？经济问题是妇女提出再婚请求的主要原因。包含了三个方面的内容：

其一，在以男性为主体的社会中，妇女完全依附于男人，没有独立的财产权和继承权，经济地位极其低下，所以丈夫死后的生存问题是导致妇女提出再婚请求的主要原因之一。

其二，在婚姻论财的社会中，妇女再婚与少女出嫁一样会为母家和夫家带来一定的聘礼，因此他们为妇女的再婚提供了宽裕的舆论空间及情感支持。

其三，《大清会典事例》规定：妇女不论生前离异或夫死寡居，如若改嫁，其所有随嫁的嫁妆尽归前夫之家所有。丈夫死后，如若夫家家产颇丰，那么寡妇肯定会考虑是否留守的问题，也可能以“坐产招夫”的名义请求再嫁。

因此，在“经济”所营造的现实生活中，理学“饿死事小，失节事大”的理想已变得有些苍白。面对明中叶以后理学“贞节观”所受到的空前挑战，“朝廷有旌节妇之条，并无阻止寡妇不嫁之例”的态度，既表明了政府的无奈，同时也体现了国家立法在“价值”与“事实”之间的均衡立场。

三、清代妇女婚姻自主权的现实性

国家立法及个人经济状况等为清代妇女的再婚提供了一种可供选择的保障。除此之外，在实际生活中，妇女获得的不嫁权或婚姻请求权，是经济、习俗、官吏的政治需要等诸多现实因素共同作用的结果。

首先，妇女丧夫者，一般会有三种选择：“其一从夫地下为烈，次则冰霜以事翁姑为节，三则恒人事（改嫁）。”（《明史·列女传》）若选择殉夫、守节固然会得到朝廷的旌表和舆论的赞扬，但真正能经得起考验者，并不在多数。面对生活的压力，即便是妇女本有守节的意愿，也往往会为了生存而放弃不再嫁的权利。

其次，尽管一个寡妇可以不畏生活之艰辛，选择守节不嫁，但当她的选择与家庭、家族、亲属及其他社会关系相矛盾时，其权利就会遭到践踏。由于妇女改嫁，亲属们可以获得一定的财产，因此一些亲属往往视寡妇为奇货，争图改嫁，有的地方还有“扛孀”习俗，即新寡之妇，夫族之家多人争着主婚让其改嫁，以便获得财礼。在这样的情况下，虽有贞妇矢志守节，但男家女家亦不能容。

最后，在民间社会，寡居妇女要想保住守节不嫁的权利非常困难，而另一方面，一个想要再婚妇女的婚姻请求权也很难得以保全，她们再婚的要求常会被地方官以各种理由予以否定。身为官吏，他们的价值观念与国家所倡导的伦理道德相一致，以鲜有贞女、烈妇作为一方风俗浇薄的标志；从减少行政事务的角度，官吏也不愿给早已“案牍如山”的诉讼案件再增加砝码。光绪年间曾做过江西建昌知县的董沛，在余陈氏请求再嫁的批词中说：“试思建昌风俗颓坏已甚，若令孀嫁之妇纷纷效尤，匪特官事繁冗，目不暇给，亦复成何政体？”（《晦暗斋笔语》）

清代妇女以失夫为代价所换取的“不嫁”与“请求再嫁”的婚姻自主权，在官、民、社会所共同营造的压力中，经常变得无足轻重。事实上，当时妇女再婚受制于多种因素，亲属关系网络的扩大，增加了染指妇女再婚活动的社会范围，同时其再婚时的商品性色彩浓厚，她的权利往往不能得到应有的尊重。总之，在集合了名节与生存矛盾的妇女婚姻自主权中，既体现了寡居妇女作为独立个体的自我选择能力，又体现了其对家族、国家与社会的依附。

作者简介

吴欣，女，1972 年生，山东陵县人。聊城大学历史文化学院教授、硕士生导师。主要从事清代社会史和运河史的研究。著有《清代民事诉讼与社会秩序》《鲁商与运河文化》等，发表论文 30 余篇。

《红楼梦》里的民风腐败

聂　达

《红楼梦》是我国古代最伟大的长篇小说，是举世公认的世界文学名著。全书以宝黛爱情悲剧为主线，通过贾府兴衰历史的叙述，揭露了封建家族的荒淫腐败，展示出封建专制制度必然灭亡的历史命运。

本着“按迹循踪，不敢稍加穿凿，至失其真”的现实主义精神，作者曹雪芹及续写者还将笔触向外扩展到封建社会的诸多方面，对包括卖官鬻爵、贪污贿赂、司法腐败在内的各种官场丑恶现象作了细致描绘，极大地丰富了作品的内涵，彰显了小说被表层的爱情主题掩盖的政治主题。其实，官场腐败必然导致整个社会风气的堕落，使“腐败文化”在民间也大行其道。虽然书中对民风腐败问题着墨不多，有关人物、事件也分散在各个章节，但是作者对此入木三分的描写，既真实反映了当时的社会状况，又将批判力度向纵深层面推进一步，给人留下了深刻印象，引人思考。

一、《红楼梦》涉及民风腐败的四类人

民风腐败是相对官场腐败而言的。在《红楼梦》中，信奉腐

败文化的社会人员极其广泛，涉及不同阶层和众多职业。从与权力的远近关系来说，《红楼梦》主要描写了四类人，一是皇宫中的太监，二是各级官府中的胥吏，三是贾府的中下级管理人员，四是包括贾府服务人员在内的底层民众。

（一）皇宫里的太监

太监是中国封建社会的畸形产物。如果说胥吏阶层还必须依附政府机构，利用官场规则来巧取豪夺、损公肥私的话，那么在《红楼梦》出场的太监，则依仗皇权，狐假虎威、弄权干政，肆无忌惮地凌驾公权之上、横行官场之中，甚至连贾府这样的钟鸣鼎食之家也成为其公然索贿的对象，更别说大小官吏卑躬屈膝、阿谀奉承，竭尽巴结攀附之能事了。

如第16回，秦可卿死后，为了能把丧礼办得风光一些，贾珍找内相（太监）戴权商议给秦可卿的丈夫贾蓉买个官位。戴权道："事倒凑巧，正有个美缺。如今三百员龙禁尉短了两员，昨儿襄阳侯的兄弟老三来求我，现拿了一千五百两银子，送到我家里。你知道，咱们都是老相与，不拘怎么样，看着他爷爷的分上，胡乱应了。还剩了一个缺，谁知永兴节度使冯胖子来求，要与他孩子捐，我就没工夫应他。既是咱们的孩子要捐，快写个履历来。"戴权看了履历后，交小厮收了，说道："回来送与户部堂官老赵，说我拜上他，起一张五品龙禁尉的票，再给个执照，就把这履历填上，明儿我来兑银子送去。"可见，卖官鬻爵对于戴权这个太监来说可谓驾轻就熟，不足为奇。

第71回，夏太府打发一个小太监来贾府说话。贾琏听了，忙皱眉道："又是什么话，一年他们也搬够了。"凤姐叫贾琏藏起来，自己出来应事。那小太监便说："夏爷爷今儿偶见一所房子，如今竟短二百两银子，打发我来问舅奶奶家里，有现成的银子暂借一二百，过一两日就送过来。”凤姐只得叫平儿佯装用首饰当了银子。小太监走后，贾琏出来说道：“昨儿周太监来，张口一千两。我略应慢了些，他就不自在。”这里说的是“借”，其实就是勒索。这些太监之所以能公然频频索贿，就是因为他们俨然是皇权的“代言人”，是包括贾府在内的达官贵人都得罪不起的“亚主子”。他们的为非作歹直接导致了簠簋之风滋生，继而助推末世流弊，天下滔滔。

（二）各级官府里的胥吏

胥，本是供官府驱使的劳役，后专指官府中的小吏，主要负责公文、站堂等工作；吏，是官府承办具体公务的人员，其地位高于胥，低于官。胥吏连用，特指在封建社会官府中负责文书事宜的专门人员。晚清高官郭嵩焘曾称“本朝（清朝）则与胥吏共天下”，说明胥吏在清朝的政治生活中无处不在。

胥吏本不是政务官，但由于清朝各级政府机构中的许多官员缺乏治政能力或能力低下，不得不依靠精于案牍、巧于笔墨的胥吏来维持政府机构正常运转。一些不法胥吏因此大肆贪腐、谋取私利，以至于挟持主官、包揽词讼、贪赃枉法，“百端作弊，无所不至”。

《红楼梦》中对胥吏描写的文字，较早见于第4回所写的门子。贾雨村原为姑苏县令，因贪酷免职，后复起委用为应天知府，接任伊始便遇到薛蟠杀人命案，由此引出了手下门子递来的“护官符”。结果是贾雨村听从门子的忠告，“徇情枉法，胡乱判断了此案”，并“疾忙修书二封与贾政并京营节度使王子腾”，告以“令甥之事已完，不必过虑”。自此，贾雨村官运亨通，一路升至“大司马，协理军机参赞朝政”，可谓平步青云，飞黄腾达。

相比之下，在贾政手下“管门”的李十儿更熟悉官场习气，更善于苟且钻营。有红学家称其“属于恶仆刁奴一流的小人物”。第99回，贾政任江西粮道，起初是一心想做好官，州县馈送一概不受，结果弄得怨声载道，于是李十儿和粮房书办便不断给贾政找碴儿。首先是没有人打鼓，接着是没有了站班喝道的衙役，后来是贾政等不来轿夫。层层施压、不断加码，看效果不明显，最后干脆不给贾政准备吃的，最终逼得贾政叹道：“我是要保性命的，你们闹出来不与我相干。”无奈甩手任李十儿一干人为非作歹，结果反而事事周到，件件随心。尽管小说未对胥吏们贪赃枉法的具体情节详细展开，但从后来贾政因“失察属员，重征粮米，苛虐百姓”罪名被连降三级，调到工部的事实，不难看出李十儿等人横征暴敛、为非作歹的行径。贾政难圆清官梦，说明吏治腐败如同一个大染缸，官员很难独善其身。其实，在清代的正史中，胥吏逼迫主官的记载并不少见。雍正四年（1726），户部尚书蒋廷锡就被胥吏“嫉妒怀怨，造作浮言”。正如第104回贾芸说的，“如今的奴才比主子强多着呢”。可以说，不法胥吏不仅是官场贪腐的重要推手，更是世风日下的集中体现。

（三）贾府的中下级管理人员

贾府的中下级管理人员也多出身寒门，但他们往往依凭宗族或祖上的关系，通过行使各种“潜规则”，最终获得工程分包项目等，也因此拥有了少量管理和支配人、财、物的权力。

在元妃省亲一事中，贾府为迎奉贾元春回家，特意耗费巨资营建省亲别墅大观园。宁国府的贾珍为此工程的总监工，贾蓉则负责管理打造金银器皿，而与贾珍贾蓉父子关系亲厚的贾蔷便得以下姑苏请聘教习采买戏子、置办乐器行头，这活儿用贾琏的话来说是“里头却有藏掖的”，意思是有贪污的机会。既然有钱可挣，其他族人都想从中捞得一个美差，于是各凭关系，各使解数。第24回，“廊下五嫂子的儿子”贾芸是个穷小子，听说荣府园子东北角子上要实施植树栽花的绿化工程，便想谋得此事。几次求助贾琏无果后，了解到真正做主的是王熙凤，他想到的办法是行贿送礼，无奈手中拮据，因机缘凑巧，从邻居倪二处借得银子15两，买了些冰片、麝香等物，逮住机会孝敬给王熙凤。见贾芸送来了名贵香料药饵，又听了一番奉承话，本来正眼也不看他的王熙凤，这下却笑着说：“看你这么知好歹，怪不得你叔叔常提起你来，说你好，说话明白，心里有见识。”作为交换，王熙凤替贾芸谋得此项差事，并向其暗示来年还有“正月里烟火灯烛那个大宗儿”的工程。后来，贾芸领走二百两银子，还了倪二的债，拿出50两买树，其余大部分就落入自己腰包了。单从此事来看，贾芸首先是腐败的受害者，进而是腐败的参与者，最终成为腐败的忠实拥趸。

第53回，贾珍叫族中子侄来领乌庄头送来的年货，贾芹也欲领取，贾珍训斥说：“你如今在那府里管事，家庙里管和尚道士们，一月又有你的分例外，这些和尚的分例银子都从你手里过，你还来取这个，太也贪了！”贾芹辩了一句，贾珍冷笑道：“你还支吾我，你在家庙里干的事，打谅我不知道呢。你到了那里自然是爷了，没人敢违拗你。你手里又有了钱，离着我们又远，你就为王称霸起来，夜夜招聚匪类赌钱，养老婆小子，这会花的这个形象，你还敢领东西来？”第56回，探春在大观园代王熙凤理事期间，采取了一系列兴利除弊的措施，其中就提到了账房：“若年终算账归钱时，自然归到账房，仍是上头又添一层管主，还在他们手心里，又剥一层皮……再者，一年间管什么的，主子有一全分，他们就得半分，这是家里的旧例，人所共知的，别的偷着的在外。”贾府里大大小小的管理者平日里瞒上欺下、克扣贪污的行径可见一斑。

（四）处于底层的普通民众

普通民众属于沉默的大多数，一辈子都处于社会底层，被排除在权力之外，距离权力最远，看似与腐败无缘。他们倾慕权势，认同通过腐败得到的个人利益，但苦于腐败无门，只能偶尔利用机会占便宜、捞油水。

如第6回，刘姥姥一进大观园前，因生活窘困，责怪女婿王狗儿："这长安城中，遍地都是钱，只可惜没人会去拿来罢了。"王狗儿冷笑道："有法儿，还等到这会子呢！我又没有收税的亲戚、做官的朋友，有什么法子可想的？"这虽是气话，但确是从底层平民的视角对现实社会权贵弄权、官场腐败的真实窥测。

第58回，原来唱戏的芳官，进大观园跟了宝玉后，被指派了一个婆子做干娘。芳官要洗头，干娘先叫亲生女儿洗了之后，才叫芳官洗。芳官埋怨她偏心："把你女儿的剩水给我洗。我一个月的月钱都是你拿着，沾我的光不算，反倒给我剩东剩西的。"两人闹了起来，最后还是袭人打圆场，取了"一瓶花露油并些鸡卵、香皂、头绳之类"，叫芳官自己洗，不要吵闹了。第61回，贾府厨子柳家的回来，刚到角门前，守门的小幺儿不开门，且拉着笑说："好婶子，你这一进去，好歹偷些杏子出来赏我吃。我这里老等。你若忘了时，日后半夜三更打酒买油的，我不给你老人家开门，也不答应你，随你干叫去。"作为贾府底层的服务人员，芳官干娘和小幺儿都不放过一切赚取蝇头小利的机会。

第61回，厨子柳家的女儿柳五儿通过芳官从宝玉那里得到了小半瓶玫瑰露，柳家的匀出一些送给她侄子，柳家的嫂子回馈她茯苓霜："这是你哥哥昨儿在门上该班儿，谁知这五日一班，竟偏冷淡，一个外财没发。只有昨儿粤东的官儿来拜，送了上头两小篓子茯苓霜。余外给了门上人一篓作门礼，你哥哥分了这些……”总共才呈送三篓茯苓霜，守门的就从中截获了一篓。从柳家嫂子“因向抽屉内取了一个纸包出来，拿在手内送了柳家的出来，至墙角边递与柳家的”的谨慎举止不难推断，这绝不是什么光明正大的事情。第62回，厨子柳家因玫瑰露、茯苓霜获罪，还未判罚，丫头司棋的婶娘秦显家的就通过管家林之孝家的关系，欲取代柳家的大观园主厨一职，为达目的，秦显家的“一面又打点送林之孝家的礼，悄悄的备了一篓炭，五百斤木柴，一担粳米，在外边就遣了子侄送入林家去了，又打点送账房的礼；又预备几样菜蔬请几位同事的人……”谁知柳家的无罪获释，照旧回去当差。秦显家的白丢了许多送人之物，自己还要折变自家财物去赔补亏空。世间没有包赚不赔的买卖，对于无权无势的弱势群体，腐败的结果可能是“赔了夫人又折兵”！

二、政风和民风关系辨析

政风与民风相互影响、紧密相连。“上之所好，下必甚焉”，“楚王好细腰，宫中多饿死”，“城中束发髻，城外高一尺；城中爱画眉，城外扩半额”等民歌俗语，都表明了一个事实：政风与民风是一个问题的两个方面，政风清明则民风淳厚，政风败坏则民风浇漓，不可能出现政风清明而民风浇漓，也不可能出现政风败坏，民风淳厚的局面。

具体来说，古代中国是一个专制主义官僚制度发达的国家，“官本位”思想贯穿于全社会。民之敬官畏官，亦以官为楷模，官场之思想意识、行为举止为社会所模仿。因此，官场不良风气，必然引导着民风走向堕落，即所谓“官德毁，而民德降”。与此同时，中国传统观念中的糟粕和消极部分，也在以各种方式通过不同途径影响着政风，在吏治腐败的条件下推波助澜，促使官场日益堕落。尤其是历代贵族、地主、富商们，为了攫取非法暴利或寻求强大庇护，与官僚夤缘攀附，朋比结纳，更是直接污染了官场风气。

另一方面，古代政风与民风所处的地位、所发挥的作用是不同的。孔子认为："君子之德风，小人之德草。草上之风，必偃。"意思是掌权者的道德是风，老百姓的道德是草，风往哪边吹，草就向哪边倒。这句话虽然不完全正确，但在一定意义上也说明，官僚阶层的道德素养对民众影响非常显著。鉴此，政风处于支配地位，起引领示范和牵引带动作用。政风影响民风，不管以政令、政策、规范等硬性的官方手段，还是以身作则、以上率下，效果可谓是直接显现、立竿见影。民风受制于政风，又不断体现、回应和影响着政风。民风影响政风，主要是通过文化塑造、伦理道德等教育、熏染，往往是循序渐进的过程，需要全民共同努力和长时间的治理。

三、有关启示

作为一部具有伟大的批判现实主义精神的作品，《红楼梦》对清朝社会腐败深刻的描绘，也能给后世提供重要借鉴。治理当代社会腐败问题，建议应从五个方面着手：一是要发挥好传统的警示预防教育、舆论宣传作用，逐步促使廉洁办事、廉洁做人的价值理念深入人心、蔚然成风；二是要强化监督，严厉惩治各种社会腐败行为，如加大打击行贿人、专项治理商业贿赂，对国企、金融、教育、科研、艺术品市场等腐败高发领域重拳出击，震慑那些打算投机腐败的人员；三是完善各项法律、规章和制度，不断铲除、压缩社会腐败滋生的土壤和空间，如将"车马费”“润笔费”“劳务费”等存在于各行各业的潜规则明确列入违纪违法之属，使惩处有法可依；四是在市场经济条件下，政府要积极转变职能，特别是要厘清政府与中介机构的界限，避免政府充当“官中介”，为权钱交易留下操作空间；五是严格规范公职人员的社会交往，对公职人员交际圈严加限制，对可能影响公务活动的各种人情行为明令禁止。

作者简介

聂达，1979年生，湖南邵阳人。文学硕士。现为中央纪委机关公务员。

清代流民“闯关东”现象解读

池子华

一、“闯关东”的由来

关东是指以今天的吉林、辽宁、黑龙江三省为主的东北地区，因这一地区处在山海关以东，故名。清前中期设禁，前往关东要“闯”，因为那是越轨犯禁的行为。但自1860年（咸丰十年）解禁后，前往关东谋生就已合法，“闯关东”一语之所以仍被沿用，是积习成俗使然。

远在宋辽金元时期，就有关内流民出关觅事，来去自由。清王朝建立之初，流民出关也不必“闯”，相反还得到清政府相当的鼓励。因为关东本来就人烟稀少，加上明末清初战争的影响，人民走死逃亡，导致关外“荒城废堡，败瓦颓垣，沃野千里，有土无人”；但关东又是“龙兴之地”，为强根固本，清廷即屡颁诏令，命地方官“招徕流民”，开垦荒田。1653年（顺治十年）设辽阳府（下辖辽阳、海城二县），颁布《辽东招民开垦条例》，宣布开放辽东，“燕鲁穷氓闻风踵至”者不少，也由此引起清廷的不安。《条例》颁布15年后，也即1668年（康熙七年），清政府宣布关闭山海关的大门，《条例》废止。清廷所以要封禁东三省，当然有许多理由，如关东为人参产地，旗民生计所系，流民入山偷采者成千累万，屡禁不止（杨宾《柳边纪略》），成为清廷不得已而封关的原因之一。还有，东北设有围场，供皇室狩猎之用，但围场地面辽阔，无法禁绝“游民借开荒之名，偷越禁地，私猎藏牲”（《清朝续文献通考》），于是，干脆封禁。再有，清廷深恐流民如猬之集，抢了旗民的饭碗，“必致（旗民）生计日蹙”。

这些理由，固然很充分，但保护满族固有的文化则是清廷“闭关（山海关）”尤其不可忽视的根本原因，类似“本朝龙兴之地，若听流民杂处，殊与满洲风俗攸关”的上谕，屡有颁行。在清廷看来，满族的尚武之风不能丢，满族的风俗习惯不能杂糅，要想不使满人“习成汉俗”、被中原文化同化，只好把“自我”封闭起来。加之有清一代“反清复明”之声不绝于耳，更使“满汉之见”难以消散，因而也促使清廷屡颁禁令，一次比一次严厉，不仅要“永行禁止流民，不许入境”，而且下令“逐客”。

1740年（乾隆五年）上谕命“寄居奉天府流民，设法行遣……定限十年，令其陆续回籍”。十年后，流民归籍期限已满，再颁严令，“令奉天沿海地方官多拨官兵稽查，不许内地流民再行偷越出口……令守边旗员沿边州县严行禁阻，庶此后流民出口可以杜绝”（《大清会典事例》）。当然，清廷也清楚，仅“闭关”仍不足以抵制“汉俗”的侵袭，流民泛海可至辽东，经蒙古亦可进入关东腹地。有鉴于此，康熙年间清廷又花了几十年时间设置“柳条边”以期禁阻。尽管清廷煞费苦心，但北方流民入关谋事却屡禁不绝，而且呈不断扩大的趋势，1712年（康熙五十一年）“上谕”称，仅山东流民入关者就达10多万（《清圣祖圣训》）。1776年（乾隆四十一年），据估计，在关东谋生的华北农民（包括已改变流民身份定居关东者）总计达180万人（葛剑雄等《简明中国移民史》）。这些流民都是在“闭关”条件下犯禁闯关、私自进入关东的，所谓“闯关东”之说，即由此而来。

1860年，关闭的山海关大门重新向流民敞开，流民入关东谋生，不再视为非法，只因“闯关东”一词已约定俗成，也就成为流民去关外谋生的代名词了。

二、关内之民为什么要去“闯关东”

“闯关东”的流民，以山东、河北、河南、山西、陕西人为多，而其中又以山东人为最。1911年东三省人口共1841万人，其中约1000万人是由山东、直隶、河南等省先后自发涌入的。进入民国时期，“闯关东”浪潮仍居高不下。从1912—1949年，流入关东的人口共约1984万人，平均每年约52万人，其中1927、1928、1929年连续三年超过百万。规模如此庞大，难怪“闯关东”被世人视为“人类有史以来最大的人口移动之一”，是“全部近代史上一件空前的大举”（南开大学历史系中国近现代史研究室编《二十世纪的中国农村社会》）。

“闯关东”浪潮持续了数百年，人们在惊叹其流量之巨的同时，自然会问一个“为什么”？笔者试以山东为例“解剖麻雀”。

“安土重迁”是中国农民的特性，山东作为孔孟之乡，这种特性更是根深蒂固。可是山东人不顾一切“闯关东”之举，“必是为了什么迫切的缘由所驱使”（W. Young《美报之华人满洲移民运动观》）。这“迫切的缘由”，当然复杂，其中有两点尤其值得注意：

一是人口压力。山东“地少人稠”“生齿甚繁”“人满之患”自清代中叶以来日渐严重，“农村人口过剩，不待凶年，遂有离乡觅食，漂流各处，山东地狭民稠，其例尤著”。进入近代，人口压力更大。1850 年山东人口密度为每平方公里 215.86 人，名列第四，1911 年升为第三位（每平方公里 202.24 人），1936 年上升为第二位（每平方公里 256.40 人），虽然次于江苏，但如时论所评，“以江苏工业发展的程度，占全国各省第一位，故其过剩劳力的收容量，当然增加，比山东势优。故在山东发生农民的劳力过剩和生活困难，为自然的归结。山东农民经营的面积过小、分割过小的土地，为促进农民离村的根本原因之一”（《中国农村人口增减趋势及农民离村部分考察》）。显然，“人口压力流动律”在山东农民“闯关东”流向中发挥着持久的作用。

另一个“迫切的缘由”是天灾人祸。山东是近代史上灾害多发区。有人统计，在清代 268 年历史中，山东曾出现旱灾 233 年次，涝灾 245 年次，黄河、运河洪灾 127 年次，潮灾 45 年次。除仅有两年无灾外，每年都有程度不等的水旱灾害。按清代建制全省 107 州县统计，共出现旱灾 3555 县次，涝灾 3660 县次，黄河、运河洪灾 1788 县次，潮灾 118 县次，全部水旱灾害达 9121 县次之多，平均每年被灾 34 县次，占全省县数的 31.8%（袁长极等《清代山东水旱自然灾害》）。这种灾害的多发性、严重性令人震惊，自然成为山东流民“闯关东”的强劲推力。

与天灾结伴而行的是人祸。近代山东兵灾匪患连年不断，“益如火上加油”，如军阀张宗昌“祸鲁”时期（1925 年 6 月至 1928 年 4 月），“山东军队号称二十万人，连年战争，除饷糈多半出自农民外，到处之骚扰、拉夫、拉车，更为人民所难堪。至于作战区域（津浦线）十室九空。其苟全性命者，亦无法生活，纷纷抛弃田地家宅，而赴东三省求生”（集成《各地农民状况调查——山东省》）。天灾人祸并行，形成山东农民“闯关东”的狂潮，这是 1927—1929 年连续 3 年出现“闯关东”人数突破百万大关的基本原因。

> 种庄田，真是难，大人小孩真可怜！慌慌忙忙一整年，这种税，那样捐，不管旱，不管淹，辛苦度日好心酸，两眼不住泪涟涟。告青天，少要钱，让俺老少活几年！

这首载入《临清县志》中的歌谣，折射出山东农民生活的苦情。无法照旧生活，只有一“走”了之。“富走南，穷进京，死逼梁山下关东”，这句妇孺皆知的谚语，正说明“逼上梁山”是山东流民关东之行最“迫切的缘由”。

而关东，地广人稀，沃野千里，对流民来说，具有强大的吸引力。且关东、山东比邻，或徒步，或泛海，均极便利，“闯关东”自然是山东流民的首选。

1860 年山海关的大门敞开了，流民“如怒潮一般涌到满洲去”。他们通过海路、陆路，经历了千辛万苦，来到关东，垦荒种地。根据 1932 年出版的中国社会学会所编《中国人口问题》一书的调查资料，77% 的流民流向关东后“志在农业”。而随着关东的开放，工商业也发展起来，城市化进程加快，流民无论是务工还是经商，都比较容易谋到营生的职业，这对流民同样具有吸引力。“东三省，钱没腰”，这句广为流传的口头禅，使人相信关东有着无限的谋生机遇。只要有“闯”的精神，不愁没有碗饭吃。

“闯关东”之风由来已久，这种“由来已久”，使“闯关东”逐渐演变成为具有“山东特色”的地区文化传统。这种传统积淀越深厚，“闯关东”的内驱力越强，“闯关东”越是普遍化，这种地区文化传统越厚重，形成一条不绝如缕的“因果链”。在胶东有些地区，几乎村村、家家都有“闯关东”的，甚至村里青年人不去关东闯一闯就被乡人视为没出息。“闯关东”作为一种社会生活习俗而被广泛接受，这不能不说是一种文化现象了。

“闯关东”持久而普遍，意味着血缘、地缘关系的延伸和社会关系的扩大。关东是山东人的第二故乡，那里有他们的父老乡亲。一旦生活发生困难或遭遇天灾人祸，山东人便首先想到“闯关东”，投亲觅友，以求接济。史书中有许多例子说明，关东、山东有着无法割断的社会联系（路遇《清代和民国山东移民东北史略》）。社会联系的扩大化和“闯关东”现象的普遍化是互为因果的“因果链”，它使“闯关东”这种地区文化传统有了深厚的现实的社会基础，同时，也使“闯关东”的流民现象具有相对较少的“盲目”色彩。

三、“闯关东”与东北开发

流民如潮水般涌向关东，无论他们务农、务工经商，还是伐木筑路，都为关东的开发做出了不可磨灭的贡献。

关东地广人稀，“闯关东”浪潮不仅使关东地区“人稀”的面貌得到改观，与全国人口分布趋于平衡，而且，肥沃的黑土地得到开发，耕地面积处于不断增长之中。有资料显示，1873 年关东耕地面积仅为 2400 万亩，40 年后即 1913 年达到 12300 万亩，1932 年更增加到 30618 万亩。荒原变良田，流民有拓荒之功。《东北集刊》曾发表评论，盛赞“山东人实为开发东北之主力军，为东北劳力供给之源泉。荒野之化为田园，太半为彼辈之功。其移入东北为时既久，而数量又始终超出其他各省人之上。登莱青与辽东一衣带水，交通至便，彼土之人，于受生计压迫之余挟其忍苦耐劳之精神，于东北新天地中大显身手，于是东北沃壤悉置与鲁人耒锄之下”。正是由于山东等省流民的辛勤开垦使“北大荒”成为远近闻名的“北大仓”。这其中，流民洒下了多少汗水，是不言而喻的。

流民大量流向关东，推动了关东地区工商业的发展和城市化进程。《禹贡》刊载评论说：“盖拓殖东北者，日用所需时感不足，为供应彼等各种需要，遂有汉人商店出现。此类商店多系国内有巩固基础营业之分支，多取杂货店形式。贩卖品以强烈之酒居多，粗劣棉花、靴、帽、菜品等次之，兼营兑换金钱，发行支票，收发书信。后又设总行于各交通便利之地，用以统辖各支店，都市随之而兴矣。”工商业的发展和城市化进程的加快，反过来成为吸引流民的条件，互为因果的关系是显而易见的。1917年东北工厂企业发展到1785家，1945年达到6878家，发展速度与“闯关东”流民浪潮规模之巨一样惊人。

“闯关东”浪潮，有力地促进了民族间的文化交流与融合。关东的开放，意味着清政府保守满族固有文化的初衷呈不可逆转之势，逐渐走向它的反面。作为文化、信息的载体，流民大规模入关，意味着中原文化向关东地区大规模挺进。在关东，有许多山东村，就是齐鲁文化平面移植的突出表现。中原文化“喧宾夺主”，这样势必造成中原文化对以满族文化为主体的关东文化的同化局面。关东文化在中原文化的包围之下，只能不断进行自我调适，受到“同化”，向中原文化看齐，所谓“渐效华风”是也。结果如外报所载：“到了今日，旅行满洲者，从辽河口岸直达黑龙江，至多只能看见从前游牧人民的一点行将消灭的残遗物迹而已，他们昔日跨峙塞北的雄威，已经荡然无存了。现在满人几与汉人完全同化；他们的言语，也渐归消灭，转用汉语了。”(Walter Young《美报之华人满洲移民运动观》）原有的关东文化丧失了独立存在的价值。但大面积“复制”到关东的中原文化，由于脱离“母体”和环境的改变，也不能不发生“异变”。一个明显的事实是，流民到了关东，不能不改吃高粱米、棒子面，为了对付严寒，也不能不学着关东人的样子烧炕睡炕，如此等等，不一而足，这就使“复制”到关东的中原文化与“母体文化”逐渐拉开距离。而关东文化也不可能毫无保留地全盘“同化”。这样，一种脱胎于中原文化和关东文化而不尽同于此二者的新型区域文化——新型关东文化逐渐形成。尽管在“闯关东”浪潮潮起潮落的近代历史条件下，这种新型关东文化还没有显示出绰约的丰姿，但已初见端倪，照史书上的话说，即“满汉旧俗不同，久经同化，多已相类，现有习俗，或源于满，或移植于汉”（《中国地方志民俗资料汇编：东北卷》）。

作者简介

池子华，1961年生，安徽涡阳人。苏州大学社会学院教授、博士生导师，历史研究所所长。出版著作《中国近代流民》《曾国藩传》《张乐行评传》《晚清枭雄苗沛霖》《中国流民史：近代卷》《流民问题与社会控制》《红十字与近代中国》等20多部。

晚清中国人如何走向世界

王晓秋

当今，中国人走向世界，早已是极为普通平常的事情了。可是，当我们把目光回溯到一百多年前的晚清，中国闭关锁国的大门刚刚被西方列强敲开的时候，走出国门、走向世界的中国人，尤其是政府官员，只是凤毛麟角，屈指可数。而且他们的脚步是那样蹒跚、踉跄。那么，晚清中国人究竟是怎样一步一步地走向世界的呢？他们都是些什么人，通过什么途径，走向世界的呢？本文试图把晚清中国人走向世界的历程，大致分为三个时期，简要描述其变化发展的历史轨迹。

一、19 世纪 40—60 年代：华工、洋人雇员和最初的外交使团

鸦片战争前，清政府实行海禁政策和闭关政策，严格限制中国人出海贸易和旅行。1840 年（道光二十年）英国发动了鸦片战争，用军舰大炮敲开了中国的大门。1842 年签订的中英《南京条约》开放了上海等 5 个沿海通商口岸，从此外国商人、传教士、外交官、军人、旅行家等大批涌入中国，但中国人出国却为数很少。

19 世纪 40—60 年代出国的中国人大致有以下几类：

第一类是被西方殖民者诱拐贩卖的契约华工，当时被称为“苦力”或“猪仔”。外国洋行及其雇用的买办、掮客，诱骗华工签订契约搭乘外国轮船出洋，贩卖到急需劳工的古巴、美国、秘鲁、澳大利亚等地。据统计，1847—1852 年，从厦门通过贸易共输出华工 8281 名。这些华工在贩运途中和劳动场所，遭到非人待遇，被当做奴隶和牲畜一样残酷虐待，死亡率很高，生活极为悲惨。这与非洲黑奴贸易一样，根本不是正常的国际人员交往。后来还有一些华侨和华工陆续出海到东南亚各国开垦和移民。

第二类出洋的中国人是个别从事对外贸易的商人或替西方商人、洋行、外国外交、宗教、文化教育机构团体服务的买办、雇员、翻译。例如福建人林鍼，受雇于厦门美商，1847 年 6 月到美国，工作一年多后回国，他写了一部《西海纪游草》，是晚清中国人撰写的最早的美国游记。又如广东南海文人罗森，寓居香港时认识了美国传教士卫廉士，1854 年（咸丰四年）由其推荐担任美国培理将军远征日本舰队的汉文翻译。罗随培理舰队到过日本横滨、下田、箱馆等地，参与了日美订约、开埠过程，回国后写了一篇《日本日记》在香港发表，这是晚清中国人第一部日本游记。还有苏州文人王韬曾受雇于英国传教士在上海开办的墨海书馆。1867 年（同治六年）他应英国传教士理雅各邀请，赴欧洲访问，曾在英国牛津大学讲演孔孟学说和中英关系，可以说是晚清第一位在欧洲大学讲坛上宣讲中国文化的中国学者。1870 年回到香港后，他办了《循环日报》，还写了《普法战记》等书。

第三类是由外国传教士带到西方留学的中国青少年。其中最有名的是 1847 年被美国传教士、香港马礼逊学堂校长布朗带到美国马萨诸塞州留学读书的容闳、黄宽、黄胜三人。容闳 1854

年毕业于耶鲁大学，成为第一个从美国大学毕业的中国人。黄宽后来在英国爱丁堡大学医科毕业，成为经过欧洲医科大学正规训练的中国第一位西医。黄胜则与伍廷芳共同创办《中外新报》，与王韬合作成立中华印务总局，成为近代出版印刷业的先驱人物。

第四类出洋的中国人则是由外国人士带领前往西方游历访问的少数中国官员。例如1866年清政府海关总税务司英国人赫德要请假回国结婚，总理衙门便派遣了前山西襄陵县（今襄汾县）知县斌椿与其子广英以及3名同文馆学生，随赫德赴欧洲观光游历。他们在英、法、德等9国游历了7个月后归国，这是晚清中国官员走出国门海外游历的第一次尝试。他们所写的游记如《乘槎笔记》《航海述奇》等记录了晚清官员对欧洲最初的见闻。还有1868年的蒲安臣使团。该团由刚卸任的美国公使蒲安臣率领，他被授予“办理中外交涉事务大臣”的头衔。为了维护面子和平衡列强关系，使团成员还包括两名清政府总理衙门的章京志刚、孙家谷，以及一名英国人和一名法国人。使团用2年8个月，访问了欧美11个国家。其间，蒲安臣四处包揽交涉、谈判，甚至擅自与外国缔约，中国使臣几乎成了点缀品和观光客。不过这毕竟跨出了中国外交走向世界迈向国际社会的第一步。使团里的中国人也通过出访大开眼界，接触了新事物、新思想，这可以从他们的游记，如志刚的《初使泰西记》、孙家谷的《使西述略》、使团翻译张德彝的《欧美环游记》等书中看出来。

二、19世纪70—90年代：驻外使节、游历官员与官派留学生

19世纪70年代，清政府开始向外国派遣外交使节、独立的

游历考察官员和官费留学生，中国人由完全被动到逐渐主动地走向世界。

1860年第二次鸦片战争结束后，列强通过《北京条约》取得公使驻京权利。西方国家陆续派遣公使驻华，并在北京开设公使馆，在上海等地开设领事馆。而清政府直到70年代才开始派遣赴外使臣。最早在1870年派遣三口通商大臣崇厚为出使法国特使、钦差大臣，其使命只是为“天津教案”向法国道歉。1875年（光绪元年）任命的出使英国钦差大臣郭嵩焘，最初的使命也是为了“马嘉理案件”赴英国道歉，然后才转为长驻英国，成为晚清第一位驻外公使。出国后，郭嵩焘能认真考察和分析西方国情和现状，在日记和报告中对西方文明有些肯定的描述。不料竟遭到顽固保守派士大夫的群起攻击。尤其是驻英副使刘锡鸿还打小报告诬告郭嵩焘“崇洋媚外”“有失国体”，甚至有“私通洋人之嫌”，最后任期未满就被清政府调回。他写的《使西纪程》一书也被禁止发行并毁版。1877年至1878年，清政府陆续在英、法、德、日、美等国开设了驻外使馆，派遣了驻外使团。早期的中国外交官群体为晚清中国人走向世界、认识世界起了重要作用，如郭嵩焘、曾纪泽、薛福成、黄遵宪等人都撰写了许多考察研究外国的报告、日记和著作。

19世纪70—80年代清政府还主动独立地派出一些官员出洋考察、游历和调查。例如1874年清政府曾派出陈兰彬、容闳等官员专程到美洲古巴和秘鲁调查华工受虐待状况，力图维护华工权益。1876年派遣浙海关文案李圭与海关洋员一起前往美国费城参观世界博览会。他写了一部《环游地球新录》，不仅记录了费城世博会及各国见闻，而且以亲身经历证明了“地球确实是圆的”。1879年道员徐建寅受北洋大臣李鸿章派遣到欧洲订购铁甲舰，同时考察了各国工厂。他写的《欧游杂录》是中国官员第一次对欧洲近代工业进行深入考察的珍贵记录。这个时期地方大员也开始派员出国游历考察，如1878年四川总督丁宝桢派江西贡生黄楙材游历考察缅甸、印度等国。

1887年清政府还通过考试，从中央六部中下级官员中选拔了12名海外游历使，分别派赴亚洲、欧洲、南北美洲20多个国家，进行了为期两年的、以调查研究外国情况为主要任务的海外游历考察。海外游历使最远到达了南美洲的智利、巴西等国，其路程之远及所到国家之多，是前所未有的。而且他们所取得的外国调查研究的成果也是空前的。可惜这批海外游历使回国后却没有被重用，也没有让他们在外交岗位上发挥作用，其外国调查研究成果被束之高阁未受重视，以至这样一次走向世界的举动，竟然渐渐被埋没和遗忘。

这个时期清政府开始向海外派遣官费留学生。最早是官派幼童留美。1871年在容闳的建议下，曾国藩和李鸿章联名奏请派幼童赴美留学，获清廷批准。在上海设立出洋肄业局招生，从1872年至1875年先后分四批派遣120名10—16岁幼童赴美国留学。他们被分散安排在美国居民家中住宿，在美国的中学毕业后，陆续有50多人考入耶鲁、哈佛、哥伦比亚等美国大学学习。留美幼童在美国学习勤奋，进步很快，同时思想、习俗也渐渐发生变化，如见了官员不愿下跪，要求穿西装、剪辫子、进出教堂等，因此被守旧顽固派攻击为“适异忘本，目无师长”，要求将留美学生赶快撤回。加上当时美国出现排华风潮，清政府在1881年决定将留美幼童全部撤回，以至幼童留美计划半途而废。这些留美学生回国后不少人成为清末民初中国政界、军界、外交界、科技界和教育界的著名人物，为中国的现代化建设作出了贡献。如主持修建京张铁路、被誉为“中国工程师之父”的詹天佑，民国第一任内阁总理唐绍仪，清华学堂校长唐国安，北洋大学校长蔡绍基等。

此后，1877年至1897年清政府又先后派遣了4批共80多名学生留学欧洲，主要是英国和法国。因为这些学生大多数是从福州船政学堂学生中选拔的，赴欧主要是学习海军的造船和驾驶专业，故史称“留欧船政学生”。这些学生回国后成为中国早期海军和造船工业的骨干，为中国近代海军的创立、发展作出了贡献。晚清北洋舰队的主要舰长如刘步蟾、林泰曾、邓世昌、林永升等都是留欧船政学生，他们几人都在甲午战争中为国捐躯。还有近代著名的启蒙思想家、翻译家、民国初年北京大学第一任校长严复，当年也是官派留学英国的船政学生。1896年清政府还选派了唐宝锷等13名学生赴日本留学，这是中国第一批官派留日学生。

值得注意的还有1896年李鸿章的出洋。当时清廷派大学士李鸿章为特命头等钦差大臣出席俄国沙皇尼古拉二世的加冕典礼。他负有“联俄拒日”的使命，与俄国政府签订了《中俄密约》，还应邀访问了德、法、英、美、加拿大等国，会见了各国元首和政要，如英国女皇维多利亚、德国首相俾斯麦、美国总统克利夫兰等。李鸿章使团是19世纪清政府派出的最高级别外交使团，此行共历时190天，水陆行程9万里，是晚清中国人走向世界历史上的一件大事。

三、20世纪初：赴日留学、考察与五大臣出洋

1895年甲午战败后，中国民族危机空前严重，广大爱国知识分子强烈要求向西方与日本学习，通过改革或革命救亡图存。因此在20世纪初出现了一个赴日本留学和考察的热潮，成为晚清中国人走向世界第三个时期的新特色。当时清末新政急需人才，

清政府实行提倡鼓励官费、自费并举赴日留学的政策。

1905 年废除科举考试后，出洋留学也成了知识分子的重要出路。而且日本政府采取主动吸引中国留学生的政策，加上赴日留学路途近、交通方便、费用省、文字习俗相似等因素，都是留日热潮形成的重要原因。留日学生从 1901 年的 200 多人，1903 年增到 1300 多人，1905—1906 年猛增到 8000 多人，达到最高潮。后来因中、日双方的限制政策和国内教育的逐渐普及、欧美国家也积极招收中国留学生，留日热才逐渐降温。

与 19 世纪清政府派往欧美的官费留学生大多学习理工和海军不同，20 世纪初以自费生为主的留日学生学习的专业非常广泛，从政法、文史、军事、外语、师范到理工、农医、商业以及音乐、美术、体育等等，而其中以学政法和陆军为最热门。很多留日学生在日本吸收新知识、新思想，参加爱国运动，逐渐从改良走向革命。他们利用在海外求学的条件，组织革命团体，出版革命书刊，使日本东京成为 20 世纪初中国革命派的主要海外基地。孙中山领导的同盟会的主要骨干如黄兴、宋教仁、胡汉民等都是留日学生。重要的革命宣传家如陈天华、邹容及历次武装起义的指挥和骨干如刘道一、秋瑾等，也都是留日学生，他们为发动辛亥革命推翻清王朝作出了重大贡献。

另外，归国的留日学生也是清末新政改革的骨干力量。筹备立宪、法制改革、教育改革、军事改革的许多建议、法令、制度都是他们起草的。不少归国留日学生成了清政府各种新政机构的官员或新军的各级军官和各级新式学堂的教员。

除了赴日留学外，20 世纪初还有大批中国官员、士绅、文人、学者或官派或自费赴日本考察游历。他们考察的范围很广，从宪政、法律、军事、教育、工业、商业、农业、交通到司法、卫生、监狱等等。他们还撰写了不少调查报告和考察记，为中国改革和建设提供借鉴和参考。

这个时期还应特别提到1905—1906年的五大臣出洋，它标志着晚清中国官员在走向世界的历程上又迈出了一大步。1905年由于民族危机加深和日俄战争的影响，国内要求立宪的呼声日益高涨，驻外公使和地方督抚也纷纷奏请仿效日本与欧美的政治制度。清廷决定派王公大臣出洋，深入考察欧美与日本的政治，归国报告后再作决策。这次出洋的特点是官员级别高、随员多、目标明确、效果显著。出洋人选几经变动，最后派出的是镇国公载泽、户部侍郎戴鸿慈、湖南巡抚端方、山东布政使尚其亨和顺天府丞李盛铎五人，全都是王公亲贵和一、二品大员。此外，还选调了近百名素质较高的官员和归国留学生为随员。出洋目的是“分赴东西洋各国，考求一切政治，以期择善而从”。他们分成两路先后考察了欧美13国和日本，共半年左右。考察虽以宪政为中心，但实际调查范围很广，涉及议会、政府、司法、工厂、银行、学校等，并请外国政治家和学者讲解宪政原理和各种制度，还大量收集、翻译各类外国图书资料。他们回国后力陈中国立宪之必要，终于促使清廷在1906年9月1日正式颁布“仿行立宪”的上谕。他们还向慈禧太后和光绪帝进呈了介绍各国政治的《欧美政治要义》《列国政要》等书和大批外国书籍，对清末新政和预备立宪的各项改革和制度、法律建设有重要参考价值。

此外，戊戌变法失败后被迫流亡海外的维新派领袖康有为、梁启超等也周游列国，考察和分析各国政治和文化，撰写游记。如康有为写了《欧洲十一国游记》，梁启超就1902年美洲之行，写了《新大陆游记》。他们的著作为中国人认识世界提供了新的视角和资料。

综上所述，我们可以看到晚清中国人特别是中国官员走向世界的一个大体发展轨迹。从在外国人带领下走出国门，到中国人独立周游世界；从选拔中下级官员海外游历，到派遣王公大臣出洋考察；从出洋观光或泛泛调查异国风情，到全面深入考察外国国情特别是政治制度；从回国后默默无闻几乎被遗忘，到推动立宪决策发挥重要作用。这反映出晚清中国人在走向世界的艰难曲折道路上一步一步地在前进，逐步了解国际社会，登上世界舞台。但同时也暴露了清王朝的衰败和腐朽，终究不能挽救其最后灭亡的命运。此外晚清走向世界的中国留学生也经历了从留美幼童的半途而废，到留欧船政学生的甲午悲剧，再到留日学生的革命风潮。中国爱国青年学生通过走向世界，走向革命，终于成了清王朝的掘墓人。

作者简介

王晓秋，江苏海门人，1942 年生于上海，1964 年毕业于北京大学历史学系。北京大学历史学系教授、博士生导师。国家清史编纂委员会委员，第 9 至 11 届全国政协委员。主要从事中国近代史和中外关系史研究。主要著作有《近代中日启示录》《近代中国与世界》《近代中国与日本》《近代中日文化交流史》《东亚历史比较研究》《改良与革命》等十多部，发表论文二百多篇。

辛亥革命前后江南小城的社会思潮和变革

——英国女作家罗安逸眼中的兰溪

沈　弘

英国女作家罗安逸（A. S. Roe）于1907年（光绪三十三年）5月和1912年1月先后两次来中国旅行，并出版了《我眼中的中国》（1910）与《中国：机遇和变革》（1920）这两部游记。她当年在浙江中西部、钱塘江中游的县城兰溪的所见所闻，及其反映出来的辛亥革命前后江南社会中的流行思潮和变革，今天读来仍然很有意义。

一

罗安逸第二次来中国时，正好遇上了中国近现代史上的一个重大转折时期。1912年1月，“中华民国”已经宣告成立，但是孙中山在南京组成的临时政府还不能行使一个中央政府的职权，因为华北依然还是袁世凯的势力范围。这种南北分裂的局面也造成了人们思想上一定程度的混乱。罗安逸在书的开头部分这样写道：

当我们在香港上岸时，看见街上都挂着五颜六色的彩旗，在庆祝“中华民国”的成立。同船有一名想急着赶回北京的清廷大员对此却颇不以为然：“孙逸仙是谁？北方有许多人连这名字都没听说过！”他一个人留在了船上，以防在到达上海之前，头上的辫子会被人剪掉。

不过香港庆祝民国成立确实有点高兴得过早。民国初年新旧交替，就连日期也产生了混乱。我记得当时至少有三个“新年”：一个是西历的元旦，一个是南京临时政府所规定的一月十五日，而传统的中国农历春节则是在二月初。

果不其然，清廷虽然交出了军政大权，但却依然在发布诏书，规范各种琐碎事项，诸如谁有权穿带衬里的貂皮大衣，谁可以享有在紫禁城骑马的特权等。直到2月12日，隆裕皇太后才在袁世凯的施压下降下懿旨，正式宣告六岁的宣统皇帝退位。

紧接着，袁世凯于第二天宣布赞成共和体制，孙中山也于同日辞去了临时大总统的职务。两天之后，南京的临时参议院便选举袁世凯为临时大总统。但是南北两方在新总统应该在何地就职问题上又产生了戏剧性的争执，所以一直拖到3月10日，袁世凯才在北京正式宣誓就职。

二

值得注意的是，就在这一年当中，罗安逸观察到辛亥革命所带来的新思潮也逐渐开始传到了兰溪。这首先反映在货物流通和商业贸易上，来自上海的洋货先占领了省会杭州的市场，然后又通过水路传到了内地的其他县城和乡村。在她的游记中，罗安逸这样写道：

从兰溪沿钱塘江而下航行三天，就能到达省会杭州。浙江的铁路将来某一天还会贯通全省。到那时，乘火车很快就能到上海，后者可是孕育洋货的温床，“几乎跟外国人的一模一样”。无怪乎兰溪也渐渐地受到了西方的影响。

兰溪城的大街上，有六个店铺都在卖便宜的洋货：柏林毛线、粉色或蓝色的搪瓷脸盆、眼镜、小女孩用的发梳等。梳子目前供不应求，因为船夫和其他人最近刚剪掉了辫子，都需要用梳子来梳理他们又黑又长的头发。

煤油灯也很受欢迎，美孚石油公司的生意很红火。西药特许商店的顾客最多，不过也未到供不应求的地步。我们自己也去这些货架整洁、货品充足的药店里买过药，这也可以说明这些店受欢迎的程度。

年轻的店主热情地招呼我们，并不失时机地向我们询问他所销售这些药品的相关知识。他一瓶接一瓶地将药品摆在柜台上，请我们翻译标签，请教药的功效和每次用量等。

在一些新式的商店里在出售男女老少戴的洋帽、阳伞和内衣，后者是在当外衣卖。在这个充满变革的年代，对西方时尚的奇怪模仿不时出现。在更往南的一座城市里，我还偶尔见到过一个公子哥儿将法式紧身褡当外套穿在身上，招摇过市。

上面所提及兰溪西药店的出现，说明了当地人对于西医的看法也正在逐渐改变。跟杭州由英国圣公会医师传教士梅藤更所主持的广济医院一样，兰溪的内地会女医师传教士巴教士也经过多年的努力，靠自己的妙手圣心为成千上万名病人解除病痛折磨，从而赢得了当地人的信任和尊敬。罗安逸在书中记录了这样一则轶事：

巴教士的医术高明，在兰溪城里有口皆碑，就连附近寺庙里的菩萨也会指引病人去向她求助。有位患者受内科病折磨，看过一位又一位的郎中，但仍无济于事，最后只好到庙里求签。他抽到的签上只写了两个字：“东北。”这位病人虽然不明究里，还是立即动身前往东北方。路上他遇到了一位朋友，后者帮他解了签。“东北！”解签人说，“那就是巴教士的家啦，她医术高明。你无论晚上还是白天去，她都会手到病除。”

由于兰溪一带的城镇乡村曾一度天花肆虐，巴教士便引入了种牛痘的新技术，义务为当地的儿童和其他人服务，以预防传染病的传播。清末中国各地受鸦片的余毒甚深，巴教士又帮助当地政府在衙门的监牢内办起了一个鸦片戒毒所。根据罗安逸的说法，在以往二十年当中，巴教士已经帮助许多人彻底戒掉了毒瘾。光是在1912年这一年当中，她就治疗了上千名有毒瘾的鸦片鬼。而且她还引入了当时比较先进的“马来疗法”，病人只需交纳几元钱的成本费，就可以在较短时间内有效地戒除毒瘾。

三

禁烟是清末新政中的一个重要内容，为此清廷还专门设立了禁烟大臣管辖此事。民国成立之后，对于禁烟的打击力度有增无减。不仅发布告示，而且还采取了实际行动，收缴鸦片和烟枪、鸦片灯等烟具。罗安逸在兰溪城里成为了这场轰轰烈烈禁烟运动的目击见证人，留下了确凿的文字记载：

毫无疑问，至少在兰溪这儿，政府已经下定决心要铲除鸦片交易。烟管、烟灯、烧壶等吸鸦片的用具，一经发现即刻没收。仅在几个小时内，兰江边上所有的鸦片馆就都被抄查一清。民国二年一月，政府公开销毁大烟，将收缴来的烟具和一包包的鸦片都付之一炬。

中国其他很多地方也都开展了类似的禁烟运动，但有谣言说，烧的根本不是鸦片，而是经过加料处理，烧起来气味和鸦片相近的红糖。

不过，在兰溪城里的禁烟绝无半点虚假。大半个晌午，苦力们都在一趟趟地将准备焚烧的东西搬运到公立学堂前向阳的那个平台上。将被销毁的东西里，有吃洋烟土专用的雕花银烟枪，镶嵌着翡翠象牙和其他奢侈物品，价值不菲。不过最值钱的还是那一袋袋鸦片，价值数百，不，可能数千英镑。当地民国政府的“知事”也亲莅销烟现场。若在从前，他来时肯定要坐八抬大轿，轿前开道的衙役身着红绸黑绒，高举着红色的万民伞和其他的官方招牌。但现在的“知事”不能再摆那些排场，连丝绸也不能穿了，只是头戴一顶西式毡帽，身穿最普通的长袍，和普通百姓没什么区别。他神色匆忙，似乎想掩盖自己因穿戴失体而感到局促不安。但实际上人们几乎根本没有察觉这些。在他们眼里，“官就是官”。

终于等到点火令下，浇了煤油的鸦片等瞬间就烧起来了。火苗越窜越高，炙烤着后面的白色“影壁”。

火光闪闪，热气撩人，逼得围观的人们直往后退。他们表情麻木，既不开心也不哀伤。这是一个重要的年代，中了诅咒的中国已沉睡多年，但它现在正在觉醒，并开始慢慢恢复。

然而，兰溪城里最重要的变化乃是年轻人在观念上所发生的改变。罗安逸来到兰溪之后，城里有一位家境殷实的王公子突发奇想，要赶民国的时髦，跟这位英国女作家学习英语。于是乎罗安逸便在兰溪收了三个正式的学生。这也使她有机会近距离地接触当地的中国人，了解他们的家庭和生活方式。虽然从她的文字描述来判断，有两个学生似乎只是游手好闲、附庸文雅的公子哥儿，但是从学生们送给她的照片来看，他们看上去都长得相当精神，像是典型的民国时尚青年。

此外，在《中国：机遇和变革》“花灯与学校”这一章节中，罗安逸专门介绍到了中国的女子教育，并且引用了袁世凯的一句名言：“中国当今的第一要务就是女子教育。”她提到了那些在美国传教士创办的教会学校里接受过良好教育，以及从欧美和日本留学归来的新女性们：

> 她们中有的剪短发，穿男装，在女子国民军里为国而战；有的当红十字会护士，只有一个女伴陪着，在全是士兵的房子里进进出出；有的在南京议会大厅里为妇女参政呼喊；还有的作女侦探，为政府效力。在婚嫁方面，她们也尽力采取所谓的“美国”方式，有的主动求爱，也有的像武昌一位女学生那样在一家当地报纸上登征婚广告。

综上所述，英国女作家罗安逸在游记中记录的辛亥革命时期浙江社会思潮和变革，在地方史研究、民俗学、妇女研究和民国史等众多领域均有较高的参考价值，值得引起我们的关注。

作者简介

沈弘，1954 年生，浙江杭州人，浙江大学英语系教授、博士生导师。主要研究方向为中世纪与文艺复兴时期英国文学、目录学与版本研究、中外文化交流。发表过《农夫皮尔斯》《晚清映像》《花甲忆记》《中国长城》等 11 部译著和编著，以及数十篇学术论文。

清末民初北京的人口变迁

王建伟

清末民初的北京正在从一座传统意义的“帝都”过渡到近代意义上的“城市”，城市形态发生历史性变革，行政管理体制、城市身份与功能定位等有重大变化，城市规模扩张，市域范围扩展，城市化进程启动。人口问题是北京城市转型过程中的重要内容，其消长与社会政治、经济局势密切相关。

一、清末民初北京人口变动

清代之前的历代封建王朝，基本没有现代意义上的人口统计，出于征兵、征税的目的，往往只有人丁、地籍的数据。直到清朝初期，仍是沿袭了先前各代的户口和丁口的统计方式。光绪三十一年（1905）清末官制改革，中央设立巡警部，京师地方设立巡警厅，其中设有专门的户籍股，一项重要职能就是编查人口。第二年，内城区域已经出现人口统计。至光绪三十四年，京师初步建立了常规化的户口统计与日常登记管理制度，城市人口信息日益规范。由于采用了西方传入的统计方法，各种数据日益丰富，不仅包括人口数量，还注重对人口结构及特征的调查，包括年龄分布、性别比例、职业结构、分区户口统计、婚姻、贫困率、出生及死亡率等诸多内容。

自元代始，北京作为国都，为皇权服务是其最核心的功能。同时，受到交通、食物供应等条件的限制，北京城的空间范围与城区内的人口规模都受到比较严格的限制。自清初开始，北京城内部的居住空间严格按照行政体制安排，旗民分城而居，内城驻旗，外城居民，界限分明。中央政府对京城人口实行严格管控，人口流动性小，增长缓慢。据统计，顺治初年，北京内、外城人口大概为46万，到乾隆四十六年（1781）为64万。在将近130年的时间里仅仅增长了18万人，增幅比例不到40%。至清代中后期之前，京师及近郊在人口规模及人口结构方面，长期处于固化与封闭状态。

从清代中后期开始，中央政府的统治末梢逐渐式微，体现在人口管理方面，对旗、民居住空间的限制逐渐松弛，内外城人口流动频繁，居民杂居，满、汉畛域日渐模糊，外地官员、胥吏和士子限期离京的规定渐同虚设。此外，由于连年战乱以及自然灾害导致流民增加，大量外省人口以及原北京城周边地区人口涌入内城，京师人口数量开始明显增加。

庚子年间八国联军侵入北京之后，北京传统的城市秩序受到了沉重打击，但也促使城市的政治、经济形态发生转变。此后，清末新政推行，作为中央政府所在地，北京受到的影响最为直接，特别是近代工业、手工业、商业的发展，城市经济日趋繁荣，人口需求增加，流动频繁，人口结构也逐渐由满汉分处、阶层分明演变为各民族混居、百业杂处。同时，作为国都的特殊地位也使京师之地具有特别的吸引力，人口聚集规模日益扩大。

清末十年，北京的人口一直持续稳定增长。1911年是一个特殊的时间节点，此前一直处于上升之势的人口曲线出现下降。辛亥革命爆发之后，京师之地一时传言四起，社会动荡引发市民恐慌，尤其是一批皇室宗亲纷纷到外地“避难”，仅逃避天津之京官就“日以千计”。据1912年户口统计，内外城人口72.5万人，较上一年的78.3万人减少了5.8万。不过，辛亥前后北京人口数量的减少只是暂时现象。总体而言，20世纪初北京内外城人口的增加趋势一直未曾改变，而且随着政治制度的变革导致北京的城市功能属性发生变化，经济发展走向多元，进一步扩大了人口规模。

民国建立之后，随着近代技术与社会资本越来越向城市集中，农村自然经济逐渐解体，中国城市化进程加速，对人口的吸附能力增强，人口迁移明确指向城市。对于北京而言，虽然政治局势持续动荡，但仍然保留了国都地位，城市功能转化，规模扩张，发展方向更趋多元，对人口的需求比较旺盛，大量外省人口迁入，原有的城郊人口为满足自身生存需要开始向城市中心聚集，内外城的人口不断增加。日伪时期成书的《北京市志稿》对此称：“国体既更，种界化除，缙绅纷入内城。自使馆界外，街巷栉比，冠履杂集；正阳门外，盛居商贾；珠宝市南，犹多荒芜。户口之数，率近百万。”（吴廷燮主编《北京市志稿·民政志》）

从1925年起，北京城外四郊地面划归京师警察厅管辖。北京的面积，自1862.58方公里扩充到2130.12方公里，人口总数也由841661人增加到1266148人。此后直至1934年，除1926年人口比前一年下降外，其余每年都有一定增长。1928年国都南迁之后，北平经济虽然陷入低迷，但人口增长的趋势并没有改变。尤其是20世纪30年代之后，一度受到战争威胁的北平局势基本稳定，周边地区人口纷纷迁入。

二、性别比例与年龄结构

清末民初，北京城市人口结构发生了明显变化，人口总数持续增加，但富裕阶层所占比重逐渐降低，呈现出穷户多、客民多、单身青壮年男性多、富户少的“三多一少”现象。1928 年国都南迁，不少原来居住在北京的政府军政人员及家眷随中央机构移往南京，他们多属社会中上层。“九·一八”事变前后，北平在涌入一批关外避难人口的同时，也出现了一波富裕人口外迁风潮。

同一时期，北平娼妓数量的变化趋势也与这种人口结构的变化趋势相互印证，据《北平历年娼妓人数》统计，1912 年北平有妓院 353 所，妓女 3096 人，此后逐年都有增加，至 1917 年有妓院 406 所，妓女 3889 人。而到 1931 年，妓院减少至 277 所，妓女减至 2574 人。如果进一步探究还可发现，1931 年的妓女总人数虽比 1912 年减少 522 人，但其中头等、二等妓女减少了 901 人，而三等、四等妓女，反而增多 379 人。一方面，国都南迁，权贵富裕群体减少，相应导致主要服务于这一群体的头等、二等妓女数量减少。三、四等妓女数量的增加，一方面表明底层男性顾客群体性需求的提升，同时也表明因为生活的日益困难，更多女性进入到这一行业谋生。

如前所论，北平人口持续增加的主要原因是外来客民的大量涌入。以 1929 年的统计数据，北平内外城人口总数为 919887 人，其中北平本地户籍人口只有 386075 人，仅占人口总数的 42% 。北平全市人口 1364208 人，其中北平本地籍贯者为 690888 人，占全部人口的 50.6% 。其他均为外省迁入的客民，以河北人数最多，其次为山东、山西。此外，远至蒙古、西藏、西康、青海，均有人居住在北平。四郊的客民比内外城少，44 万人口中有约 20 万人是客民。

这一时期，北京人口的性别比例和年龄结构一直呈现不均衡状态。性别比例方面，男性明显多于女性。据 1915 年统计，京师人口约 79 万，妇女约 28 万，在女性群体中，比重最大的是旗籍妇女。美国社会学家甘博统计，北京内外城的总人口在 1917 年增加到 811556 人，其中男性 515535 人，女性 296021 人，男性占 63.5%，性别比为 1.74∶1，某些地区的男性比例甚至高达 77%。1912 年北京男女比为 1.83∶1，1920 年这一数据是 1.67∶1，1931 年为 1.77∶1，整个民初的 20 年间，基本都保持在这一水准。这种现象在当时中国的几个大城市中比较普遍。

北平市公安局 1930 年的户口册籍数据，户口总数为 274318 户，总人数为 1393337 人，其中男子为 855014 人，占总人口数的 61.4%，女子为 538323 人，占总人口的 38.6%。再据 1935 年 3 月北平市公安局的人口数据，全市户籍数为 306761 户，总人口为 1568528 人，其中男丁为 969141 人，女丁为 599397 人，男女比例接近 1.62∶1。

性别比例失衡的主要原因在于北平传统的经济结构与较低的生产力发展水平，“生产能力薄弱，劳动阶级的市民，收入很轻微，无力担负北平市里的家庭生活，尤其妇女职业不发达，如果把妻室带到北平，只是增加男性的担负，很不容易使他的妻子也得到工作，所以只好男性的人们，单人独马的跑进北平谋生活，把妻子远远寄托在家乡了。”（今吾《北平市人口性别的分配问题》）《北平娼妓调查》一书对北平性别比例失衡原因的分析也是如此，“北平从前是国都，在政府服务或来京谋事的单身男子，当然比别的地方多，何况服务人员更是很少有女的。北平的商铺伙计多是来自四郊，因为工资低微，经济不充裕，少有能力带家眷来平。还有大部分的洋车夫也是同样的情形，从四郊来北平觅食。北平为文化中心，学校林立，外地来求学的青年特别多”(麦倩曾《北平娼妓调查》)。

同时，由于中国传统的家庭结构以及城市生活环境、成本等因素的考虑，外省来京劳动力即使已经成婚，但多将家眷留在家乡，造成女性比例偏低。由于长期两地分居，家庭纽带长久处于断裂状态，对社会稳定多有不利影响，大量男子聚集在城市之中，缺少与女性交往的机会而衍生出诸多社会问题。对于性别比例与犯罪的关系问题，严景耀曾在《北京犯罪的社会分析》中指出，性欲罪之人数占犯罪人数中之第二位，经济罪中，亦有许多仍系间接的性欲而犯罪。为此，一些人建议北平市政府应设法弥补妇女少之缺憾，以减少社会罪恶。

年龄结构方面，青壮年在总人口中所占比例最高，15 岁以下人口仅占全部数量的 19.9%。由于大量外省劳动力的迁入，导致 16—45 岁的青壮年在北平市总人口中的比例一直较高，这一数据在 1918 年时是 59.8%，至 1929 年时为 59.3%，十年间一直保持稳定，由此也反映出北平生活竞争的剧烈程度。造成这种现象的原因主要在于作为典型的以服务业为主的消费性城市，对底层劳动力的需求相对旺盛，谋生机会较多，吸引了大量青壮年人口迁入。

三、阶层分化与空间区隔

清初定鼎京城之后，满族统治者圈占了京师内城的核心地带，用于安置八旗官兵及其眷属，从此内城成为旗人的集中居住区域，大批汉民则被迫迁往外城，形成了特有的满、汉分城而居的模式。进入清代后期，满、汉畛域逐渐被打破，内外城人口流动性显著增强，内外城不再成为满、汉人的专属居住地。辛亥革命之后，帝制解体，皇帝退位，旗人失去体制的庇护，政治地位与经济地位急剧下降，与之匹配的一套保障体系也随之消失。在城市生活中，首先体现出的是空间的迁移，为形势所迫、转卖房屋地产的旗人家庭越来越多，引起空间位置的占据演替。以王府为例，前清时期，以等级身份设置建筑标准，不得私相授受，私自扩建。民国建立之后，王府所有权多有转移，买主多为民国新贵。同时，一些王府使用功能变更，如豫王府卖给协和医学部，郑王府租借给中国大学等。

同时，在整个城市范围内，行政制度对人口分布的限制基本消失，公共交通出现扩大了人的行动半径，人口分布逐渐形成开放的特征。内外城的分化由满汉畛域主导转向经济因素、社会地位主导，房租、地价等对人口居住区域的调节作用日益明显，富裕人口、社会中上层向城市中心区域聚集，在城市边缘地区聚集的贫困人口明显多于城市中心地区的贫困人口。贫困人口多分布在北平城市边缘地带，即通常所谓的“城根”区域，这里房价与物价都非常低廉，但普遍缺乏近代市政设施，居住环境恶劣，与城市中心地带相比，可谓天壤之别。

贫困不只是一种经济现象，同时也引发出社会问题。社会学家严景耀曾总结出犯罪者与其居住空间的一般规律，“有百分之四十五住在城里，百分之三十七住在城外，还有其余百分之十七以上是在城内无一定住址的。在城里住的有五分之三住在外城，而大多数住在前门外、天桥附近一带穷窟里。在城外住的大多数在污浊不堪的朝阳门外及其附近各地，这是因为城外生活费较低的缘故”。而朝阳门外一带作为当时北京贫民最重要的居住地之一，也是犯罪的重要发源地，“朝阳门外是北京穷陋无比的地方，只要能形容得出的龌龊、污浊，那里即能见着嗅到。住在那里的都是北京最下层社会的人民，如洋车夫、乞丐、小窃，以及失业的工人们。这与城里前桥一样，是犯罪的发源地”（严景耀《北京犯罪之社会分析》）。

结语

清末民初的北京，帝制解体，皇权领域收缩，政治色彩弱化，公众领域拓展，近代工商业兴起，城市化进程启动，城市发展趋向多元。在城市形态演变与社会变革过程中，近代北京人口增长呈现稳定、低速的特征。对人口流动的制度性限制基本消失，但受制于多种因素，人口规模扩张有限。在城市功能定位方面，以政治、文化、教育为主，这些领域对人口的容纳能力不高。经济结构方面，具有明显的消费型城市特征，经济缺乏自主性，依赖性强，劳动人口以服务业为主。清代旗人政治地位与经济地位的双重跌落，对于北京城市人口的空间分布起到了调节作用。

总体而言，清末民初北京城市人口的持续增加是近代以来国家政治体制变革、城市形态演变与城市功能转化多种因素发生作用的一种外在表现，也是当时整个华北地区政治、经济情形的直观反映。作为国都、作为华北区域的中心城市，虽然北京周边局势一直处于动荡之中，先有军阀混战，后有日军虎视眈眈，但北京城区相对安全，吸引了大批避难人口。但随着日军逼近，进入20世纪30年代之后，又逐渐形成中上等人家的南迁潮。同时，相对于农村，北京城内毕竟谋生机会更多，社会救济也在一定程度上发挥着维持生存的基本作用，但也导致人口结构失衡，非生产性人口所占比重过高，在生产力水平总体低下的情况下，对于城市发展更是一种负面力量。近代北京经济发展相对缓慢，内在驱动力不足，或与这种特殊的人口结构有一定关联。

作者简介

王建伟，1979年生，内蒙古人。北京市社会科学院历史研究所副研究员，主要研究民国政治文化史、民国北京历史，著有《民族主义政治口号史研究（1921—1928）》，主编《北京文化史》。

乱臣、英雄抑或叛贼？

——清初朝鲜对吴三桂的各种评价

葛兆光

小引：山海关边勾起历史记忆

自打李朝朝鲜国王不得不年年向大清帝国贺岁和朝觐以来，从顺治到光绪的两百多年里，朝鲜使团离开朝鲜进入中国边境栅门后，在中国境内总是沿着规定的路线，从凤凰城到辽东，经沈阳到山海关，进了山海关则经永平府、丰润县到蓟州，然后，经三河、通州进入北京。据说，路途差不多都是一个月，因此一代一代的使者，不仅总是在一个个驿站中火（中饭），而且总是无奈地观看同样的山光水色，也无奈地重复经历相似的风雪严寒，当然也可以方便地借用前辈现成诗句来寄写心情。

不过，山海关似乎是风景和心情的转折点，经过一个月的跋涉，到了这里的朝鲜使臣不仅可以见到大海，视野突然开阔，而且目的地京城在望，这意味着后半程风平浪静。特别是，在朝鲜使者眼中，山海关还是划分关内关外的一个标志，关外虽然和朝鲜相连，过去也曾是大明旧地，但是毕竟地处东隅，而且因为是满族旧巢，让朝鲜那些出身两班（贵族）的士人使者觉得“殊有戎狄风习”，而关内尽管也“渐染羯胡之习”，但是，心中总是向往大明的朝鲜使者，却总觉得“人物渐渐繁盛”（吴道一《丙寅燕行日乘》），因而入了山海关，就仿佛进了文明之地，心情格外愉悦。

于是，他们不免对号称天下第一关的风景和故事，多留下一些笔墨。至今我们看到数以百计的燕行文献中，有不少在这里流连光景的作品。只是因为朝鲜人根深蒂固地蔑视“胡虏”的心理，让他们总觉得中国一旦沦入“满清”，便陷入无极的悲情世界，一切都仿佛带有凄凉。山海关也不例外，这里的孟姜女庙，原本是文人的吟咏题材，却总让他们想到笼罩天地、哭倒长城的悲切。而旁边的孔庙，原本是尊崇儒家先师的场所，却常被他们看成是礼崩乐坏、文明沦丧的征兆。

在这里，让他们常常想到的，还有一个与山海关相关的人物，这就是当年为大明镇守此地，却“恸哭六军皆缟素，冲冠一怒为红颜”的吴三桂（1612—1678）。

一、“中华乱贼”：乍逢巨变之初的评价

1644年（明崇祯十七年，顺治元年）的夏天，噩耗不断地传来。隔着满洲人早已占领的辽东，当时已被清廷控制的朝鲜君臣，只能通过种种渠道，零零星星地知道，原来一直宗奉的大明帝国，在犯上作乱的“乱贼”和伺机进逼的女真双重压迫下，早已节节溃败，渐至土崩瓦解。先是三月，李自成攻进北京，崇祯皇帝在皇宫后面煤山的槐树上自缢，这个消息就已经让他们感到无比悲哀。到了五月，当他们经由大清的正式文件得知，上个月“吴三桂开关出降”，清兵已经“带神威大将军炮兵，及吴总兵

马、步兵，前驱北京”的时候，就更是绝望，《李朝实录》记载，不要说国王君臣，连“舆台下贱，莫不惊骇陨泪”。

吴三桂开关纳降，清人直取北京，成为明清历史的一大转折点，也使吴三桂成了朝鲜人眼中的历史罪人。吴三桂作为明朝大将，不御敌于国门之外，反而开门揖盗，引“鞑虏”进入关内，使神州沦陷“满清”之手，在始终眷念大明帝国的朝鲜人看来，这是十恶不赦的罪过。严守“华夷”界限的朝鲜人，对于忠烈与叛逆的爱憎比中国人还要分明。就在第二年即顺治二年（1645）五月，被迫到北京谢恩的朝鲜使团书状（类似书记官）成以性（1595—1664）路过连山驿，就在明朝降臣祖大寿的碑文前大发了一通感慨，他说，祖氏“当年非不赫然隆盛也，缘（祖）大寿惜一死，四世勋业一朝扫尽，而今独两石门余存，适足为后人唾骂之资耳”，说到这里，话锋突然一转，便说到山海关和吴三桂，他说：“三桂以大寿外侄，颇有材略，受君命守此城，为敌国所惮。闻流寇陷京，称以复仇，举兵入关，名则正矣，既入山海关，战败以死，则志虽未伸，忠亦可尚。而先卖其身，击走子（自）成，子（自）成既走，更无所营，身为降虏，为天下之罪人。噫！”两天之后，使团一行走到山海关，他不由“举目相看，反袂而拭泪”，感慨地吟道“连云粉堞浑依旧，百年文物不胜悲”（《燕行日记》）。

得意的是吴三桂，悲切的是朝鲜人。从顺治初年到康熙头十年那二三十年中，吴三桂还是大清宠臣，不仅他自己位极人臣，连他父祖的坟墓也极尽荣华。那些年中，朝鲜使者每到山海关，都会看到为吴三桂祖坟守灵的奢华景象。据说，吴三桂让其兄吴三凤看守坟茔，守冢人数达到三百，“俾渠等备牛羊豚祭需，以供四时之祀”（赵珩《翠屏公燕行日记》），这让始终对大清王朝反感的朝鲜文人感到既无奈又愤怒。

这也许是朝鲜人旁观者清？也许是朝鲜人爱憎分明？在明清易代之初，身处迷局中的中国人对吴三桂的反复行为，可能还有更多的揣测解释和评价。比如《烈皇小识》就推测说，吴三桂降清是因父亲被李自成所逼，“索诈甚酷”，所以才在遇见清摄政王多尔衮的时候“剃发诣营，叩首诉冤，愿假大兵报仇，献血立誓”，这不算“忠”，但还算是“孝”；而《明季北略》则说，他是为了给崇祯皇帝报仇，“欲倡义复仇，以众寡不敌，遂亲往大清国请兵十万，为朝廷雪耻”，这不算是为“孝”，但还算是为“忠”。还有的如《甲申传信录》说，他是为了陈圆圆，觉得“大丈夫不能保一女子，有何颜面”，于是“勒马出关，决意致死于贼”，这和后来吴梅村《圆圆曲》一样，所谓“恸哭六军皆缟素，冲冠一怒为红颜。妻子岂应关大计，英雄无奈是多情”，这虽然不“忠”不“孝”，但还算是为“爱”。孝也好，忠也好，爱也好，无论哪一种理由，退到底线来说，吴三桂都还不失为一个英雄，至少也是一个奸雄。

可是，在始终认同大明朝廷的朝鲜士人看来，作为明朝大将的吴三桂，无论为什么缘故拱手把大明江山献给“胡皇清虏”都算不得好汉，只是一个不忠不孝不仁不爱的叛臣。所以，他们始终在默默地祈祷大明江山的恢复，诅咒着卖主求荣的吴三桂。原因很简单，对叛徒的仇恨有时甚至超越对“蛮夷”的不屑，因为他“手握重兵，外召戎狄”（孙万雄《燕行日录》），葬送了大明江山，所以他既是“中华乱贼”，又是“清虏叛臣”。

二、蠢蠢欲动：朝鲜君臣在三藩之乱中的复杂心情

可是，到了康熙年间事情却有一些微妙变化。还是让我们从康熙十二年（1673）说起，这一年冬十一月，吴三桂在云南起

兵，自称“天下都招讨兵马大元帅”，朝鲜人很快就听到传闻，通过朝贡使团从中国带来的种种消息，朝鲜君臣默默地观察着清朝政局变化。

第二年的三月，作为谢恩使到北京出使的金寿恒，特别派译官金时征快马加鞭赶回汉城，带来一个惊人的传闻，他说：“有朱姓人，诈称崇祯皇帝第三子，聚众万余，谋以十二月二十三日放火北京城中，因作乱，事觉就擒”。很有趣的是，从起兵之日起，似乎吴三桂又和“大明”联系在一起，这无端地钩起一些朝鲜文人的“复明”之心。五月十六日，朝鲜官员罗硕佐、赵显期等人接连上疏，说“吴三桂既据南方，蒙古亦不亲附北京，天下事变，迫在目前。乘此机会，练兵峙粮，大可以复仇雪耻，小可以安国保民”。在这一年，还有一个叫做柳润的人，根据占星术作出了惊人的预测，向朝鲜国王说“见天文，明必兴，胡必亡”，而且断言吴三桂要再造大明，“清国之势，似难久保”（《肃宗实录》）。

不过，朝鲜君臣还是小心翼翼地保持沉默，毕竟事情太大。领议政金寿兴说，虽然吴三桂只是自称大将军而不称皇帝，也许他有所拥戴，但情况还不很清楚。朝鲜国王更是小心，他怕惹出麻烦，当年江华岛被迫签订城下之盟的记忆还深刻地留在心中，清兵毕竟很强大，他不能轻易说话。何况他也怀疑，吴三桂是否真的要有所拥戴，是否真的是复明？好像还很难说。到了八月，尽管君臣反复讨论，但由于情报困难，对吴三桂是否真的“拥立朱氏子孙”，朝鲜人还是搞不清楚，而此时朝鲜已经换了国王，显宗病逝，肃宗在这一年即位成为新的国王。

新国王总有新气象，刚刚上台的肃宗好像心里也有些蠢蠢欲动，这一年（1674）十一月，出使北京的灵慎君李滢回国途中，刚刚走到那个充满历史记忆的山海关，就急不可耐地派人飞速回到汉城先报告消息，说大清帝国已经麻烦重重，按照他的说法，康熙帝很无能，遇到有捷报就乱吹牛，一旦是坏消息就死瞒，“年少性急，近因丧患兵乱，心气暴发，不能自定。诸王诸将亦无智虑之人”，他还说，有一个汉人告诉他们，“吴三桂立朱氏后……已据有南方三省之地，而处处起兵应之”。紧接着，他们还听说吴三桂发布了反清檄文，抨击清人“窃我先朝神器，变我中国冠裳”，并且宣称自己“义旗一举，响应万方，大快臣民之心，共雪天人之愤”。似乎他确实要恢复大明江山，这使一些朝鲜人觉得，可能吴三桂真的是一个夏臣靡、程婴、李陵一流人物，在《李朝实录》中，曾把这份檄文当做吴三桂的真心话全文照录，说吴三桂“内怀恢复之志”，而且一连用了这三个典故，大大地称赞吴三桂智勇深沉，“其于明亡三十余年，奉朱氏复兴，则与夏臣靡相似，其与宫人太监匿一块保全，则与程婴相似，其屈膝穹庐而终奋大辱之积志，即李陵之所尝欲而未能者也”。

传说中，夏代寒浞杀害后羿篡夺王位，而夏臣靡苦心孤诣，收罗遗民，并经营多年，终于辅佐少康中兴夏王朝，是卧薪尝胆的忠臣；春秋时的程婴则是著名的《赵氏孤儿》中的主角，他收养被灭门的赵朔之子，忍辱负重成就友人大义，是可歌可泣的烈士；至于李陵，则是汉武帝时代战败不得已才降匈奴的将门之后，班固记载，司马迁说他“常奋不顾身以殉国家之急”，这次“身虽陷败，然其所摧败，亦足暴于天下，彼之不死，宜欲得当以报汉也”（《汉书》）。这三个人都是坚韧之人，其不死更难于死。朝鲜人未必真的相信吴三桂檄文的自我表彰，但仍然如此夸张地想象这是反清义举，其实只是在表达自己内心的复明希望。

三、按兵不动：等待的结果

那个时候仿佛捷报频传，西边的吴三桂好像声势不小，东海的郑氏似乎也有所动作，辩不清真假的消息接踵而至。一会儿使臣传言，说吴三桂、耿精忠和郑锦（经）舍“连横合势，湖广四川陕西等地，不动一兵，传檄而定，声势日振，南方郡邑太半归顺”；一会儿探马来报，说吴三桂有“苗奴”五六千，“涅齿漆膝，白布裹头，其目深而黑，其剑长而广，其勇如飞，其战无敌”，又地险兵利，坚壁不出。而清兵虽有四亲王十大将率八万兵，但“上年粮绝，人相食，猎獐鹿，并其毛食之”。纷至沓来的消息，搞得朝鲜君臣有些心痒难耐，有人上书进言说，“清人与吴三桂相持已累年矣，天下中分，干戈抢攘，国内虚耗，兵民愁怨”，如“我以全盛之国，士卒精锐，当此之时，声大义，率大众，乘虚直捣，则乃彼国灭亡之日也”。

不过，中国兴亡又不是朝鲜兴亡，所以，这些年里他们始终在观风向、走钢丝。一些大臣如南九万就说，别信道听途说，也别轻举妄动，要想复仇，先得忍辱负重，卧薪尝胆，“设令国家真有克诘戎兵、转弱为强之事，亦且隐闭藏匿，不使敌人有所窥测，况于初无一事之措处，而先出治兵之虚声哉?”虽然有人（如水原儒生李启祥）自告奋勇，要代朝鲜国王和郑氏联络沟通，但被当朝大臣（领议政许积）斥责为不负责任而罢。虽然清朝使团曾经到朝鲜来要挟，让国王给皇帝送数百柄鸟铳，以搏大清欢心，并说这样一来“皇帝必大喜”，但朝鲜大臣（右议政权大运）却反对这种做法，说“岂可只信渠说而轻送重器乎?”从这里可以看出，他们始终在小心翼翼地观察，并不为外言所动。

特别是，尽管痛恨“满清”而眷念大明的朝鲜文人心存幻想，但毕竟他们对吴三桂开门揖盗的行为仍然记忆深刻。康熙十六年，当吴三桂还在南方和清廷对峙的时候，沙河驿原来四时上供的吴氏父祖坟墓，就已经被清朝官方捣毁，这一年，出使北京的韩泰东在日记里记载，“云南举事之后，（清廷）发葬磔尸，以戮辱之。其父冢则只纳一部空椁，不获其尸，但掘毁而已。”他觉得，吴三桂不仅引清兵入关，把大明江山拱手送人，而且一方面拒不赴李自成之召，害得父亲丢了性命，一方面又举事造反，让祖父尸体被清人弃骨扬灰，真是既不忠又不孝。所以，他在日记中重重地记了一笔，“始则纳腥膻秽乱区夏，末乃豪据一隅，身僭大号，盖未尝有为朱氏扶立血胤、规复旧物之意，实中华乱贼，清虏叛臣”。久久等待之后，康熙十八年三月，终于传来了吴三桂兵败身死的确实消息，渐渐他们也知道了，“三桂即位于衡山之阳，国号大周，改元弘化，而原无立朱氏之事”，于是他们暗自庆幸，庆幸自己没有轻举妄动，因为吴三桂并不是为反清复明而忍辱负重的姜伯约，而是大逆不道想当皇帝的僭越者。

四、辽东见闻：寻访散在关外的吴三桂旧部

不过，有时候人的心理很奇怪，本来在观念上被看成是从逆的叛贼，一旦和自己面对面，观感也有一些微妙变化，真所谓“耳闻不如眼见，亲近改变旧嫌”。在吴三桂败死之后那几年，作为反复无常的“贰臣”，在中国文献中，吴三桂迅速被口诛笔伐。康熙帝说他是“反复乱常，不忠不孝，不义不仁，为一时之叛首，实万世之罪魁”（《清实录》）；汉族士人觉得他朝三暮四，为一己私欲而绝不是反清复明。所以，尽管他在起兵时发布过那篇反清檄文，打出反清复明的旗号，希望用汉族意识来凝聚反清

力量，但意外的是，并没有多少人相信他的鬼话，满、汉、朝、野各方似乎都形成一致印象，要把吴三桂钉在历史耻辱柱上。

这种评价当然影响了朝鲜人，他们本来就对吴三桂没有好感，一直鄙夷这个反复无常的奸雄，在他败亡后也会跟着抨击，像康熙二十二年，朝鲜文人金锡胄（1634—1684）路过山海关的时候就写诗说："次第边城失，当年此亦孤。深仇天岂戴？大盗地尽输。西北崩隍在，东南半壁无。白头还举事，吾且尔何诛？"（《息庵先生遗稿》）但有趣的是，已经渐渐接受"大清"的汉人这样说倒也罢了，原本把清帝国视为"夷狄"的朝鲜人，有时也会在对吴三桂"反清复明"的想象之中，对他的观感有一些彷徨。朝鲜君臣在三藩之乱中犹疑不定，这种犹疑似乎一直延续到吴三桂败亡之后。尽管希望最终变为失望，但那种复杂的希望，却很容易引起朝鲜人对吴三桂的另类想象。特别是，当一些朝鲜使臣来到辽东亲见吴三桂旧部，和他们有了亲密接触之后，竟然对吴三桂产生了另一种感觉。

这些吴三桂旧部因为失败，被清廷流放在东北各处。或许是清帝国觉得，将逆臣放在自己的老巢可以稍稍放心。吴三桂兵败后，一批"从逆"官员被流放到关外，他们或为僧人，或为塾师，或为游民。由于这些吴三桂旧部恰恰在朝鲜使者路经的辽阳、沈阳等地居住，因此常常和朝鲜使团不期而遇。在普遍文化并不高的关外，喜欢炫耀文采的朝鲜文人遇到这些精通或粗通文墨的汉人，常常会格外高兴。三藩之乱平定后不久的康熙二十五年，朝鲜使臣吴道一（1645—1703）在沈阳遇见一个叫做刘君德的文人，在笔谈中，他发现这个人"文理粲然，甚不易得"。询问之下，原来他是关内的汉族人，曾在云南吴三桂那里做翰林侍读，他对于性理和词学自有一番自己的见解，"尚藻华而绌理致"。他对朝鲜使者说，那些空洞的性理之学不能感动人，所谓

“濂洛风雅”只是“酸气扑人”，倒是“精诣动人处，盖深于词学者”。虽然恪守朱子理学的吴道一并不认同，但也觉得他的这番议论很是新鲜，更何况他能够引经据典，让朝鲜人觉得，他真是有学问的“云南学士”。不过，当话题渐深，吴道一问到吴三桂及“云南兵败城陷时事”的时候，这个刘君德公然回答说，“吴平西（吴三桂封平西王）有勇力胆略，不幸婴疾，心血枯尽而死，其孙世璠亦英明文雅，济以浑厚，兵戈之中，不废书籍，及其城陷之日，索刀将自裁，宦侍辈扶掖止之，奋拳大骂曰：自古岂有降天子哉，即刎颈而死，皇后亦与之同死”。让朝鲜使者很是吃惊。而当刘君德说到自己，痛苦万端，写下“为贼所生擒，求死不得，致有今日名义扫地，愧罪千万”这番话，并且凄咽泣下的时候，更让惊愕之中的朝鲜正副使不知所措，只好百般安慰，还赠送了朝鲜的壮白纸、小刀、扇子和笔墨（吴道一《丙寅燕行日乘》）。

这使朝鲜人很感困惑。有一个朝鲜使者李宜万（1650—1736）在沈阳西街见到父子均与吴三桂有过渊源而被革职的文人，即号称辱翁的林本裕（1652—1737），他曾小心翼翼地询问吴三桂的真心，“或谓之忠，或谓之逆，何说为的”？林本裕虽然谨慎，但还是回答说，“事成则忠，事败则逆”，因为他觉得，吴三桂的失策只是在于自己称帝而“不立义帝”，在大胜之后“想儿子讲和，岂非妇人女子见识”而已，这让朝鲜使者深深感受到他对吴三桂爱之深，责之切（李宜万《入沈记》）。林本裕受到清廷严格监管，他的诗文被下令禁毁，据说，他每次笔谈涉及“清朝事，则辄呼烛烧之”，让朝鲜人感觉他“枢机之周慎”。但其他人却不同，往往在外国使者面前放胆直言。比如吴道一在辽东曾见到一个叫郭垣的人，他祖籍江西南昌，父亲郭朝瑞（1631～？）在吴三桂的通政司任职，兵败后被安置在周流河居住，大概郭垣就是随着家庭被流放关外的。当吴道一询问郭垣“吴藩败时有杀身取义者否”这一问题时，他先举出吏部郎中穆廷选，极力赞扬他“城陷之日，夫妻俱从容就死”，再举出吏部尚书方光琛，“为虏所擒，愤骂不屈而死”，还说“其余殉节者亦颇有之，今难一一备陈”。

与其说吴三桂部下眷念大明，倒不如说他们始终反清。他们对清王朝的敌意，让他们心中充满愤懑和怨毒。当他们见到朝鲜使者的时候，总会特意介绍那些与清王朝格格不入的人物，像朱秀给吴道一介绍谁是当世名士的时候，他举出的一个是虽然“仕于清，不容而退隐”的江南汪远，一个是被迫赴举却以“亲老为解”恸哭不受功名的陕西李因笃，这让朝鲜人觉得“近来中国沦于左衽，而文章节义之士，尚不乏人”。当朝鲜人向他们问起吴三桂的时候，他们也总是固执地赞扬旧日领袖，像郭垣回答金昌业（1658－1721）“吴王勇略如何，身材大小如何，髯须多少如何”的时候，这个其实并未真的见过吴三桂，也未必真的经历过三藩之乱的郭垣，却也言之凿凿地说，“魁伟俊材人也，自幼在戎马行中，军略超众，髯须长大，乃贵人相也”。另一个叫李素的人，在见到朝鲜使者的时候，也回忆说，“吴王在云南，遇士卒善饮酒，每遇戏，好点岳武穆事，见之大哭，仍曰：天下如此藩竟不是人。言讫复哭，哭罢复饮，此可见其志所在也。后来事虽不厌人意，要是雄杰间世人也”（金昌业《燕行日记》）。

冬去春来，康熙二十五年春天朝鲜使团返程途经沈阳时，吴道一又遇到了刘君德，故人相逢，彼此格外亲热。由于感到清国已经安定，复明往事已成幻梦，而朝鲜使团也经历了北京一月的所见所闻，于是，吴道一在笔谈中提出了自己的疑问，“在燕京时，闻清朝皇帝酷好文辞云，先生亦有所闻否”。他也许觉得颇有不妥，又解释说“此等事非所敢问，而妄恃见许，敢此烦问”。

而刘君德仍在纸上写道，“酷好文辞，喜奖文士，信然信然。但仆等局外之人，故闻之亦等泰越耳”。当吴道一再次问到，“闻清皇蠲除民赋，慰悦四方，云然否”？刘君德便无奈地用笔回答说“上之美意，则或有之，但臣下奉行不力，恐徒成空文”。吴道一明白，这是一个聪明人能够回答的极限了。于是便请刘君德赋诗书纸以作纪念，刘君德写了一首唐人绝句给他，诗云：“燕赵悲歌士，相逢剧孟家。寸心言不尽，前路日将斜”，用悲歌之辞，剧孟之典，可以想见他无力回天的苍凉心境。

五、“闲坐说玄宗”：朝鲜使者听吴三桂旧部说“天宝遗事”

“关外年年经风雪，辽东岁岁逢旧人”，从三藩之乱后，自康熙雍正到乾隆初的若干年中，很多朝鲜使者都在辽东遇见了吴三桂旧部或他们的后人。在这个满人龙兴故地，打心底里瞧不上满人的朝鲜使者，似乎觉得这些汉人倒是有文化的笔谈对手。康熙五十一年，金昌业在途中又遇见了郭垣和他的父亲郭朝瑞，遇见了江西南昌人金某，康熙六十年，李正臣（1660—1727）则遇见六十四岁的扬州人、善于推步之术的蒋寅，雍正元年（1723），李宜万在沈阳见到了号称“辽东三老”之一的林本裕，一直到乾隆二年（1737），李喆辅（1691—?）还再一次见到已八十六岁的林本裕，这时离吴三桂败死，已经过去了一个甲子。

亲见亲闻吴三桂旧部听他们叙述往昔，给他们一个迷离的印象和含糊的故事，这个印象打散了记忆，这个故事搅乱了历史，让他们的感性和理性产生冲突。历史褒贬常常表现的是“后见之明”或者“从众之说”，当时人对当时事，总不免有“梦里不知身是客”的当局者迷，事后书写的历史书，剩下手术刀式的冷峻和解剖图式的准确，却筛掉了当时的心情和感觉。面对面笔谈的是朝鲜使者和吴三桂旧部，朝鲜使者们看到的是活生生的真人，不必用事后的政治伦理去评判。

我们惊讶的只是，这批吴三桂旧部竟然如此固执地维护着吴三桂的死后声誉，坚持着和大清王朝的对立立场，他们甚至不惜向朝鲜出卖情报，这倒是过去不曾知道的。举一个例子，康熙二十三年，朝鲜人赵师锡为了刺探清国的政治情报，曾经派人向吴三桂旧部郭朝瑞打听，他住在离沈阳一日路程的周流河。多年来，他曾多次见到朝鲜使团官员，认识不少朝鲜文人如南九万、崔锡升等。当他接到赵师锡的来信，就立马回信给朝鲜人，说了一大堆半是传闻、半是情报的消息，像康熙帝在承德避暑时，“大殿中柱名曰擎天柱，声若霹雳，崩坏五尺许”，“近日宫中，夜闻鬼哭怪号，作祟非常”，“行猎之时，忽然狂风大作，从晨至午，风息之后，沙石约有尺许，将康熙所着衣服吹去，渺无踪影”。他还告诉朝鲜人说，康熙帝不听有关“内远声色，外绝游田，息兵养民”的好言相劝，却把谏言的人打了一顿，还“亲执杖以撞之，体无完肤”等等。他特别向朝鲜官方透露吴三桂故地云南情况，说征服云南的大清官员腐败贪污，而云南十八家土司“因抚绥不善，俱有负固之心，且招纳流亡，收留平西王下旧人更多，是有待时而动之意也”(《李朝实录》)。

究竟是为了给吴三桂复仇，还是有意迎合和讨好朝鲜君臣？从他不惜当密探，给朝鲜通风报信的架式看，大概这个人的心思并不磊落光明，从他所说的情报几近荒诞来看，可能他的性格也颇奔竞浮躁。他虽然在信中说自己是“亡国臣仆，身陷泥中，逆旅得遇高明”，愿意披沥肝胆，但他又表示了心底对钱财的贪恋，说如果朝鲜能够给他“少加赒恤，以济涸辙之鱼”的话，他愿意作朝鲜的“侦事之人”，把情报上呈“贵国主”。

可见此人心地并不单纯，所以在二十八年后的康熙五十一年，金昌业在周流河又见到此人，已经察觉他并不可靠，金昌业在日记里说，他“颇有文翰，而为人浮诞，言不实云”。但是，当时的朝鲜人一方面出于对“满清”的仇视，一方面出于对情报的需要，仍觉得这个吴三桂旧部“情理实为矜恻”，所以就连国王也下令，“其情诚可矜，使臣之行，优赍盘缠，以周其急可也”。

今天，也许我们不必讨论他出卖清国情报给朝鲜人是否“卖国”，也不必强调他以夸诞通报换取钱财是否“可耻”，只是朝鲜人记载的他的举动以及关外吴三桂旧部的言行，处处让人觉得这些旧部对吴三桂，真是有相当奇怪的忠诚和固执。

尾声：盖棺论定身后事

吴三桂和他的部下未必是“怀念故国”而拥戴大明，他们起事恐怕只是为了“撤藩”而反清。朝鲜人未必赞成吴三桂，却是真心地拥戴大明。这一点到了康熙末年，朝鲜文人也渐渐清楚，便不再对吴三桂有太多的同情。像金锡胄的后人金昌业，在康熙五十一年出使时，虽然对这个“世人皆曰杀”的吴三桂是否“开关纳清为罪”感到疑惑，说当时“皇城已陷，帝殉社稷，天下亡矣”，吴三桂无法自保，更无法杀“逆贼”（李自成），“使三桂徒守一切之义，不与清兵并力，则毕竟见破于自成，而清兵亦自入关矣，天下事亦何益哉”？但是，他还是觉得，吴三桂最重要的罪过就是“不立大明宗室，失天下望，身自僭号，竟至败灭，丧失名节”。

康熙六十年是辛丑年，这年冬天李正臣率团出使清国，在辽东一地看到四块大碑，传说此地乃是吴三桂塚，可他看来看去，发现四块碑都是明朝王姓官员的神道碑，并没有吴三桂和他的家人，显然这是明代王氏的家族墓地。于是便询问同行的翻译金庆门。金庆门是个极其精通中国事务的译官，他回答说，自从清帝剿灭三藩之后，“尽杀三桂之九族，尽掘三桂之先冢。况三桂死于南方，岂葬于此”？说到这里，他细细地向李正臣叙述了吴三桂的故事：

> 甲申闯贼之变，大明覆亡，此际吴三桂持重兵守大藩。不顾父死，请兵于清朝，杀贼报仇，天下之论三桂者，毁誉纷纷，要观其末梢所为。其后三桂果起兵，几得天下半。旋乎身死而兵败，前日之誉三桂者，由是而尤增气焉。

但是他告诉李正臣说，实际情况却不是这样，因为十年前他在留守凤凰城的时候，曾和流放到那里的吴三桂旧部叙谈，“尽得其事颠末甚详”，他说——盖其反清朝，非为故君之地，实自为之计也。初则受封为平西王，俄奉清朝皇帝之命，攻永历皇帝于缅甸，生擒永历皇帝，俾绝朱氏之血食，而仍自王其地。及复举事，自称大周，建元昭武，则其身死兵败者，不必清朝威武之所加，想应明朝列圣在天之灵，阴有以灭绝之也。其无父无君之罪，可胜诛哉（李正臣《燕行录》）？

这一席话说得李正臣如梦方醒。这时，历史和价值都很简单明了，无论是大清官方“十恶不赦”的定论，还是汉族文人半失望半怨恨的感怀，亦或是朝鲜官员怀念大明鄙视大清的心理，似乎合力把吴三桂钉在了耻辱柱上。几年后，朝鲜使臣赵文命在路上想起吴三桂，就写了一首诗，说：

> 人言三桂心犹汉，我识通天罪莫逃。
>
> 当日若兴真义旅，白头宁着柘黄袍。(《燕行录》)

时势毕竟比人强，岁月也能磨销记忆。再过十来年，就连曾经对吴三桂抱有极大好感的林本裕，也只好承认大清皇帝的新政，是

“宽仁盛德，敬宗睦族”（李喆辅《丁巳燕行日记》)。到了三藩之乱平定六十年之后，这件事情早已在人们心中淡去，无论在汉族文人还是在朝鲜文人心中，吴三桂已经是不必再说的“贰臣”和“逆贼”，朝鲜文人和大清朝廷的评价已经不再冲突。虽然，一个叫做卢以渐（1720—1788）的朝鲜文人想起吴三桂的时候，还偶然地联想到了图谋恢复汉室不幸身死的三国蜀汉名将姜维，但是，他还是觉得，吴三桂究竟不能算姜伯约，因为他终作“开门纳贼之人”（《随槎录》)。

作者简介

葛兆光，1950年生，原籍福建，生于上海。复旦大学文史研究院教授、博士生导师。主要研究领域为中国古代宗教史和思想史。著有《禅宗与中国文化》《中国思想史》等。

康熙帝教子

杨　珍

康熙帝是中国古代名君之一，在位 62 年（1661—1722）。有皇子 35 人，除早殇外，成年 20 人。作为清朝皇子教育的奠基者与开创者，康熙帝对皇太子和其他皇子的教育颇具特色。

一

康熙帝从维护满族的统治地位，巩固清朝统治的长远目标出发，在对诸皇子的施教中确立了以满文化为本，汉文化为用的教育宗旨。

康熙二十六年（1687）六月，康熙帝当着皇太子允礽、另外 4 位皇子及众大臣之面，对允礽的老师、尚书达哈塔等讲到皇太子的教育问题，阐述了他对教育子嗣的看法。他说：

> 自古帝王，莫不以豫教储贰为国家根本……汉人学问胜满洲百倍，朕未尝不知，但恐皇太子耽于汉习，所以不任汉人，朕自行诲励……尔唯引若等奉侍皇太子，导以满洲礼法，勿染汉习可也……设使皇太子入于汉习，皇太子不能尽为子之孝，朕亦不能尽为父之慈矣！至于见侍诸子内，或有一人日后入于汉习，朕定不宽宥！且太祖皇帝、太宗皇帝时

成法具在，自难稍为姑息也。(《康熙起居注》)

可见，康熙帝教育子嗣思想中一个基本点，是诸皇子兼学满汉文化的过程中，两者从属关系不能颠倒，必须以满文化为根本，保持满俗，其实质即首崇满洲的原则。以满文化为本、汉文化为用的教育子嗣方针，体现出清朝首崇满洲与崇儒重道两个基本国策之间的并行不悖与严格主从之分。

康熙帝强调对子嗣的教育要保持满族的文化传统，让诸皇子学习儒家经典的同时，不得“入汉俗”，说到底，是将子嗣学习汉文化，视为保持满族的统治地位，维护清朝统治之必须。他最担心的是丧失满族文化的独立地位，进而从属于汉文化或为之所淹没。保持满族文化传统而“不入汉俗”，实际上是自努尔哈齐(赤)建立后金汗国直至清朝灭亡前，历代清帝念兹在兹之事，只是康熙帝处于满汉文化从冲撞逐步走向交融的过渡时期，他的忧思具有这一历史阶段所赋予的特色。

为了使皇子们能够继承满族文化传统，康熙帝曾在各种场合，通过具体事例，向他们讲述“满洲旧风”和“旧典”，所言涉及服食器用、举止言谈、住宅式样、生活习俗等各个方面。及至晚年，他仍谆谆告诫众子孙：“今住就京师已七十余年，居此汉地，八旗满洲后生微微染于汉习者，未免有之，惟在我等在上之人，常念及此，时时训戒。”(《庭训格言》)

“国语骑射”被清帝视为“满洲之根本”。康熙年间，满人之间在日常接触中，以其母语——满语为主要交流工具，皇子们在与家人亲属以及侍从人员的交往中，大都是说满语。不仅如此，父子之间凡书信往来以及全部奏折，康熙帝给他们的所有朱批、谕旨，都用满文书写。康熙帝要求皇子必须亲笔书写满文奏折，不得由他人代笔。如三十六年二月，康熙帝第三次亲征噶尔丹期间，发现皇太子允礽由京城写来的奏折非其本人亲笔，立即加以严责。此后，皇太子所上奏折结尾处，往往写有“为此手书谨奏”等字样。

清朝入关后历朝皇子中，康熙帝诸子的骑射武艺最为出色。康熙帝要求所有皇子像其满族先辈那样，从四五岁起开始练习骑射。每年举行木兰秋狝，是康熙帝训练诸子弓马技艺并培养其统兵才能的主要方式。即使在他年逾花甲、体衰多病之时，仍坚持木兰秋狝，亲自率儿孙前往。

除了满文化教育，诸皇子还自幼研读儒家经典，具备较高汉文化造诣。他们大都能文善诗，其中不少人工于汉文书法。不仅皇太子允礽的书法颇为出色，皇三子允祉、皇四子胤禛、皇七子允祐、皇十四子允禵等人也很突出。

让诸皇子成为能文能武，满汉文化兼备，既熟知四书五经，又精通“国语骑射”，既有治国之术，又能领兵打仗的栋梁之材，是康熙帝贯彻始终的培养目标。然而乾隆以降，清朝宗室和八旗子弟的“国语骑射”多已荒废，很多人只会说汉语，不会说满语，这是康熙帝始料未及的。

康熙帝的施教思想体现了善于吸收满汉文化精华，融合两种文化之长的开放气度，也反映出满族作为一个新兴少数民族所具有的文化特质。

二

康熙帝对诸皇子的教育和培养，具有注重实践的鲜明特色。为了使皇太子将来能承担治国统民之任，其他皇子全部成为佐理之材，康熙帝让他们在参与政务的实践中锻炼提高，增长才干。

康熙帝屡次南巡江浙及西巡陕西，皆命允礽随行，以便让长在深宫的皇太子谙习地方风俗，了解民间疾苦。

三十二年五月康熙帝染患疟疾，多日不愈，20岁的允礽第一次代父听理国政。三十五年、三十六年康熙帝三次亲征期间，由皇太子代理政务，前后超过10个月。为了使其他皇子亲历戎事，康熙帝第一次亲征时，将6位较年长的皇子安排在出征八旗各大营内，让他们有机会锻炼提高。

如果说太子监国是历代封建王朝较为常见之事，那么在册立储君后，康熙帝命诸子共同参与国政，综理军政要务的做法，则带有鲜明的满洲传统色彩。

四十二年康熙帝离京期间，选派数位皇子留守。四十七年一废太子事件发生后，这一做法逐步完善，形成制度。据现存满文档案，留守京师皇子分为两班，在紫禁城与畅春园值守，综理政务。如办理康熙帝交付的紧急机务、通过密折奏报京师各方面动向、处理藩属进贡事宜、派遣御医为八旗患病大臣诊治等等。在此期间，在京大臣除了按例将各部院重要政务向康熙帝奏报外，还须同时禀报值守皇子。

康熙帝还注重让皇子们学习西方科学与技术，率领他们一起从事实验活动。例如，他曾亲率众皇子在乾清宫用“千里镜”观测日食；三十六年皇太子代理国政期间，曾向皇父报告用西洋方法观察日食的情况。五十年春，康熙帝巡视通州河堤时，向随行的皇太子及其他6位皇子示范讲解如何使用仪器丈量土地，以增加他们的感性认识，培养实际操作能力。

康熙帝晚年，在继续任用年长皇子协理政务的同时，重点培养更年轻的皇子和皇孙。例如，五十七年十二月派皇十四子允禵西征时，挑选数名皇孙跟随前往，学习锻炼；是年十月命皇七子、皇十子、皇十二子分别办理正蓝、正黄、正白满、蒙、汉三旗事务；皇十二子、皇十五子、皇十七子负责料理内务府事宜；皇孙弘晟（允祉子）、弘昇（皇五子允祺之子）参与庙坛祭祀、办理政务等等。

三

高度重视，亲自施教，严格要求，是康熙帝教子的又一特色。对皇子教育，康熙帝的重视程度与花费的心血，为中国历代帝王中所仅见。

皇太子允礽很早开始启蒙，由康熙帝亲自教其读书。6岁后，康熙帝精心挑选张英、熊赐履等人为其师。允礽13岁出阁读书，康熙帝依然“于听政之暇，时时指授，罔或有间”。

相对东宫教育而言，历代帝王对一般皇子的教育大都较为逊色，而康熙帝对他们教育的重视程度及其倾注的心血，几乎不亚于皇太子。康熙朝皇子“四五岁即令读书，教以彝常”。其豫教年龄之早，居中国古代历朝之冠。俟皇子年纪稍长，康熙帝为他们择选各自的老师，如满洲大臣顾八代、康熙帝舅父佟国纲之子法海、江南名士何焯等都曾膺此重任。

康熙帝对诸皇子的教育一视同仁，不分薄厚。皇七子允祐出生时便有残疾，但同样从四五岁起接受严格教育。康熙二十六年，8岁的允祐曾和其他数位幼龄皇子一起，在满汉大臣面前用汉语诵读儒家经典。

康熙帝日理万机，仍亲自过问每一位皇子的学习。皇八子允禩的汉文书法较差，康熙帝对此记挂于心。允禩分府完婚后，康熙帝依然要求他“一日必要写十幅呈览”，以督促儿子在书法上有所长进。

四

康熙帝认为自己教子的水准，满汉诸臣莫能及之，下五旗王公子弟与皇子们相比较，也有很大差距。四十八年复立皇太子不久，他对众臣说：“今见承袭诸王、贝勒、贝子等，日耽宴乐，不事文学，不善骑射，一切不及朕之诸子。”（《清圣祖实录》）

他对众皇子所视过高，对其缺点往往加以庇护，或诿过于人。一次南巡途中，康熙帝发现随行的数位小皇子对于所学经史“不明文义”，诵读不畅，十分恼火。他认为这是由于小皇子的老师，满洲正白旗大臣徐元梦没有尽心教诲所致，故命令在京皇子传旨乾清门侍卫，当着全体皇子之面，将徐元梦杖笞三十板，以示惩戒。这种令皇子羞辱其师的恶劣行为，折射出八旗制度下，康熙父子与满族大臣之间具有的主奴关系，在以尊师重道为传统的汉族王朝皇子教育中恐难寻觅。皇太子允礽也曾在康熙帝面前痛打徐元梦，受到康熙帝责斥。有其父必有其子，允礽的表现与康熙帝上述行为如出一辙。

康熙帝将众皇子培养成文武兼备之才，成为治理国政得力助手的同时，也亲手埋下皇储矛盾与储位之争的导火线。太子废而再立，立后再废，极大地牵扯了他的精力。诸皇子暗争储位，拉党结派，对其治国有严重干扰作用。康熙帝为此痛苦不堪，一筹莫展。

一代名君教子中的成败得失，为人们留下了可供借鉴的经验教训。

作者简介

杨珍，女，1955 年生。中国社会科学院历史研究所研究员，国家清史编纂委员会委员。著有《康熙皇帝一家》《清朝皇位继承制度》《历程　制度　人——清朝皇权略探》等。

雍正帝生日的生疑与释疑

董建中

我较多地关注雍正朝的历史，对于雍正帝的生日，本是确信无疑的——十月三十日，具体讲是康熙十七年十月三十日（1678年12月13日）。可最近看到的一份奏折却让我对此产生了怀疑。雍正六年（1728）十月十二日，岳濬在贺皇上万寿的奏折里说："雍正六年十月二十九日，恭值皇上圣诞。臣奉署东省巡抚印务，不得与在廷诸臣躬亲拜舞……"这里明说，雍正帝的生日是十月二十九日。

一、记载不一

臣子上折祝万寿，会将日子搞错吗？不可能！我首先想到了回查《清世宗实录》。实录开篇就介绍雍正帝的情况，出生时间是"康熙十七年戊午十月三十日寅时"。之后继续查看实录中记述了雍正帝生日即万寿节的情况：

卷十二。雍正元年十月丙子。万寿节，停止朝贺筵宴。

《清实录》用干支纪日，查《中西近世史日对照表》可知，丙子是三十日。

卷二十五。雍正二年十月庚子。万寿节，停止朝贺筵宴。

庚子这一天也是三十日。

卷三十七。雍正三年十月甲午。万寿节，停止朝贺筵宴。

甲午是三十日。

卷四十九。雍正四年十月庚申。诸王文武大臣等，以十月三十日恭届万寿圣节，合词奏请庆贺。

四年十月戊子。万寿节，停止朝贺筵宴。

都是三十日。不用往下看了。难道真是奏折的记载有误？

我在台北“中研院”“一史馆藏康熙雍正朝满汉文朱批奏折汇编目录”数据库中检索，得到雍正朝题名中有“万寿”字样的奏折67条，经查其中记载有雍正帝生日的共有9份：

第一份。大学士朱轼“奏贺万寿令节及云南地方庆云呈瑞折”。这份奏折没有具奏日期，但其中说：“雍正六年十月二十九日，恭逢万寿令节。”这个日期与岳濬所说完全一样。看来岳濬所说确实没有错。

第二份。雍正十年十月初九日，直隶总督李卫“奏请恩允进京叩庆万寿折”。其中有“雍正十年十月二十九日，恭逢皇上万寿圣节，普天共庆”。

第三份。雍正十一年十一月初二日，河东总督王士俊“奏报欣逢万寿地方喜降瑞雪折”，其中说：“十月二十九日恭遇皇上万寿圣诞。”

第四份。雍正十二年十一月二十七日，云贵广西总督尹继善“奏报恭逢万寿楚雄等处叠见祥云折”，说：“雍正十二年十月二十九日恭逢万寿，卿云献瑞，五色缤纷。”

第五份。雍正十二年十一月二十九日，云南巡抚张允随同尹继善一样，也是奏报在十月二十九日雍正帝生日这一天，楚雄等地祥云五色。

第六份奏折是一位名叫萧炘的御史于雍正十三年十一月十五日“奏陈圣祖世宗万寿圣节应制龙边粉油木牌设案供奉折”。其中说：“臣伏读本年九月内上谕，十月三十日为我皇考万寿圣节。……臣伏思三月十八日为我圣祖仁皇帝万寿圣节，十月三十日为我世宗宪皇帝万寿圣节……”这里雍正帝的生日又成了十月三十日。

第七份是雍正十三年八月陕西安西总兵赵嘉翰“奏贺万寿折”。其中说：“雍正十三年十月三十日恭遇万寿。”这份奏折是八月上奏，没有具体的日期，但从“皇上”一词可以看出是在雍正帝去世前或是得知雍正帝去世的消息之前所上。因此可以肯定，十三年时，雍正帝的生日确实是在十月三十日。

第八份就是前面提到岳濬的奏折。雍正六年时雍正帝的生日是十月二十九日。

第九份是雍正八年十二月初八日湖南巡抚赵弘恩、观风整俗使李徽所上“奏报恭祝万寿圣诞庆云献瑞折”，其中说：“雍正八年十月三十日万寿圣诞……”八年时，雍正帝的生日又是十月三十日了。

难道是雍正帝的生日开始时是三十日，后来因为某种原因，改为了二十九日，接着又有反复？

二、问题的答案

为了弄清雍正帝究竟是在哪些年份改动了生日，我再次检索《清世宗实录》，结果发现了一条材料：

卷七十七。七年正月辛亥。云贵广西总督鄂尔泰折奏：十月二十九日恭遇万寿令节，滇南省城，五色卿云，光灿捧日……

既然实录开篇就说雍正帝是三十日的生日，为什么这里又会出现二十九日的记载？而这一条恰是岳濬所说的六年时雍正帝是十月二十九日过生日。

再拿出《中西近世史日对照表》，翻到雍正六年十月二十九日，发现这一年的十月根本就没有“三十日”，只有二十九天。我想到了一个可能的答案：雍正帝在过生日时，有三十日过三十日，没有三十日就过二十九日。——只有这样，才能解释以上三十日与二十九日的记载歧异。

同样的，雍正六年、九年、十年、十一年、十二年，这些年的十月也都没有三十日。

中国古人使用的阴历，有大月三十天与小月二十九天的区别。也就是说三十日出生的人，后来过生日，必然会常常碰到那个月没有三十日只有二十九日的情况。如此情况，人们怎么过生日？

我就上面的问题请教了一些人，生于上世纪30年代到80年代的都有，他们的第一反应是——“不清楚”。我又专门请教了同事、人民大学清史研究所的林敦奎老师，他是20年代生人，今年九十岁。林老师说他记得小的时候，有印象，没有三十的话，二十九就当三十了。清史所的王奇民老师也告诉我，他认识一位生日是三十日的老人，记起老人说过，自己的生日是那个月的“末一天儿”。——这应该就是雍正帝生日问题的正确答案了。

三、记述历史人物生日需要注意的问题

出生在三十日的古人如何过生日，对于他们及身边的人来说，肯定是知晓的，起码不必像我们今天还要认真去“想”这个

问题。过阴历生日，对于现今的人来说，一点都不遥远，但过去人人都知道的一些情况，现在已经或正在“忘却”，这是历史正在做着“减法”。

研究历史人物，知人论世，首先是要记述他或她的生年，最好是生日。但很多情况下，书写者不得不借助各种史料去拼凑古人的生日。下面这种情况很常见，就是通过信息一知道了甲出生在乙年，又通过信息二知道了甲在丙年时过的丁月戊日生日。有了以上两条信息，通常的做法是将信息叠加，得出甲生于乙年丁月戊日。这似乎是没有问题的。但上述雍正帝生日的情况，提示我们要考虑其中可能存在的复杂情形。

比如，知道某人出生在崇德三年（1638），又知道，他在顺治二年（1645）正月二十九日过生日，那么是否可以说，他就是出生在崇德三年正月二十九日呢？——不能。我假设的这个人其实是顺治帝，他的生日是崇德三年正月三十日。他过生日的情况与雍正帝的完全一样。

这提示我们，如果碰到只有上述信息一和信息二（是指某月二十九日生日）的情况，那就是要核查信息二的那个月份有没有三十日。若有，可以判定甲是二十九日出生。若没有，那还要看信息一那一年的那个月份有无三十日，若有的话，那就要想到，他可能是二十九日也可能是三十日出生。

还可以再多想一层。如果不知道某人的生年，只知道后来的某个生日（这里不必是二十九日）记载，那么能确定这个生日真的是出生那年的月日吗？这时就要考虑到一种情况——他还有可能是在闰月出生。

出生在闰月的古人，过生日就像现在2月29日出生的人（逢平年2月28日过生日）。若这些古人非要坚持只过闰月生日，那会怎样？比如有个人出生在康熙十九年（1680）闰八月十五日，那么下一个闰八月是在康熙五十七年（1718），他已三十九岁了，再一个闰八月，是咸丰元年（1851），他已一百七十二岁了。非闰八月的中秋节，花好月圆，逢此他会不过吗？——肯定不会不过的。

作者简介

董建中，1971年生，河南人。中国人民大学清史研究所副教授。研究方向为清代政治史、财政史。

乾隆帝出巡河南

赵云田

河南省简称豫，又称中州，土地辽阔，人口众多，既有名山大川，又是文化发达地方，乾隆帝观风问俗，巡幸的足迹也留在了中州大地上。

一

乾隆十五年（1750）乾隆帝出巡河南，经过了较长时间的准备。在河南地方官员方面的准备，一是修道路和建行宫。皇帝出巡走的道路称御道，一般来说要黄土垫道，清水泼街，宽度也有一定的规定；即使是最低的要求，也要平整、坚实。不过，乾隆帝出巡河南，不属于经常性的，所以他多次谕示：一切安营除道，不过略为修整，“若因修治道途，重烦民力，非朕观风问俗本意”（《清高宗实录》）。当然，即便是“略为修整”，地方官员也不能松懈，河南巡抚鄂容安就曾表示：“所有道路、桥梁，应行预备之处，臣当亲督各员，往来照料。”（《清高宗实录》）关于建行宫，乾隆帝也曾谕示：所有驻跸地方，行幄帐殿都从京城带往，不必豫备行宫。尽管如此，河南省地方官员还是修建了三座行宫，作为皇帝驻跸之所。

二是整葺丛林古迹。乾隆帝出巡河南，在没有修建行宫的地方，多利用丛林古迹作为休息处所，这样就可以不必建立大营，也不必建立尖营。为此，乾隆帝命在豫省公项钱粮内赏银 1 万两，作为修葺古迹名区的补充费用。

三是稳定社会秩序。乾隆帝出巡河南，鄂容安认为首要的是确保皇帝的人身安全。为此，他采取了如下措施。第一，严饬文武驻防人员，对伏牛山地区加强巡查，该管道员要亲自前往，因为皇帝要从山外大路行进。第二，对于已经拏获的汝宁、南阳各属“私贩棍徒，殃民首恶”，给以严审办理。第三，在麦秋丰收、粮价平稳的情况下，严禁躧麴（xǐ qū，酿酒）之弊，以防虚耗，以利民间百姓流通。

四是整顿军队。鄂容安知道，乾隆帝巡幸河南，一定会举行阅兵活动，因此他事先查阅了南阳镇各营的情况，对阵法参差不齐，弓马软驽不振的情况，上奏乾隆帝后采取了相应措施，进行整肃。

鄂容安为迎接皇帝出巡河南所进行的准备，深受乾隆帝赏识，他很快由署理巡抚改为实授巡抚，被赏孔雀翎，赐所袭伯爵号曰“襄勤”。乾隆帝甚至说：“汝受恩之日正长，在国家得一贤臣，在汝家得一令子，岂不美哉。”（《清高宗实录》）

在河南省官员积极准备迎接乾隆帝巡幸的时候，朝廷方面的准备工作也更加有序地进行。一是设立管理机构，由皇帝指定专人担任总理行营事务大臣，负责全面的筹划安排；二是派向导勘察沿途道路；三是准备祭祀所需要的物品，行围所需要的士卒和马匹；四是负责守卫、巡警工作的机构如銮仪卫等开始运作。以上这些，都是按常规办理，非常顺利。乾隆十五年七月十九日，乾隆帝谕示：和硕履亲王、和硕和亲王、大学士来保、协办大学士阿克敦在京总理事务；八月初八日，又谕示：大学士来保暂行兼管吏部事务。留守京师的人员布置妥后，乾隆帝便开始出巡。

二

乾隆十五年八月十七日，乾隆帝奉皇太后恭谒祖陵，巡幸嵩洛，车驾出京师。河南巡抚鄂容安奉旨传谕城守尉，率领所派官四员、兵一百名，在卫辉府属淇县地方恭迎乾隆帝。

乾隆帝一行先拜谒东西陵，然后才前往河南。九月十八日，到达河南彰德府（今安阳）汤阴县。乾隆帝到孔子庙行礼，还到了精忠庙。精忠庙也称岳武穆祠，在汤阴县西南，是祭祀宋朝名将岳飞的庙宇。在精忠庙，乾隆帝写了一首《经岳武穆祠》诗：

翠柏红垣见葆祠，羔豚命祭复过之。
两言臣则师千古，百战兵威震一时。
道济长城谁自坏，临安一木幸独支。
故乡俎豆夫何恨，恨是金牌太促期。（《清高宗御制诗》）

诗中描绘了祠庙的环境，祭祀的情况，颂扬了岳飞的精忠报国精神，也对他的含冤而死深感不平。

二十一日，乾隆帝到达卫辉府（今卫辉市）辉县百泉行宫。乾隆帝在百泉行宫停留两天，御书百泉孔子庙匾“至教永垂”，遣官祭昭忠祠以及历代帝王庙。乾隆帝还到了百泉书院，在那里写了两首诗和一首《奇树歌》，诗中有这样的句子：洛中名胜山川秀，读书近溯周程旨。这两句诗既讲了中州大地的秀美，又强调了周、程理学的重要。二十二日，乾隆帝奉皇太后来到白露园。白露园是百泉的园中之园，景色极佳。在白露园，乾隆帝赐扈从王公大臣及河南巡抚等官宴。

三十日，乾隆帝驻跸少林寺行宫。十月初一日，乾隆帝来到嵩阳书院，在那里写下了十三首诗，其中一首名《汉柏行》。后来，乾隆帝画了几幅《嵩阳汉柏图》小轴，《汉柏行》一诗即题写在其中的一幅图轴上。该图用金粟山藏经纸本，所作墨笔巨柏直冲云汉，反映了乾隆帝的胸襟和气度，又不失嵩阳书院汉柏的原貌，成为我国帝王绘画中的珍品。在乾隆帝写的十三首诗中，还有一首名《嵩阳书院》，全文如下：

书院嵩阳景最清，石幢犹记故官名。
虚夸妙药求方士，何似菁莪有俊英。
山色溪生留宿雨，菊香竹韵喜新晴。
初来岂得无言别，汉柏荫中句偶成。（《清高宗御制诗》）

诗中描绘了嵩阳书院的景况，肯定了书院培养人才的功绩，表现了作者愉悦的心情。初二日，乾隆帝到中岳庙致祭，写了《谒岳庙》《岳庙秩祀礼成》诗二首。

离开中岳庙后，乾隆帝登上了嵩山。嵩山在登封县北十里，其山东跨密县，西跨洛阳，北跨巩县，延亘百五十里。太室中为峻极峰，左右列峰各十二，凡二十四峰。又西二十里为少室山，其峰三十六。乾隆帝登嵩山至分水岭华盖峰返回。之后，他写了一首《登嵩山华盖峰歌》，并刻石山顶。该诗叙述了他登嵩山的过程，道出了无限风光在险峰的道理，也描绘了嵩山的神奇变幻。

十月初八日，乾隆帝在开封府检阅了军队。阅兵之后，他对军事训练问题作了新的谕示。次日，乾隆帝到了大相国寺和古吹台。大相国寺有些破败，古吹台则是秀水环绕，古木参天，曲径通幽，碧瓦红墙，绿树掩映，风景极其优美。乾隆帝到这里游览，心情愉悦，写诗并刻石其上。

十一日，乾隆帝离开开封府行宫，回銮京师，于十一月初三日回到京城宫中。这次巡幸河南，总计 76 天。

三

乾隆帝出巡河南，产生了什么影响呢？

第一，有利于社会秩序的稳定。乾隆帝出巡河南期间，多次发布上谕，对官和民提出了具体要求。他强调：当权的抚臣、藩臬、郡守、牧令等各级官员，应力行善政，敦本业，训风俗，除邪恶，安良善，教与养并重，特别要去虚浮，讲究实效；对于普通百姓，要讲礼让，勤耕种，崇节俭，去奢华，重孝悌。这些，有利于河南全社会的安定。

第二，一定程度上缓和了河南社会各方面的矛盾，促进了经济文化的发展。乾隆帝在河南境内的 26 天里，赐扈从王公大臣及河南巡抚等官宴的有 2 次，谕示地方办差文武官弁内有罚俸、住俸、降级之案俱准其开复、无此等参罚案件者咨部各加一级的有 1 次，谕示革职在籍加以恩赏的有 1 次；谕示各营汛兵丁有派办差务者查明赏给两月饷银的有 1 次，对年老官兵增加赏赐的有 1 次；谕示对普通百姓蠲免赋税的有 4 次，男妇年七十以上者分别赏赉的有 1 次；谕示对河南军流以下罪犯查明减等发落的有 1 次。总计各种恩赏达 12 次。这些恩赏，对缓和河南社会各方面的矛盾有一定作用，特别是对受灾地方蠲免钱粮，有利于百姓度过灾荒，恢复生产，促进经济发展。另外，乾隆帝在出巡河南期间，多次强调文治教化的作用，一定程度上也有利于河南文化的发展。

第三，过分强调冷兵器的作用，极大地影响了国家安全。十月初八日，乾隆帝在开封府检阅军队后，在赐扈从王公、大臣、侍卫并河南巡抚等官宴上谕示：“我满洲本业，原以马步骑射为主，凡围猎不需鸟枪，惟用弓箭，即索伦等围猎，从前并不用鸟枪。今闻伊等不以弓箭为事，惟图利便，多习鸟枪。夫围猎用弓箭，乃从前旧规，理宜勤习。况索伦等皆猎兽之人，自应精于弓箭，故向来于精锐兵丁内，尤称手快。伊等如但求易于得兽，久则弓箭旧业，必致废弛。将此寄知将军傅尔丹，令其严行传谕索伦等。此后行围，务循旧规，用弓箭猎兽。将现有鸟枪，每枪给银一两，概行收回。想伊等鸟枪，亦有来处，并非自造，今既行禁止，必须察明实数收贮。著傅尔丹上紧留心察收，收回后，严禁偷买自造，查出即行治罪。仍晓谕索伦等，今收回鸟枪者，特因尔等围猎，不用弓箭，习学鸟枪者过多。皇上欲尔等不弃旧规，仍复本业，尔等应体皇上怜悯训导至意。凡遇围猎，毋用鸟枪，仍前专用弓箭，务复旧习，不但超列优等，而善马步射者，可被恩升用侍卫等官。将此明白晓谕之。”（《清高宗实录》）

乾隆帝从以上见解出发，对河南省的武官进行了调整。其实，他的这种见解以及所采取的措施并不正确。鸟枪这种火器，和弓箭相比，当然要进步。乾隆帝不提倡先进的武器，反而鼓励使用旧式弓箭，并以此考察武官，决定他们的进退，致使18世纪的中国和西方国家相比，武器制造更趋于落后，将领选拔制度也日益陈旧。这为后来资本主义列强入侵时清政府战败埋下了隐患。

林则徐禁烟的“拔本塞源之道”

陈　铮

鸦片是舶来品，19 世纪头 30 年，其输入量逐年剧增，造成中国大量白银外流，鸦片吸食者渗及社会各阶层。如何应对因鸦片引发的社会危机，清朝官吏中出现政见分歧。有人认为以往鸦片愈禁愈严，流弊愈大，主张弛禁，允许鸦片“照药材纳税”输入，“只准以货易货，不得用银购买”，以防白银出洋，民间吸食鸦片“一概勿论”（《鸦片战争》）。反之，林则徐奏请严禁鸦片，重治吸食者，否则“数十年后，中原几无可以御敌之兵，且无可以充饷之银”（《林则徐集》）。1838 年（道光十八年）12 月，林则徐奉道光帝之召抵京，受到八次召见，面议禁烟事宜。道光帝颁发钦差大臣关防，令其驰赴广东，节制粤省水师，查禁鸦片。林则徐“原知此役乃蹈汤火”，还是“置祸福荣辱于度外”，于 1839 年 1 月启程，3 月抵达广州，组织领导严禁鸦片。

林则徐深知，“鸦片贻害中华久矣，势成积重，若非筹拔本塞源之道，断难收一劳永逸之功”。抵粤后，他实施全面禁烟政策，采取综合治理举措，或即其“拔本塞源之道”。以下试从四方面略作回顾。

（一）严禁外国鸦片输入

林则徐认为，“鸦片来自外洋，流毒中国，蔓延既久，几于莫可挽回”，如今禁烟“不但宜严于百姓，实可倍于夷商”，首先要切断国外鸦片来源。1839 年 3 月 18 日，向各国商人发出通告，喻之以理，晓之以法。谴责其将本国“不食之鸦片烟带来内地，骗人财而害人命”，“蛊惑华民，已历数十年，所得不义之财，不可胜计，此人心所共愤，亦天理所难容”。告知当前中国“所有内地民人贩鸦片、开烟馆者，立即正法，吸食者亦议死罪”。指出，外国商人“来至天朝地方，即应与内地民人同遵法度”。而外商“贩卖鸦片多年，本干天朝法纪，若照名例所载化外人有犯并依律科断之语，即予以正法，亦属罪所应得”。通告责令其将停泊伶仃等洋趸船上数万箱鸦片，“尽数缴官”，并且甘结申明：“嗣后来船，永不敢夹带鸦片，如有带来，一经查出，货尽没官，人即正法，情甘服罪。”林则徐表示，“法在必行”，“若鸦片一日未绝，本大臣一日不回，誓与此事相始终，断无中止之理”。林则徐禁烟的决心坚定，而为实现禁烟目标所采取的策略和措施又是灵活多样的。

一是区别正常货物贸易与夹带鸦片贩卖。林则徐强调，现在反对的是外商把骗财害命的鸦片运来中国，而不是禁止正常的货物贸易。只要尽数缴出趸船上待机私售的鸦片，具结嗣后不夹带鸦片，“此后照常贸易”，体面地进行“正经买卖，尽可获利致富”，否则“一体从重惩创”。这就是“奉法者来之，抗法者去之”的区别对待之策。1839 年 4 月，他奏请已缴鸦片的外商，所有断绝的茶叶、大黄，“准其照常互市”。7 月，宣告十余艘美国商船“业经海关官宪查验完毕，并无夹带鸦片，均已遵式具结，准备陆续入埔，而雷蒙船长之货船更满装货物启船回国”。至 12

月初，“各国夷商货船遵式具结进口者五十六只，内英吉利船一只”，其余未具结之英国船三十二只不许进口。

二是犒赏缴出鸦片的外国商人。在“劝戒兼施”下，英国领事义律表示愿意缴出趸船上的鸦片。对此，林则徐当即作出回应，赏给牛羊等食品200多件。考虑到外商缴烟后，“无资置货”，只能空船回国，林则徐奏请凡外商名下缴出鸦片一箱者，赏茶叶5斤，共需茶叶10余万斤。此项费用均由林则徐和邓廷桢等个人“捐办”，并未动用公款。

三是收缴鸦片尽数销毁。当时有人怀疑收缴的鸦片会留作他用，不会悉数销毁，而最终的处理办法打消了他们的疑虑。林则徐等先是奏询收缴的鸦片是否全数运送京城，道光帝批复命公同查核，在广东当众烧毁。遵此，林则徐等发布《虎门销烟告示》。总计缴获鸦片19187箱又2119麻袋，共合237万余斤，从1839年6月3日至25日，在虎门销毁。现场观看销烟的民众无不肃然懔畏，外国人也纷纷赶来瞻视。道光帝阅览林则徐等关于鸦片已销毁完竣的奏折后，朱批此举“可称大快人心事”。

（二）严禁栽种和贩卖

林则徐认为，禁烟“先以断绝鸦片为首务”。断绝鸦片既要严禁外国鸦片输入，又要严禁内地栽种罂粟。1839年7月，清廷颁布《禁烟治罪新例》规定，“内地奸民栽种罂粟花，收浆制造鸦片，熬膏售卖”，在一年半限期之内，“首犯拟绞监候，为从发极边烟瘴充军”。林则徐指出，“新例之严，总必永断鸦片而后已”。

早在1838年，林则徐即奏陈，“开馆兴贩以及制造烟具各罪名，均应一体加重，并分别勒限缴具自首，以裁其流”。开馆者勒限一个月将烟具烟土全数缴官，贩卖鸦片之徒限三个月缴烟，逾限发觉，亦应论死。《禁烟治罪新例》惩处更重，“开设窑口，勾通外夷，潜买鸦片，囤积发卖，首犯斩立决”，“私开烟馆，首犯斩立决，房屋入官”。

林则徐了解到吸鸦片者以烟枪为性命，故“欲去其瘾，先去其枪”。1839 年的《禁烟章程》规定，“各州县奉文之后，勒限两月收缴烟枪、烟土、器具”。

（三）惩处涉毒受贿官员，调换禁烟不力武官

1837 年，时人笔下广东沿海鸦片进口行贿受贿的情景是：“水师有费，巡船有费，营汛有费，窑口有费，自总督衙门以及关口司事者，无不有费。”次年，林则徐指出，各衙门中吸食鸦片者占十之八九，他们“皆力能包庇贩卖之人”，“若不从此严起”，无法断绝鸦片来路。故林则徐在颁发《禁烟治罪新例》时警告官商、士民、弁兵、丁役人等，“须知新例之严”。《新例》规定：“海口员弁兵丁受贿故纵，无论赃之多寡，概拟绞立决；未得贿而知情徇纵者，发新疆”；“拿获兴贩吸食之犯，得财卖放者，与本犯一体治罪；赃重者计赃，以枉法从重论”；“禁卒人等买鸦片与犯人者，发极边烟瘴充军；解役、看役有犯前项情弊，发近边充军；赃重者计赃，以枉法从重论”。林则徐明白，如不严惩官方受贿之人，禁烟难以彻底。

禁烟期间，林则徐曾处置过因循不振、禁烟不力的水师武官。1839 年 6 月，林则徐得知，已经清理过的广东南澳洋面又驶进外国船只，已停泊数日。而署海门营参将、水师提督左营游击谢国泰，以据称船内没有鸦片而不驱行。南澳镇总兵沈镇邦也一味因循，含糊掩饰。林则徐奏以谢国泰年力就衰、巡防渐懈，请令其休致（退休）；沈镇邦年力正强，操舟亦熟，请予降为游击都司，仍留粤省水师，酌量补用，以观后效。道光帝朱批：“所

参甚是。”此举对禁烟乏力的文武官员皆有警示作用。

诚如所言，林则徐受命驰赴广东办理禁烟事宜，离京时“无随带官员供事书吏”。然而，他抵粤后却善于与邓廷桢、怡良、关天培、豫堃（kūn）等广东要员合力，湔（jiān，洗）除烟毒。邓廷桢最初曾表态赞同许乃济的弛禁鸦片观点，但很快改变主张，于1839年5月奏陈力除鸦片固弊。道光帝朱批：“卿等同钦差大臣林则徐，若能合力同心，除中国大患之源，不但卿等能膺懋赏，即垂诸史册，朕之光辉岂浅鲜哉！而生民之福、政治之善，又非浅鲜。”并批示将“此折给林则徐看”。林则徐与邓廷桢“公同跪诵，感激涕零”。禁烟期间，禁烟奏折、文告多为林则徐、邓廷桢、怡良等联署。林则徐几乎天天与邓廷桢商谈禁烟事宜，形成一个同心协力禁烟的领导核心。

（四）重治吸食者

与弛禁鸦片论者的“变通办法”相反，林则徐指出，“耗银之多，由于贩烟之盛，贩烟之盛，由于食烟之众”，主张“欲令行禁止，必以重治吸食为先”。对吸食者法当从严，必须令其“立即断瘾”，缴出旧存烟土、烟膏、烟枪、烟斗及一切吸食鸦片零星器具。《禁烟治罪新例》限期一年六个月，“限满不知悛改，无论官员军民人等，一概拟绞监候”；在限期内，“犯者平民杖一百，流二千里”；旗人“销除旗档，一体实发”。林则徐强调，有了严厉的法令，关键还要“中外一心，誓除此害，不惑于姑息，不视为具文，将人人涤虑洗心，怀刑畏罪”，不敢以身试法，痛改前非，戒除烟瘾，实现“虽有论死之法，并无处死之人”的理想结果。弛禁论者担心的因吸食者众多，处死之人必然太多的情况，可望避免。

林则徐重视法令宣传。发布多项告示，要求相关部门协作，加强督查管理，劝喻吸食者自觉戒毒。令各学教官严查生员有无吸食鸦片的情况。有针对性地发告示，奉劝称，“士子身列胶庠（学校），为一乡之望，今日之士子，即他年之职官”，要求各学“带查所辖文武生员有无吸食兴贩者，确有实据，移交地方官审理”。告诫士商军民，晓以利害，强调“士为四民之首，品行为先，一溺其中，直成废物，若不痛改，朝廷岂用此等人”。“凡从前误食鸦片者，速即立求断瘾，痛改前非”。颁布查禁水师营兵吸食鸦片规条，指出水师中的吸食者“名为健卒而精力疲惫不堪，委以查私而贿赂公行滋甚”，要求将惯吸鸦片者，开除名粮，解县严办。

林则徐曾长期探讨吸食鸦片烟致瘾的原理，研制戒烟断瘾药方。1838 年 5 月，其上《筹议严禁鸦片章程折》中附戒烟方，称“臣十余年来目击鸦片烟流毒无穷，心焉如捣，久经采访各种药方，配制药料，于禁戒吸食之时，即施药以疗之”。他历试药方，其中有效者数种，曾在湖北禁烟时“捐廉配制断瘾药丸二千料”，服用效果尚佳。

综上回顾可见，在国家因鸦片流毒泛滥引发社会、财政、防务和民众身心健康危机之际，林则徐勇敢担当严禁鸦片重任，所执行的禁烟政策、策略和举措是正确和有效的。因中国实行禁烟遏制了以英国为主的鸦片贸易商人的巨额红利，英国便策划改换“烟枪”，直接凭借坚船利炮打开中国的大门，以攫取更多更大的权益。在外来强势武装侵略之时，国力羸弱的清朝统治者转向妥协，禁烟英雄林则徐蒙受不公正的惩处，经过一场禁烟和抵御侵略之后，踏上戍边伊犁之路。此时已经神疲心衰的林则徐还是发出“苟利国家生死以，岂因祸福避趋之”的心声，对自己践行禁烟无怨无悔。林则徐的爱国爱民思想和禁烟功绩，彪炳史册，对当今世界更加严峻、更为复杂的反毒品斗争，仍具有启示意义。

作者简介

陈铮，1937年生于福州。中华书局编审。1964年研究生毕业后，从事图书编辑工作至退休。获政府特殊津贴。现为国家清史编纂委员会传记组成员。组织编辑出版的图书有《孙中山全集》和《蔡元培全集》等。合编《林则徐全集》，承编《黄遵宪全集》《中国文库·孙中山著作选编》（署名魏新柏）和《中国近代思想文库·黄遵宪卷》；合作整理标点《翁同龢日记》（署名陈义杰）和《碑传集》；任《北京志·北京广播电视志》特邀副主编；发表过一批编辑出版、图书评述和学术文章。

慈禧太后及其统治的是非功过

李细珠

慈禧太后（1835—1908）身历晚清道、咸、同、光、宣五朝，几乎与一部晚清历史相始终。可以说，要谈晚清历史，从根本上就绕不开这个人物。

一、辉煌背后的悲剧人生

从咸丰十一年（1861）辛酉政变上台，到光绪三十四年（1908）去世，慈禧太后统治中国近半个世纪。她三次垂帘听政，把太后专权体制发挥到极致，可谓前无古人，后无来者。个中原委，既是个性权欲膨胀，也有迫不得已的苦衷。慈禧太后毕竟不像武则天自己称帝，因而其名分在皇权结构中的位置始终颇为尴尬。正是为了保持能够专权的位置，她走过了一条争权、贪权与揽权而通向权力巅峰的道路。

咸丰十一年，因避难而疲于奔命的咸丰帝在热河行宫病逝，年仅31岁。这是清王朝真正走向衰亡的不祥之兆。通过辛酉政变，慈禧与慈安两宫太后正式开始垂帘听政。这第一次垂帘听政虽然从血腥的政变而来，但当时之所以采取这种政治体制，亦确属不得已之举。其时同治帝年甫6岁，根本没有行政能力，必需有人辅佐代行皇权。在清代历史上，顺治时期多尔衮摄政，康熙时期鳌拜等人辅政，均曾一度严重侵犯皇权；而肃顺等顾命八大臣的专权跋扈，更是触目惊心。这些历史与现实的教训，使慈禧太后毫不犹豫地摈弃了摄政与辅政体制，而仅给才高功伟的恭亲王奕䜣以议政王资格参政的权力，最终选择了亲自临朝的垂帘听政体制。

同治十二年（1873）正月，两宫太后正式宣布归政，同治帝开始亲政。然而，不幸的是，次年十二月，亲政不到两年的同治皇帝去世，年仅19岁。同治之死使慈禧太后所寄托的希望与幻想彻底破灭。更可悲的是，同治帝死后没有子嗣，这对慈禧太后的打击无疑是致命的。就个人生活经历来说，慈禧太后一生是很不幸的：少年丧父，青年丧夫，中年丧子。这人生三大悲剧的苦涩，磨砺了她超人的权力意志。慈禧太后再次爆发，坚毅地走向历史的前台。她的心态由此发生了根本性的变化，她的心里只有皇权，只有丝毫不可动摇的绝对的皇权。为了能够继续控制皇权，慈禧太后可谓是不择手段，因为她除了清王朝的统治权力之外，几乎是什么都没有了。就此意义而言，同治之死从根本上改变了晚清历史的航向。

此后慈禧太后煞费苦心选择年幼的光绪帝继位而继续垂帘听政，并在光绪帝亲政十年之后又通过戊戌政变实现其第三次垂帘听政。这既表明光绪皇帝的软弱无能，也是慈禧太后进一步揽权的结果。慈禧太后与光绪皇帝虽然也以两宫的名义临朝理政，但明眼人一目了然，实际上只有慈禧太后。为了堵住天下臣民悠悠众口，慈禧太后曾经谋划废黜光绪帝和策立溥儁为大阿哥，以便名正言顺地继续垂帘听政，但均以失败而告终。庚子事变后，慈禧太后与光绪帝的关系渐渐有所缓和，内外臣工对于两宫临朝的政治格局也习以为常。

光绪三十四年十月二十一日，年仅38岁的光绪帝悄然走完了短暂而暗淡的一生。遗憾的是，光绪帝也没有子嗣。74岁高龄的慈禧太后不得不再次为这不幸的儿皇帝料理后事。这一次，她又如法炮制，选择了光绪帝的弟弟醇亲王载沣四岁的儿子溥仪为皇位继承人，即宣统帝。

此时，也许慈禧太后已有预感自己来日无多，因此她在选择溥仪为皇位继承人的同时，还特授乃父载沣为摄政王。但是，一生要强的慈禧太后似乎又不甘心就这样退出政治舞台，故她在命载沣以摄政王监国之时，又禁不住坦露仍将训政的心声。然而，天命难违，就在这一切似乎都安排妥当之后，慈禧太后的生命历程也很快到了终点，她在光绪帝去世后的第二天便撒手西归。

二、延续了清王朝的统治

从清史的角度，对于慈禧太后的统治，有两种截然相反的评价：一种是说她在一定程度上延长了清王朝的统治寿命；另一种则说她应该对清王朝的灭亡负主要责任。关于后者，其实很难证明。这主要是一些遗老在追念故朝时对慈禧太后统治不满的批评，其情感宣泄远胜于理性分析。

那么，何以说慈禧太后延续了清王朝的统治?

值得注意的是，慈禧太后所接下的咸丰帝的政治遗产，其实是一副烂摊子。有人把咸丰皇帝称作“苦命天子”，的确如此。他在位十一年（1851—1861），都是在内忧外患中度过的，无一日得以安宁。当他即位之初，洪秀全领导的太平天国农民起义爆发，迅速席卷长江中下游地区；与此同时，捻军兴起于北方，回民、苗民等少数民族起义亦在西北、西南地区风起云涌。而英、法联军又发动第二次鸦片战争，两次从广州北上天津，最终直捣京城，迫使咸丰帝客死热河行宫。他留下的遗产除了一个年甫6岁的儿皇帝以外，便是一群专权跋扈的顾命大臣和一座千疮百孔的大清江山。如何收拾这副烂摊子，从乱局中挽救即将崩溃的清王朝，就是摆在虚年27岁的慈禧太后面前最迫切的政治使命。

不可否认的是，慈禧太后创造了“同治中兴”的奇迹。她在恭亲王奕䜣的支持下发动政变，迅速清除了肃顺集团势力，开始垂帘听政。其时，以太平天国为中心的农民起义依然声势浩大。如何镇压农民起义？慈禧太后采取重用汉人的政策，依靠曾国藩、左宗棠、李鸿章的湘淮军武装力量，作为清军的主力，把以曾国藩为首的湘淮军悍将都重用提拔，并直接安置在与太平天国作战的最重要的前线。诸军奋勇当先，速奏奇效。同治三年，太平天国起义遂被以湘淮军为主的清军所镇压。正是利用这些湘淮军的武装力量，清王朝取得了所谓“同治中兴”的局面。在清史上，慈禧太后对于“同治中兴”的功绩，虽然无法与“康乾盛世”相比，但至少可谓清王朝统治末世的回光返照。

还有一个反证：后慈禧时代，宣统朝三年而清亡。慈禧太后去世后，载沣以监国摄政王的身份总揽朝政。为了对付权势显赫的奕劻、袁世凯集团，在他周围聚集了大批皇族亲贵，形成载沣集团。载沣一方面罢黜袁世凯，闲置张之洞，打击汉族大臣；另一方面自代宣统帝为全国海陆军大元帅，任其胞弟载洵为海军大臣，载涛为军谘府大臣，紧紧抓住军权，同时调整各部院大臣，多以皇族亲贵充任。这种扬满抑汉集权皇族的政策使满汉矛盾更趋激化。正是由于载沣个人庸碌无能，并不能像慈禧太后那样的铁腕人物一样成为权力中心，因而无法控制迅速走向分崩离析的局面。

值得一提的是，慈禧太后在边疆治理方面亦有可圈可点之处。光绪十年，在左宗棠消灭阿古柏势力及曾纪泽改订《中俄伊犁条约》的基础上，清政府在新疆建省，巩固了西北边疆。光绪十一年，刘铭传击败法国对台湾的侵略，清政府又在台湾建省，加强了东南海疆建设。光绪三十三年，清政府在东北改建行省，使东三省与内地制度并轨，强化了东北边疆民族的向心力。这些举措，均有利于维系中国统一的多民族国家的稳定。

三、错失了近代化的机遇

在慈禧太后时代，中国近代化走过了洋务、维新与新政的历程。这个历程是艰难曲折的。无论如何估价，都无法回避作为最高统治者的慈禧太后；但是，她在这个过程中究竟起了什么作用，应该负什么责任呢？

中国近代化运动的真正启动始于19世纪60年代的洋务运动。咸同之交，太平天国运动与第二次鸦片战争，使清王朝遭遇到空前严重的内忧外患的政治危机。为了应对危机，以奕䜣、文祥、曾国藩、左宗棠、李鸿章等人为代表的洋务派发出了"自强"的呼声，此后30余年的洋务运动经历了从创办军事企业以"求强"到创办民用企业以"求富"的两个阶段。在这个过程中，每一项事业的举办都不同程度地遭到了传统保守势力的非议与阻扰，但各项事业最终都能够艰难地起步，与慈禧太后的支持是分不开的。不过，综观洋务运动的各项举措，这只是一个限于学习西方近代科学技术进行器物层面变革的低层次的近代化运动，并没有使中国社会从根本上走上近代化道路。战争尤其是国际战争，无疑是检验综合国力的一个客观实在的标准。1894—1895年的中日甲午战争，以北洋海军的全军覆灭标志着洋务运动的失败。

戊戌维新运动是制度变革的尝试，遭到慈禧太后的镇压。甲午战争失败后，维新派从血的教训中认识到，洋务运动的局限在于仅有器物层面的变革，从学习西方的角度来看，则是只知皮毛，而不知本原。在他们看来，西方富强的本原不在于机器生产与军事装备，而在于经济与政治制度。维新派的变法思想主张已经明显地超越洋务思想的技术改造层面，而进到制度创新的层面，而技术与制度有着内在的关联，是不可分割的统一体，因此，中国要想变法图强，不能点滴、枝节地变革，而必须实行全面的、根本的改革。正如康有为所说："能变则全，不变则亡；全变则强，小变仍亡。"（《应诏统筹全局折》）从"小变"到"全变"，是维新运动对洋务运动的超越之处。本来，慈禧太后并不反对变法，她起初对变法是持冷眼旁观的态度。但是，康、梁维新派全变、速变的激进思想，尤其是以围园劫后的计谋将矛头直指慈禧太后的过激策略，使她转而坚定地支持守旧势力，发动戊戌政变，变法运动迅即烟消云散，只留下一纸维新蓝图。

庚子事变后，慈禧太后被迫实行新政，但宪政改革进展迟缓。起初，清末新政主要在政治、经济、军事、文化教育与社会生活等领域展开，基本上都是在体制内进行。光绪三十二年七月，慈禧太后发布懿旨，宣布仿行宪政，开始预备立宪，进行政治体制本身的变革。对于立宪的"预备"，清廷并没有确定一个期限，立宪派感觉遥遥无期，于是请愿要求确定召开国会的年限。清廷被迫颁布《九年筹备立宪清单》，规定在九年内逐步实行预备立宪的各项事宜，但这个九年的期限，与立宪派要求的两到三年内实行立宪期望颇有差距。就在《九年筹备立宪清单》颁布之后不久，光绪帝与慈禧太后相继去世，政局大变，预备立宪仍在艰难地进行，但前途渺茫。

纵观慈禧太后时代中国近代化历程，从洋务运动、戊戌维新到清末新政，是一个近代化的依次递进的过程。洋务运动只局限于技术层面的变革，经甲午战争检验，是失败的。戊戌维新指向制度层面，但被慈禧太后发动的戊戌政变所扼杀。清末新政由体制内变革发展到政治体制变革，开始预备立宪，但最终并没有使清王朝稳步地走上宪政的道路。与东邻日本通过明治维新而实现近代化不同，慈禧太后时代的中国，无论是洋务、维新，还是新政，均没有使中国顺利走上近代化的道路，而是一再错失了近代化的机遇。

四、政治模式的局限

在中国历史上，慈禧太后是与西汉的吕后和唐朝的武则天鼎足而三的政治女强人。她们是太后临朝称制的标志性人物，均为男权世界中女主政治的异数。所不同的是，吕后曾经企图变刘汉政权为吕氏王朝，武则天竟公然改李唐为武周并自称皇帝，慈禧太后则始终维护爱新觉罗氏的皇统不变。吕后与武则天的篡权均不可避免地难逃败亡的命运；也许是吸取了前辈的教训，慈禧太后可谓青出于蓝而胜于蓝，把太后临朝称制这种独特的政治模式发挥到了极致。

如何评价慈禧太后的统治？

一方面，慈禧太后统治靠的是政治经验与手腕，她有传统政客老辣的政治经验与高超的政治手腕。就政治经验来说，慈禧太后并不是天生的权谋者。辛酉政变的成功，激发了她无限的权欲。在同治朝第一次垂帘听政，使她积累了丰富的政治经验。比如她在处理与恭亲王奕䜣的关系，以及重用汉族大臣曾国藩、左宗棠、李鸿章等方面，均能得心应手。唯一的儿子同治帝去世，对她的打击是致命的。本来她已归政，但唯一的希望破灭，不可能再颐养天年。此后，她的全部精力均倾注于清王朝的统治权力，一再临朝理政，欲罢不能。名义上在位 30 多年的光绪帝，实际上只不过一个傀儡而已。朝廷内外大臣如荣禄、奕劻、袁世凯、张之洞等，无不俯首帖耳，甘心臣服。当然，这些都离不开她高超的政治手腕。慈禧太后惯用的统治术，就是善于利用各派政治势力之间的矛盾，凌驾于各派冲突之上，操纵其间，保持自己权势，以此维持政局的稳定。她煞费苦心，基本维持了清王朝统治的稳定。

另一方面，慈禧太后缺乏近代政治家的政治智识，她关注清王朝的皇位统治更胜于关注近代中国的前途与命运。当洋务运动在清政府向西方列强“借师助剿”的过程中兴起时，她也感性地意识到洋枪洋炮的厉害，而对于洋务运动在技术层面的变革给予了支持。当戊戌维新指向制度变革时，她立即予以镇压。当清末新政发展到预备立宪阶段而走向政治体制变革时，慈禧太后游移持重，企图采取拖延战术，终于功败垂成。制度变革尤其是政治体制变革，是慈禧太后时代中国近代化一个难以突破的瓶颈。在她的时代，清王朝的专制皇权与近代中国的政治民主化趋向之间有一个内在的紧张关系。慈禧太后始终无法真正地迈出政治体制改革最关键的一步。预备立宪终于未能完成政治体制的结构性转型，清王朝很快在革命中覆亡。诚如第二次出洋考察宪政大臣于式枚的预言：“行之而善，则为日本之维新；行之不善，则为法国之革命。”（《考察宪政大臣于式枚奏立宪必先正名不须求之外国折》）不幸而言中，这真成了清末预备立宪结局的谶语。

可见，慈禧太后的统治，主要靠的是政治经验与政治手腕，靠个人的威望与影响力控制权力，在幕后操纵国家政权。这种政治模式，明显地表现出保守而缺乏远见的特征，可以维稳而难以开新。其实质是一种隐性专制政治，必然成为民主政治的绊脚石，从而与政治近代化潮流背道而驰。清末预备立宪举步维艰可为明证。清政府也因此付出了遭受灭顶之灾的惨痛代价。

作者简介

李细珠，1967年生，湖南安仁人，历史学博士，中国社会科学院近代史研究所研究员、博士生导师。主要研究中国近代政治史、思想史，兼及台湾史。出版专著《晚清保守思想的原型——倭仁研究》《张之洞与清末新政研究》《地方督抚与清末新政——晚清权力格局再研究》，合著《中国近代通史》《当代中国台湾史研究》，发表论文70余篇。

左宗棠廉政为官简论

张德明

左宗棠（1812—1885），字季高，湖南湘阴人，自号“忠介”先生，洋务派代表人物，晚清四大“中兴名臣”之一。他曾做过浙江巡抚、陕甘总督、闽浙总督、两江总督等封疆大吏，尤其在光绪朝督办新疆军务时，收复南疆和北疆，在史书上留下光辉的一页。在官场腐败的晚清社会，左宗棠廉洁为政，是名著一时的清官。

清廉节俭

左宗棠为官时自甘清苦，廉洁为公。他一再主张，“惟崇俭乃可广惠”，“境遇以清苦澹泊为妙，不在多钱也”（《左宗棠全集》）。在他出任督抚时，提倡节约，禁止僚属身穿华服，对于喜欢虚华奢侈的官员都给予斥责。只要有新上任的知县，穿着华丽的服饰来拜见，他便严加训斥，强调知县乃是亲民之官，不适合穿漂亮衣服。一时间，他任职地方的官吏都争相崇尚朴素，官场风气大为改观。

左宗棠还以身作则，十分节俭。他生活俭朴，吃饭多是粗茶淡饭，即使官场接待也是力求简单，平常多穿普通的棉布衣袍，只有在公事场合才穿官服。正如他在信中称："自入军以来，非宴客不用海菜，穷冬犹衣？缊袍，冀与士卒同此苦趣，亦念享受不可丰。"（《左宗棠全集》）左宗棠爱读书写字，衣袖经常磨破，故曾请人专门制作一副套袖戴在衣服外面，以防频繁修补衣袖，门人为它取名"宫保（因左宗棠加太子少保衔）袖"，并被众人模仿而流传开来，一时传为佳话。再如"曾国藩见其所居幕小，为别制二幕贻之，其廉俭若此"（《清史稿·左宗棠传》）。一次左宗棠赴京觐见慈禧太后，但宫内太监却向他索要宫门费，才可进入宫城，左宗棠大怒曰："吾尝出入百万军中，无人敢阻挡者，安识汝曹鼠辈！且吾廉俸所入，自瞻尚虞不给，更何来余资给汝。今既阻我入见，吾惟有仍返任所耳。"（秦翰才《左宗棠逸事汇编》）该太监闻听大惧，才将其放行觐见，由此也可见左氏之廉洁。

左宗棠还教导儿子养成节俭之风，不能贪图钱财，认为："子孙贤而多财，则损其志；子孙愚而多财，则益其过。"（《左宗棠全集》）在他六十大寿来临之际，儿女们以为父亲祝寿为名，将家中旧屋扩建修缮，他得知后，写信严厉痛骂："贫寒家儿忽染脑满肠肥习气，令人笑骂，惹我恼恨。"（《左宗棠全集》）为防止大肆庆贺，他还特意叮嘱儿女们："今年满甲之日，不准宴客开筵，亲好中有来祝者照常款以酒面。不准下帖，至要，至要。"（《左宗棠全集》）在左宗棠的爱妻去世办丧事时，他也反对大操大办，而是要求儿女简单办理。而且他还不准后辈在老家购置田产，大兴土木。清代封疆大吏位高权重，督抚大多家财万贯，而左宗棠留给儿孙们的家产并不算多，只有2万多两，他在光绪二年（1875）的家书中曾称："吾积世寒素，近乃称巨室。虽屡申儆不可沾世宦积习，而家用日增，已有不撙节之势。我廉金不以肥家，有余辄随手散去，尔辈宜早自为谋。大约廉余拟作五分，以一为爵田，余作四分均给尔辈，已与（孝）勋、（孝）同（左氏三、四子）言之，每份不得过五千两也。”（《左宗棠全集》）从他的家书中，也可看出作为高官的左氏家产之不裕。朱德裳也曾说：“而宗棠家财，自帮办曾国藩军务讫于薨，二十余年，不及三万金。其在军中，每岁寄归宁家者，二百金而已。”（朱德裳《续湘军志》）

爱民好施

左宗棠还训示下层官员要以身作则，爱民如子，认为官无论大小，都要体察民情，以民事为急务，有时刻牵挂百姓之心。他在官员选拔中注重德才兼备，特别强调注重官员的心术与操守品德，指出：“用人之道，重才具，尤重心术。才具者，政事所由济也；心术者，习尚所由成也。”（《左宗棠全集》）他还强调在选拔人才时注意：“至军营需才甚多，不能求全责备，惟诈力相尚、好利油滑者，概宜屏弃，选其质地悫（què，诚实，谨慎）实朴呐而有内心者。”（《左宗棠全集》）他还特别重视人才对整顿吏治的作用，说：“天下之乱，由于吏治不修；吏治不修，由于人才不出；人才不出，由于人心不正，此则学术之不讲也。”（《左宗棠全集》）针对地方官员鱼肉百姓，摊捐杂税横行的现状，他还减少官府的乱收费，核减百姓缴纳的钱粮，以求做到“官之征收有定章，则上下之交肃；民之完纳有定数，则胥吏之弊除”（《左宗棠全集》）。他还要求官员善待百姓，要仁民爱物，称：“吾尝言士人居乡里，能救一命即一功德，以其无活人之权也。若居然高官厚禄，则所托命者奚止数万、数百万、数千万？纵能时存活人之心，时作活人之事，尚未知所活几何，其求活未能、欲救不得者皆罪过也，况敢以之为功乎？”（《左宗棠全集》）

对于左氏的为官，光绪六年，德国人福克在探访左宗棠的哈密大营时，曾夸赞他称："经纶盖世，无非为国为民，忠正丹心，中西恐无其匹。爱民犹如赤子，属员禁绝奢华，居恒不衣华服，饮食不尚珍馐。"（秦翰才《左宗棠逸事汇编》）

左宗棠乐善好施，不贪图钱财，他每年的俸禄与奖赏，多用于处理公事，或资助困难的部属，仅小部分用于家用。如他在浙江巡抚任上时，按清朝惯例，宁波海关为其提供八千两的平余银，但他却全部转给浙江赈抚局，用于救济老弱病残与灾民。自湘军征战以来，带兵将领多靠战争掠夺与奖赏暴富，但左宗棠却不发战争财，凡是朝廷给予的犒劳赏赐，大都分给将士们。在他从兰州移师肃州（今属酒泉市）指挥收复新疆作战时，曾将兼任陕甘茶马使十年的三万余两的俸禄，全部交给代管后方事务的官员，以备陕甘急需之用。当老部下刘典病故后，左宗棠从自己俸禄中拿出六千两，安置刘典下葬，并为他建百岁坊及处理其他善后事宜，但始终未动用丝毫公款。

左宗棠还体恤民间疾苦，经常赈济灾民，如湖南发生水灾时，曾捐款一万两，陕甘大旱时，又捐给陕西一万两，甘肃庆阳三千两，都对当地的赈灾大有帮助，救助了一批灾民。对于家乡湖南的公益慈善事业，他也尽力协助，"如清同治二年，以八百两买旧祠，一千六百两建成通族试馆。四年，以六千两捐充湘阴义举"（沈微之《左宗棠与钱》）。他就任陕甘总督时，也经常出钱资助西北的慈善与教育文化事业，"仅支廉八千两，捐本县书院二千，普济育婴二堂各二千，又以二千修祠馆及买墓田"（瞿兑之《左宗棠之家产》）。他还经常接济来京会试的同乡考生、生活困难的师友故旧及家乡的亲友，曾称："凡我五服之内，兄弟贫苦者，生前酒肉药饵，身后衣衿棺木，均应由我分给。"（《左宗棠全集》）

但他对自己的家庭用度却十分节约，因自己寄给家用的钱数甚少，他还专门写信向家人解释原因，希望家人量入为出，勤俭度日。他还强调称："家中用度及延师之费，每年由营中付二百金归，省啬用之，足矣。此外断不准多用，断不能多寄，致损我介节。"（《左宗棠全集》）他还曾对儿子讲："家中除尔母药饵、先生饮馔外，一切均从简省，断不可浪用，致失寒素之风，启汰侈之渐。"（《左宗棠全集》）因家用不足，友人胡林翼曾为此特别函告湖南官绅，希望他们筹钱接济左氏家用。

力纠贪风

左宗棠对清朝的官场腐败深恶痛绝，对于各种所谓的陋规也是竭力整顿，并不准下属官员接收陋规，曾指出："当官而不能持廉，则属吏得以挟持之，丁书（小吏）得而朦蔽之，层累朘削，往往本官所得无多，而属吏丁书取赢之数倍过之。日久视为应得之款，名曰陋规。踵事增加，无有纪极，家肥国瘠，职此之由。"（《左宗棠全集》）他为政讲求实效，提倡"崇实黜华"的工作作风，反对官场客套应酬的行为。在他赴任陕甘总督前，兰州地方官员为讨好他，曾在五泉山清晖阁为他建造一座生祠，极尽歌功颂德之事。被他知晓后，立即命人改为祭祀泉雹二神的祠堂，坚决抵制对他的个人崇拜。

当时官场送礼被认为是人之常情，但左宗棠从来不去收受下属的礼物，甚至还在收复新疆过程中，于光绪三年以"通饬"的方式，要求文武官员停止一切庆贺礼节，严禁借节日送礼，而应勤勉职守。特别是对于前去送礼的文武官员，不仅不会得到好处，还会受到处分。对于难以推辞的同僚间的送礼，他也声明重礼一概不收。有次富商胡雪岩曾送给他一份包含有金座珊瑚顶、高级人参等在内的厚礼，他因太过昂贵，便将贵重物品退了回去，还准备了一些甘肃土特产作为回礼。他曾在光绪七年致友人信中称：“近时于别敬（官场送礼的陋规）概不敢受，至好新契之例赠者，亦概谢之，非为介节自持，人己本无二致，亦俸外不收果实，义有攸宜。”（《左宗棠全集》）从此信中，也可看出他淡泊名利的为官心志。

左宗棠尤其反对地方官员以权谋私、损公肥私的行为，指出：“唯存心为一己之私者无取焉。一己之私谓何？名也，利也。心在名利，则为私之念多，为公之念少；为私之念重，为公之念轻，天下将何赖焉？”（《左宗棠全集》）他出任朝廷大员后，不断有亲戚求他帮忙谋取一官半职，都被他推辞掉，即使他的女婿和儿子，也均未在其身边任职。左宗棠对儿子也进行严格要求，防止他们沾染官场恶习。有次四子左孝同从湖南来探望他，左氏对其日常生活制定严格规定，不准其出外应酬，并要求：“在督署住家，要照住家规模，不可沾染官场习气，少爷排场，一切简约为主。”（《左宗棠全集》）还有次当探亲的儿子返家时，他也仅发给路费，并严禁沿途官员设宴招待。他一再要求儿子们勤俭持家，不能追求奢华，曾在家书中称：“尔曹能谨慎齐家，不致困饿。若任意花销，以豪华为体面；恣情流荡，以沈溺为欢娱，则吾多积金，尔曹但多积过，所损不已大哉！”（《左宗棠全集》）曾国藩也在日记中提到左宗棠的财富观称：“季高言，凡人贵从吃苦中来。又言，收积银钱货物，固无益于子孙，即收积书籍字画，亦未必不为子孙之累云云。多见道之语。”（《曾国藩日记》）

左宗棠不仅自己洁身自好，还能抵挡住官场上的不正之风。他曾在湖南巡抚骆秉章手下任师爷，某日骆的爱妾之弟想让骆赏派差使，但因此类事务由左宗棠处理，故骆在与左喝酒时提及此事。左宗棠闻听此事后，待与骆饮酒三杯，便起身向骆告别。骆忙问其原因，左宗棠则说不想因为其亲戚谋取位置，而影响骆的声誉，且“倘用人略一徇私，便足贻误大局”（秦翰才《左宗棠逸事汇编》）。骆秉章甚为佩服，故将此事作罢。

左宗棠赏罚分明，重视实干的人才，不轻信虚名之士，指出：“为政首在得人，则求才宜亟矣。循资格以求之，可免幸进之弊，而美玉耻于炫采，无由自献其奇；采虚誉以致之，虽博好士之名，而鱼目每以混珠，无以济时局之用。”（《左宗棠全集》）对那些能为地方兴利除弊，乐于为民造福的官员，如总理行营营务刘锦棠、陕甘军务帮办刘典、提督张曜等一批廉吏，他都加以提拔重用。而对那些以权谋私，善搞不正之风的官员，也绝不姑息迁就。他在任陕甘总督期间，西北官场腐败之风盛行，为了严肃法纪，曾坚决地将贪污赈灾粮款的甘肃总兵周东兴、营私舞弊的甘肃徽县知县杨国光等一批贪官污吏法办，并对昏庸无为之辈降职、免职，极大震慑了陕甘地方官员。光绪三年，他在奏折中又以“鄙劣不职，声名狼藉”“办事任性取巧，不洽舆情”等罪名，奏请将六位不称职的西北地方官员革职。在查办那些贪赃枉法的官吏时，对有人为犯人说情，他也一概回绝，连自己亲家的儿子犯法，也秉公处理。新疆收复后，他要求南疆官员秉公守法，严禁勒索民财，并惩治了部分民愤极大的官吏。

为教育官员廉洁从政，左宗棠还要求下属学习历代为官的箴言。特别是在兰州期间，他还选择前人论述吏治的文章 18 篇，编成《学治要言》一书，要求官员必须清廉爱民，熟悉国家法令，谨慎用人，并在该书中特别强调：“当官三字：曰清、曰慎、曰勤，尝与同官论三事次第，皆曰以清为本，余则谓非勤不能。”对于作风不良的官吏，他曾指出：“专讲应酬，不干正事，沾染官场习气者为下。其因循粉饰，痿痹不仁，甚或依任丁役专营私利者，则断不可姑容也。”（《左宗棠全集》）他更是言出必行，对于有类似表现的官员，都给予了坚决查处。

光绪十一年，左宗棠于福州病逝，获谥号“文襄”。闽浙总督杨昌浚在奏请将左氏功绩宣付史馆时曾称其：“至于廉不言贪，勤不言劳。绾（wǎn，掌管）钦符十馀稔，从未开支公费。官中所入，则以给出力将士及亲故之贫者，岁寄家用不过二十分之一。”（《左宗棠全集》）朱德裳称：“临财不苟，廉介自持，于宗棠固不勉而中，而在当时达官贵人中，已为难得。且不论李鸿章、曾国荃，即彭玉麟之以清廉夸示天下者，对之亦有愧色焉。”（《续湘军志》）湘军著名将领胡林翼则多次称赞他的清廉：“公之小廉曲谨，妇孺知名矣。不私一钱，不以一钱自奉，又何疑而不以天下之财办天下之事乎！”（《胡林翼全集》）又曾称：“公一钱不私己，不独某信之，天下人亦皆信之也。”（《左宗棠逸事汇编》）尽管左宗棠在当时也经常遭到同僚的非议与弹劾，但却没有贪污受贿之类的指控，其清廉在当时晚清官员中为佼佼者。正如美国人贝尔斯所称：“对他的指控中，唯独没有贪污公款这一条。左宗棠最强硬的对手从来未能指责他从公款中攫取一个铜板据为己有。”（贝尔斯：《左宗棠传》）

作者简介

张德明，1985年生，山东青州人，中国社会科学院近代研究所助理研究员，主要研究方向为中国近代史。

清季政坛“不倒翁”王文韶

苏明强

晚清是近代中国社会转型的重要时期，面临千年未有之变局，清政府的官员也分化出保守派、洋务派及清流派等多种类型。风云变幻之际，有一位曾任尚书、总督、军机大臣、大学士的重臣王文韶，纵横捭阖于各派之间，有政坛“不倒翁”之称。

一、实干封疆

王文韶（1830—1908），字夔石，号赓虞，又号耕娱，晚年自称退圃，浙江仁和（今属杭州）人。王文韶自小聪颖，年少时因家道中落，曾一度想弃儒经商，塾师勉励他“子第力业，事业未可量”。于是王文韶继续刻苦攻读，后来拜知名学者钱绎为师，学业长进更快。钱绎十分看好王文韶的前途，把女儿许配给他。

咸丰元年（1851），王文韶在乡试中高中举人。这一届浙江乡试的考官之一就是内阁学士沈桂芬。在中国古代官场，乡试的主考官是举子极其重要的社会关系之一，被称为“座师”。沈桂芬后来入职军机，兼总理各国事务衙门大臣、兵部尚书等职，是洋务派在中央的重要代表人物之一。与沈桂芬的师徒关系，成为了日后王文韶官途上扶摇直上的重要助力。中举次年，王文韶考中进士，选庶吉士，分配到户部，任主事，累迁至户部郎中。

王文韶在户部顺利处理了军费报销问题。在镇压太平天国、捻军时，清政府在拨给军队军费的同时，推行厘金制度，曾国藩湘军、李鸿章淮军、左宗棠楚军等自筹军费，账目混乱，搜刮地方、中饱私囊者比比皆是。按照规定，战后应对军费进行严格审核，账目不符的军官，要被严惩。王文韶提交《请免册报私议》，建议取消册报，不再详细审核军队账目，得到了中央官员和地方将领的一致欢迎。这么做一是因为时间太久，军队账目混乱，很难短时间内查清；二是厘金制度下地方军队的军费基本靠自筹就地解决，如对骄兵悍将再严加审核，难免引起兵变。军费报销案的宽大处理，使得曾国藩异常感激，其后主动请求裁撤湘军。

同治三年（1864），王文韶授湖北安襄郧荆道，正逢湘军蒋凝学部因不愿入陇而中途溃散，王文韶筹集粮饷，安抚溃散的军队，采取措施严防士兵逃逸。因措置得宜，受到左宗棠、李鸿章的好评，两人同时上奏清廷，保举王文韶“可大用”。在他们保荐下，同治六年，王文韶被提拔为湖北按察使，主管一省司法。任职湖北期间，王文韶与武昌盐法道盛康交情匪浅，盛康更让其长子盛宣怀拜王文韶为师。

同治八年，王文韶奉命担任湖南布政使。十年，署湖南巡抚。当时，贵州爆发了苗民暴动，蔓延到湖南。湖南各地纷纷组织军队镇压，但各军号令不一，无法有效抵抗，多为义军所败。王文韶代理巡抚后，统一军令，一边报告中央，主动表示可以支援云贵，一边出兵进剿，以兵事专任按察使席宝田。后来席宝田因患病无法行走，王文韶认为临敌易将属兵家大忌，命其坐在担架上继续指挥清军，督部将苏元春、龚继昌等分路进军，斩杀义军首领张秀眉，成功镇压苗民起义，并绘制了详细的“苗疆要塞图”，报送清廷。而后，湖南宁远暴动，耒阳朱鸿英自称明裔，揭竿而起。王文韶命令属下道员陈宝箴进兵剿灭。不久，又派遣总兵谢晋钧平定新化、衡阳、永州的“土寇”叛乱。十一年，他因功补授湖南巡抚。《清史稿》称王文韶“抚湘六年，内治称静谧焉”。他镇压暴动、维护王朝统治的表现，也为自己赢得了“知兵”之名。

19 世纪 70 年代清政府内部围绕海防与塞防问题进行了大讨论，王文韶认为“滨海固宜筹备，而内地亦应讲求；滨海有事则利害恐适参半，内地有备则缓急尤觉可资”（《洋务运动》），遂自行于光绪元年（1875）在长沙建立湖南机器局，这是近代湖南第一家洋务企业。他让出身淮军、懂得机器制造的韩殿甲负责筹办。为了节约资金，该局并未像其他机器局一样聘请洋人，原材料方面就地取材，使用本地所产的煤，并试用本省攸县、安化所产的铁，获得成功。该局主要制造枪炮和火药，仿制后膛枪、开花炮弹，制造黑火药。王文韶一边向清廷汇报湖南机器局的详情，一边计划进一步扩大生产规模，制造大炮。但清政府正面临巨大财政困难，对该局购机、建厂及生产所用银两不予报销，自筹经费又不足，遂于次年停工。光绪九年中法战争爆发，时任湖南巡抚的庞际云奏请开工获准，该局又开始制造劈山炮、前膛步枪、机扳抬枪和火药，供应开赴闽、粤前线的部队。

王文韶从 22 岁金榜题名入仕途到 42 岁出任湖南巡抚，仅用了 20 年的时间，可谓仕途亨通。虽然无法与 39 岁就担任江苏巡抚的李鸿章，40 岁入仕、49 岁任浙江巡抚的左宗棠相比，但李、左二人在战乱期间快速擢升，是因为军功显赫而超常提拔。光绪四年，王文韶被任命署兵部左侍郎，并在军机处学习行走，后调任户部左侍郎。八年末，兼署户部尚书。

二、宦海沉浮

籍贯是影响中国古代官场人际关系的重要环节，往往也是政治派系划分的标志之一。同治年间，慈禧太后掌握中央政权，为制衡朝廷各派系的权力，分化政府中汉人的力量，故选取入值军机的两名汉族官员在籍贯上往往一南一北，通过挑起地域矛盾，最终达到大权独揽的目的。同治年间，军机大臣中汉族官员沈桂芬、李鸿藻的不和，初步奠定了南北地域之争，其后两派之争不断激化。

身为南方人且是南派领袖沈桂芬学生的王文韶，在南北派系之争中，自然是南派的重要力量之一。为了加强南派力量，沈桂芬于光绪四年将王文韶从湖南调任兵部侍郎，入军机处。北派的李鸿藻，则在自己身边凝聚"清流"，形成一股很大的政治力量。

光绪七年，沈桂芬病死，南派丧失了最重要的力量。次年，北派官员和清流派借云南报销案对南派进行打击。山西道御史陈启泰上奏，云南官员为报销账目，贿赂户部官员，其后直指军机大臣景廉、户部侍郎兼署户部尚书王文韶，成为轰动朝野的大案。因案件牵扯关系和大员太多，最终以王文韶请求辞官回家养亲，部分官员被降职处分，而不了了之。六年后，王文韶才被启用，重任湖南巡抚。

当时湖南沅州府境内山峭水急、交通险阻、民贫地瘠，文化上更可谓粗野，士气颓废至极，其境内三县芷江、黔阳、麻阳都已数十年无人中举，更发生过轰动全国的童生闹考、殴打知府事件。王文韶任命国子监朱其懿署理沅州府，并要求他针对这一情况"极力整顿，认真办理"。朱其懿上任后不久创办了沅水校经堂，改革传统教育，大力鼓励士子治学，王文韶对此表示赞扬，亲自手书“通经致用”匾额，后来熊希龄、杨凤笙等名士均出自该学堂。

光绪十五年，清政府升王文韶为云贵总督。他任内曾多次镇压农民运动和苗民起义。英、法吞并缅甸、越南后，西南地区的防务日益紧张。王文韶曾命令各地少数民族土司积极防备。

光绪二十年，中日甲午之战爆发。清政府败给日本，签订了屈辱的《马关条约》。此时，洋务派的领袖李鸿章从云端跌落，交出了直隶总督兼北洋大臣的大印。懂军事与外交，处事又圆滑的王文韶成为了各方认可的人选。在战争后期，光绪帝曾多次询问王文韶和两江总督刘坤一清军能否再战，两人均在报告中委婉推诿，圆滑地躲避了战争的责任。

王文韶上任后，不求有功，但求无过。翁同龢等守旧派试图排挤、打击甲午战后失势的以李鸿章为首的洋务派势力。王文韶一边逢迎权力炙手可热的翁同龢派，一边重用李鸿章旧部，使得局势得以平稳过渡。他在直隶总督、北洋大臣任内，曾多次疏陈建议加强北洋海防、整顿水师、兴办天津武备学堂、并重建旅顺大连炮台。他认为，南北海防以天津为根本之地，以大沽、北塘为内户，以金旅、威海为外户，而山海关、营口等处分扼水陆要冲，互为犄角，环海3000余里，务必统筹海防，颇具卓识。此外他一方面积极治理永定河水患、开垦农田，同时还奏设天津大学前身的天津中西学堂、铁路学堂、育才馆、俄文馆、上海南洋学堂等一大批新式学堂，为国家造就众多人才。

戊戌变法期间，光绪帝和慈禧太后的帝后之争越来越激烈。直隶总督兼北洋大臣的态度，对帝后两党都很关键，王文韶从中施展“柔软”身段。起初，慈禧太后恩准变法，光绪帝推行新政，他加入强学会，慷慨解囊捐款5000两。后来，慈禧太后态度转变，王文韶调整风向，“上决已定，必从康言，我全驳之”

(《康南海自编年谱》),此后态度也转向消极,对中央颁布的新政措施也多敷衍缓行。戊戌变法失败后,维新人士遭到杀戮,王文韶又设法尽量减轻对他们的迫害。他受命调查严复,为其开脱,使严复逃脱牢狱之灾。

光绪二十四年,翁同龢被打发回常熟老家,为彻底掌握京畿地区,慈禧太后安排亲信荣禄出任直隶总督,王文韶明升暗降被调离北洋,到京任军机大臣,补了翁同龢的空位。

三、处世之道

戊戌政变后,慈禧太后预立端王载漪之子溥儁为大阿哥,试图废黜光绪帝,因外国干预未成,其后怀恨在心。义和团运动爆发,慈禧太后试图依靠义和团的力量对抗外国势力。当时坚决反对开战的大臣许景廉等先后被杀,熟知中外力量差距的王文韶亦劝阻开战,也差点被砍了脑袋,刚毅、赵舒翘等保守派则赞成开战。结果清军和义和团在列强的猛烈进攻下不断败退。八国联军攻入北京,慈禧太后曾一天五次召见军机大臣,只有王文韶一个人赶来报到。西逃前,慈禧太后对他说:“尔年高……可随后赶来。刚毅、赵舒翘素能骑马,必须同行。”(《庚子大事记》)可见,当时太后并不看好他,甚至丢下他不管。但他在三天后辗转几百里,携带军机处印信奔赴怀来,使得清廷中枢得以顺利运转,慈禧太后大受感动,王文韶被依为肱骨,与荣禄成为其最信任的两人。

义和团失败后,与八国谈判求和时,王文韶被任命为外务部全权会办大臣,赏黄马褂,但担辛苦和挨骂名的却是李鸿章。事后,王文韶又得到双眼花翎奖赏。后来,获赏“紫禁城骑马”。返京后转授文渊阁大学士、武英殿大学士,参与清末新政。在科举存废的问题上，当时大员张之洞、刘坤一等人均主张废除科举制，唯独王文韶反对，最终被张之洞等说服。光绪三十三年，清政府批准了七十七岁的王文韶因病致休、请求回乡的要求。次年冬天，王文韶因病去世。此时已经风雨飘摇的清政府给他谥号文勤，晋赠太保衔，对他兢兢业业维护清政府统治的一生给予充分的肯定。

王文韶油滑的处世方式，在其留下的日记中更有深刻体现。作为清季政坛的重要人物，王文韶给后世留下了近80万字的日记材料。清季其他官员如翁同龢等人的日记中记载了大量有关时政的重要材料，而王文韶在日记中记载的大多是天气、饮食及感谢清廷赏赐等内容，对于与官员、友人商谈的详情并不记载。特别是历史关键时期如戊戌变法及义和团运动时其日记并未记载，以传统士人记载日记的惯例及其本人的日记记载整体看，极有可能是后来毁掉或故意不记载。晚清士人也认为王文韶处事：“透亮圆到，有琉璃球之称，遇事不持己见。”（《宾退随笔》）当时京师士大夫还言传王文韶有“油浸枇杷核子”之称，“盖甚言其滑也，枇杷核子固滑矣，若再加以油浸之，其为滑殆有不可以方物者”（《清朝野史大观》）。

纵观王文韶的官场生涯，有处世圆滑的一面，这是晚清官员普遍存在的现象。但他在地方勇于任事，建立军工企业，兴办新式学堂、矿务、铁路等，对中国近代化做出的贡献，是可贵的，也是不应忽视的。

作者简介

苏明强，1984年生，山东宁阳人。华中师范大学历史文化学院博士研究生。研究方向为晚清政治史。

晚清的两位奇官：吴大澂与成琦

习　骅

乱世出英雄，也出奇官。历史发展到晚清，什么稀奇古怪的事都会发生，什么不可思议的人都有，直叫人叹为观止。

一

二品大员成琦就是一位奇官，奇到了毫无底线的境界。

1860年（咸丰十年）冬天，乘着第二次鸦片战争之危，沙俄装扮成调停人，逼迫清政府签署了《中俄北京条约》，切走了乌苏里江以东40多万平方公里的中国领土，相当于今天黑龙江全省的面积，并且还利用条约的模糊性，给下一步蚕食埋下了伏笔。

珲春原来出门就是日本海，现在却失去了出海口，吉林由沿海地区，一下子变成了看得见海的内陆省；本来中俄在珲春图们江一带并不接壤，现在却有了共同疆界。清廷深知，同强盗做邻居，剩下的家当也不保险，因此加紧谈判，好不容易与俄方达成了脆弱的协议：第二年夏天双方勘界立碑。

中方勘界代表团团长是户部仓场侍郎成琦。朝廷之所以选中他，一是仓场侍郎专门负责中央粮库工作，管着北新仓、海运仓等13仓，办事比较仔细，对数字也敏感。二是因为中央粮库的客户只有皇室一家，其负责人政治上绝对可靠。

清廷没有看到仓场管理人员的另一面。在清代，仓场和内务府分掌皇室钱粮，是最有油水的两个机构，干部地位高、权力大、来钱快，吃喝玩乐样样在行，工作上扶个油瓶都怕累着。果然，成琦既不专业又不可靠，还怕吃苦。

成琦到达现场后，嫌边境地区路不好走，根本不实地勘察，整天躲在宿舍喝酒泡妞抽大烟。手下给他准备了地图，他看不懂，也不问，干脆扔到一边。而俄国人却一刻也没闲着，情况早已了如指掌。勘界谈判时，俄国人拿出私制的地图，指哪里、说什么，成琦只管连连点头。

俄国人摸清了成琦的底细，开始坑他。签约之前，俄国勘界负责人说，这是两国大事，咱俩实地走一遍为宜。半天下来，成琦已经累得不行，加上烟瘾发作涕泗横流，早早就回去了。第二天，成琦死活不愿意再受这个洋罪，俄国人乘机拿出单方面准备的协议文本，成琦看都没看就签了字。

埋设界碑之前，俄方代表又提出，这是两国大事，咱俩到各点搞搞仪式，以示郑重。成琦面有难色，这得跑多少路啊，这不得累死我呀？对方顺势说：当然，国际上还有一个变通办法，既然两国友好，双方领导可以不出面，派基层干部具体办就行了。

成琦赶紧说这样好，这样效率高！马上指示手下的小干部，跟俄方人员一起去立碑。

俄方的界碑是石头做的，非常沉重，成琦做的是木牌牌，轻飘飘的。尽管如此，俄国人几圈下来没嫌累，成琦的手下却瘫在地上不动了。上梁不正下梁歪，这些人平时做惯了大爷，何况烟瘾又来了。

这时俄国人及时伸出了友谊之手，对中方办事人员说：这点小事我们顺带一块办了，你们回去休息吧，谁跟谁呀。

这边一听，连说“好好好”，一溜烟往回跑。结果，中方一共8根界桩，俄国人帮着立了6根，每根都向中方境内拼命偏移。最要命的是，最具战略意义的编号为“乌”字的一根，本应距日本海仅一箭之地，后来死活找不着！俄国地盘扩大了不说，中国离大海更远了……

二

与成琦恰恰相反，都察院左副都御史（其职责相当于今天的监察部副部长）吴大澂（chéng），却是一位奇异卓绝的民族英雄，其成就直到今天也令人难以置信。可惜我们如此健忘，几乎记不起他的名字。

1886年（光绪十二年），在成琦草草了事的勘界工程25年后，吴大澂过来检查边防工作。这个瘦弱的苏州人一天也不肯歇，踏遍了边境的每一寸土地，入夜秉烛疾书，给光绪帝打了一份充满民族义愤和责任意识的报告：

图们江出海口看不到乌字牌影子，土字牌距海达44公里，远远大于议定距离；由于风吹雪打和俄方肆意挪动，我方木质界桩早就毁损不堪，俄国的界碑则被当地群众称作“马驮界碑”，不知向中国境内流动了多少回；从珲春河到图们江500多里，竟然一根界桩也没有，黑顶子山一带早已变成俄国兵营。如此下去，整个东北不保，北京将成为前线！

朝廷的意思是死马当活马医，成琦之流兴奋地等着看笑话，朋友和同志则捏着一把汗。而吴大澂，早已横下了一条心，决计完成不可能的任务。

战场上做不到的事，谈判桌上能做到吗？在天时地利人和一个不占的困境中，吴大澂困兽犹斗，他的大智大勇发挥得淋漓尽致，给他苦难深重的祖国长了一回脸！

首先是据理力争，要求重立土字碑。俄方强词夺理，说海潮涨到哪里哪里就是大海，现在这个位置就合适。吴大澂驳斥道，全世界都知道江口就是海口！按照你们的道理，哪天海水倒灌到长白山，那长白山也是俄国的？由于依据的是正式条约，俄方又讲不出新鲜道理，很不情愿地让了步。

于是，土字碑大步向外推进，一块宽600米、总面积10平方公里的土地重回祖国，使中国距离日本海只有15公里，大海清晰可见。

接着，吴大澂提议中俄两国共享图们江出海权。俄国人非常吃惊：这位中国代表与他的北京同僚不同，竟然具备了现代海权意识，于是极为敏感地断然拒绝。吴大澂不依不饶不放手，最终达成了这样的妥协：出海权虽不能共享，但中国船只可以借道出海，俄国不得阻止。

从此，中国在法理上有权顺江而下，只要一杯茶的工夫就能驶入日本海。从这里到日本的新潟港只有400多公里，比从大连出发要近600公里。

考虑到东北亚复杂的地缘政治现实，获得了图们江的实际出海权，其战略意义无论如何估价都不为过，可谓功在千秋。在19世纪的中国能具有如此远大的目光，吴大澂实在不同凡响！

值得一提的是，128年后的2014年5月，中俄两国在上海亚信会议期间，签署了共建共享扎鲁比诺海港的协议。海港离中国珲春只有18公里，建成后将是东北亚最大的港口，也是中国与欧亚之间新的海上丝绸之路。这个协议的前提条件正是吴大澂当年给我们预留的。

最让俄国人瞠目的是，吴大澂竟然得寸进尺，索要黑顶子山地区。把到嘴的肥肉再吐出来，沙俄历史上真没有这样的习惯。但吴大澂故意先说要滨海土地，等于要出海口，俄国人火冒三丈，激烈的争执客观上导致谈判得以延续。

就在锯子拉得最艰难的时候，夜里俄国人把海参崴港军舰上的大灯一起打开，炫耀武力，警告中国见好就收。

可惜吴大澂不是成琦，他早有安排。整支北洋舰队及时赶来进行友好访问，吴大澂热情地把俄方请上定远舰参观。入夜，吴大澂突然命令舰队打开所有电灯，比俄舰的灯不知耀眼多少倍，照得海参崴彻夜不眠。

俾斯麦的名言“真理在大炮射程之内”，俄国人最有体会。虽然在8年后的甲午海战中，这支舰队不幸全军覆灭，但此时却稳踞世界第三、亚洲第一，其中定远号还是世界上最先进的军舰。俄国人叹口气，恋恋不舍地将黑顶子山地区完璧归赵，这就是今天珲春的敬信镇。

中国历史上从来不缺贪官懒官，但这艘老旧大船还能够往前走，吴大澂这样的民族脊梁是重要的支撑。在那国家任人宰割的破败年代，中华民族竟站出过吴大澂这样的优秀儿子，怎不令人心潮澎湃、热泪盈盈：谁说中国无人！

三

今天我们来到图们江畔，膜拜吴大澂面朝大海的高大石像，心中自然产生一个疑问：同样的高级官员，成琦为什么会丢弃国家核心利益、遗臭万年？吴大澂为什么能虎口夺食、名垂青史？

第一次视察东北边务，吴大澂就向中央提出开放东北全境、准许内地移民的建议，这是冒着极大政治风险的：东北是清朝的“龙兴之地”和战略后方，封闭东北是其基本国策。但吴大澂看得清楚，东北之所以不断被外人蚕食，就是因为人烟稀少。只有人口增加了，资源开发利用了，东北才可能稳固。倘若东北出了问题，全民族都没了退路，哪还有爱新觉罗一家的私利！

开禁政策实施没几年，吴大澂再次来到这里，看到路边有一群可爱的孩子在捉迷藏——原来边疆已是人丁兴旺，一片祥和！这位诗人政治家禁不住热泪盈眶，诗兴大发，细腻描绘了内心的欣喜和豪迈。

在与虎谋皮过程中，吴大澂一有空就反复书写“龙”“虎”两个大字，爱国激情力透纸背，其手书龙虎碑至今还屹立在那块失而复得的土地上。他每天写日记，抒发必争必死必胜的决心，留下了《皇华纪程》这部洋溢着强烈爱国主义激情的珍贵史料。

在顺利结束对俄维权谈判后，吴大澂一鼓作气，更换了成琦的所有破烂牌牌，加上补立的，总共 36 块厚重石碑巍然矗立。此外，更有一尊金光闪闪的铸铜界碑，高达 4 米多，直径 1 米多，镌刻着他自撰自书的铮铮誓言：疆域有表国有维，此柱可立不可移！

就这样，吴大澂挟着壮烈的民族精神、炽烈的爱国情怀，顶天立地，凛然不可侵犯！显然，对国家、民族和人民最真挚最浓郁的爱，正是吴大澂建立奇功的原动力，也是他与成琦大相径庭的内在根源。

有了这份大爱，就有了忠诚和信用，就有了利计天下的浩然正气和无尽的聪明才智，就会有所作为、甚至大有作为。以升官发财为人生目标的人，孜孜以求的只是个人和家庭的私利，贪懒散奢、失信背叛是其本能选择，自然成事不足、败事有余。

让成琦这样的沙子淘汰出局，让吴大澂这样的金子闪闪发光，营造优胜劣汰的从政环境，培育良性循环的政治生态，是国家强盛和民族复兴的前提条件。党中央坚定而持久地开展打贪肃懒、整饬党风行动，其终极意义就在这里。

作者简介

习骅，法学博士。现任中央纪委驻国家铁路局纪检组副组长、监察局局长。撰有历史随笔《大清“裸官”庆亲王的作风问题》《雍正如何让官吏为国家做事》《皇帝的伙食费到底多少?》《雍正铁腕治吏的启示》《“癸酉之变”与嘉庆帝的反思》等，出版《中国历史的教训》一书。

郭影秋对清史研究的贡献

崔建飞

新中国建立后，毛泽东、周恩来、董必武等党和国家领导人很关心编纂清史，有过一些指示和设想。1965 年 10 月，中宣部副部长、文化部党组书记、副部长周扬根据周总理指示，在中宣部专门召集部长办公会研究，决定成立由郭影秋、关山复、尹达、刘大年、刘导生、佟冬、戴逸等七人组成的清史编委会，郭影秋担任主任，并提出要在中国人民大学成立清史研究所作为编纂清史的依托单位。郭影秋任人民大学党委书记、副校长，主持学校常务。虽然由于“文革”很快爆发，清史编委会没能开展工作，郭影秋本人受严重迫害致残，但他始终不忘清史纂修的职责使命，即使在逆境中、病床上，仍然坚定而艰难地做了大量基础准备工作。1980 年后在上海瑞金医院病床上，他对老战友、上海市政府副秘书长张世珠说：“希望在我有生之年，把清史搞出来，变二十四史为二十五史。”直到 1985 年病危弥留之际，他依然十分吃力地关切询问中年学者王俊义：“你最近在研究什么清史课题？”2002 年 8 月，党中央、国务院作出纂修清史的决定。历史学家、人大清史所名誉所长戴逸先生担任国家清史编纂委员会主任，集郭影秋等老一辈史学家之经验智慧，团结海内外众多专家学者精心谋篇，倾力推进。2006 年，郭影秋清史研究专著《李定国纪年》列入国家清史编委会《研究丛刊》再版，戴逸先生在序言中写道："影秋同志始终坚持搞清史，他对清史编纂功不可没。我们今天理应从影秋同志对清史研究的贡献中汲取力量，努力把清史的纂修工作做得更好!"郭影秋对清史研究和编纂贡献巨大，不仅体现于学术研究，而且体现于组织推动乃至精神感召上。他的人生道路和事业精神也令人肃然起敬。本文试谈几点粗浅认识，作为景仰致敬并从中汲取力量。

淡泊高官职位　矢志文教学术

郭影秋的人生选择，始终与民族大义，与党和国家的需要紧密相连。1929 年就读由著名经学家唐文治主持的无锡国专，对国学产生浓厚兴趣，他晚年回忆说："如果沿着国专的路子一直发展下去，说不定我也可能成为国学家。"1930 年转读江苏教育学院，毕业后先后在徐州农民教育馆、沛县中学担任教员、教导主任等。亲历军阀混战给人民带来的贫困痛苦，目睹国民政府的黑暗腐败和对日侵华的不抵抗政策，他毅然放弃个人教学、治学兴趣，秘密加入中国共产党，投身拯救国家危亡、谋求民族解放的事业。先后担任中共铜山县工委书记、济宁市委书记、冀鲁豫湖西军分区司令员、解放军第十八军政治部主任，在刘伯承、邓小平指挥下，与张国华军长、谭冠三政委一起，率部参加了渡江战役和进军西南的多次重大战役战斗。建国后先后担任川南行署副主任、云南省政府副主席，1953 年被任命为云南省省长。1956 年 10 月他到北京参加中央党校学习，次年春得知社会上有一股议论，以北京高校尤烈，说共产党领导不了学校，甚至要共产党从学校退出去。他忧上心头，以党员干部的责任感主动给党中央写报告，表达了调到高校工作的意愿。他的请缨正符合党和国家的急需，6月份写的报告，当月中组部部长安子文便找他谈话，传达中央政治局意见，调他任南京大学党委书记、校长。教育部原副部长高沂曾著文《我心目中的完人》评价："一个省长，主动要求到大学这样一个大基层工作，是少有的。在人们的观念中，作一省之长，比作一校之长好得多。就这一点来说，影秋同志献身教育事业的热情是十分感人的。"郭影秋对此至死不悔，乐在其中。

无论在地下斗争、戎马倥偬岁月，还是在政务繁忙时期，郭影秋对文教学术并未放松，并与工作相得益彰。他利用教学便利，在农民教育馆、沛县中学课堂上宣讲"近百年中国的外侮史"，揭露国民党投降面目。在湖西根据地，亲自创作历史剧《揭竿起义》《岳飞之死》《黄天荡》《陈胜吴广》等，激发军民爱国热情。在川南行署和云南省，他啃了不少四川地方志，着重读了《续云南通志》《滇系》《元代云南史地丛考》《车里》等。郭影秋认为，研究明清历史对于观察、对照、改造和建设今天的中国最具现实意义。在紧张的工作间隙，利用云南在抗清农民军将领李定国的史料上比较丰富的优势，集中研究了李定国这个代表性人物。从云南图书馆借了几批明末清初的史料，仅通过秘书戴增义就借了《绥寇纪略》等几十部书籍阅读钻研。在南大时期，利用到北京出差机会，挤时间到北京图书馆查阅相关善本书。戴增义评价说："像影秋同志这样既在政务工作方面造就突出的业绩又刻苦治学并卓有成效的政治家兼资深学者，在我国政界是较为罕见的。"

撰写清史研究杰著《李定国纪年》

自1957至1963年，郭影秋在南大的工作成绩斐然，深孚众望。“文革”期间，郭影秋在北京被批斗迫害，南大六十多名教授联名上书中央，坚决反对，有几百名学生自告奋勇进京保护。据当年参加“郭影秋与凌静专案组”的同志回忆，他们赴南大与调查对象谈话，“几乎没有一个不称赞郭校长是一身正气，两袖清风的”。在是非颠倒、人人自危、郭影秋被“打倒在地”的情况下，南大师生这种难得表现，可见对他的敬重爱戴之深。

郭影秋到南大正逢“反右”时期，不久他召集历史系副教授以上会议，出人意料的是，会议内容不是布置“反右”，而是让每位教授谈自己的专长、研究方向和研究计划。他曾和历史学家茅家琦商量，以历史系从事明清史研究的三名教授、两名讲师为基础，和南京市合作建立清史研究室。这个计划已经开头，惜因政治运动搁浅。

繁重校务之外，郭影秋积多年研究心得，开始撰写清史研究专著《李定国纪年》。他的次子郭又陵犹记儿时情景：“有时我夜里一、两点钟起来解手，总见他房里亮着灯，问妈妈，说是‘你爸爸还在看书’。爸爸自己说，《李定国纪年》就是用这种时间写成的。”该书凡21余万言，自明崇祯三年（1630）李定国10岁起，至清康熙元年（1662）42岁困死沙场，经去粗存精、考证比较，按年月汇集了李定国一生的可靠资料。1960年5月由中华书局出版，至1961年11月前后印刷了四次。戴逸先生指出：《李定国纪年》是一部杰出的著作，是国内外第一部全面、系统的关于大西军及其领导人物的史料性专著，有很高的学术价值。这部书的一些特点，值得关注，给人启发。

第一，自觉以马克思主义为指导，运用唯物史观研究清史。以农民军领袖为主要研究对象，本身就是人民群众创造历史的唯物史观的体现。郭影秋在该书序言里开宗明义：“研究历史人物的第一步工作，是用历史唯物主义的观点对待史料。”在2006年版《李定国纪年》所收他的《论李定国坚持西南抗清的历史作用》一文中，多次运用恩格斯、列宁有关论述，以阐发对明末清初历史的看法。他强调爱国主义立场，认为李定国从随大西军反明起义到联明抗清，是爱国主义的表现，便是突出一例。尽管该书有其时代局限，但可看出郭影秋鲜明的治史思想。

第二，严谨治学，追求完美。本自无锡国专的朴学精神，郭影秋尽力广搜史料，引用资料达100多种，严谨细致地对史料进行去芜芟杂、去伪存真的辨析考订。他说："我所搜辑的史料中，虽然不能说是'无一字无出处'，但愿努力做到所有问题，所有情节，所有时间、地点及人物都有出处。"对于重点史实，他在正文中加"按"，阐明自己的考辨判断。例如在"明永历九年（清顺治十二年）"一节中，他撰述："明桂王复遣兵部侍郎萧尹赍血字诏赴南宁，封定国为晋王，述可望'僭逼'状。请定国速率部还黔，定国辞不受王封。"接着加"按"道："萧尹赴南宁事，《永历实录》系于永历八年，是年定国东围新会，未回南宁。《晋王李定国列传》谓萧尹至南宁在定国兵败新会、退保南宁之后，其时当为永历九年，故录于此。"此例不仅体现郭影秋严谨的实证态度，也可见其文言文写作功力。为保持撰述语言与史料语言的风格统一，他追求完美，正文部分一律使用文言文撰述，他为此付出的加倍心血可想而知。

第三，不囿前人，勇于创新。否定"《永历实录》系于永历八年"之说的例子，表现了郭影秋勇于创新的精神。《永历实录》为明末清初著名思想家、学者王夫之所著，王夫之以思想深邃、学力深厚列于我国古代重要思想家之列，但其持说有误，郭影秋秉科学态度，依然予以订正。类似的例子全书时可摭拾，比比皆是。对黄宗羲、查继佐、屈大均、冯甦（sū）等著名人物之说，同样秉直对待。与书斋出身的史学家不同，郭影秋丰富的战争和从政经历，使他在理解评述农民战争及其领袖人物方面，迭出新意。例如他从战略上对李定国与郑成功来往信件的重点考辨分析，对李定国严明纪律、宽慈百姓从而取得两蹶名王、“此万历戊午以来全盛天下所不能有”（黄宗羲语）的胜利局面的肯定，对定国主持云南军政的得失评价，均可读到其源自丰富实践经验的精辟史论。

《李定国纪年》得到史学界的高度评价，确立了郭影秋作为史学家的地位。他在南大深入教学第一线，给本科生讲授“南明史”专题，指导研究生论文，诲人不倦。

创立人大清史所，推动清史编纂基础工作

1963年初，郭影秋诚恳谢绝了周总理调他任国务院副秘书长（拟任秘书长，待全国人代会通过）的建议，这是他生平第一次没有服从组织调任。这对于一贯严格守纪、服从组织的郭影秋来说，做来并非易事，必经激烈思想斗争，也再次表现了他淡泊高官职位、矢志文教学术的可敬情怀。

1963年5月，郭影秋被调任人民大学党委书记、副校长，协助吴玉章校长主持校务。他的政绩和作风，获得了吴玉章和师生们的赞誉。他对历史研究依然高度重视，经常与文史学者戴逸、王思治、冯其庸等交流学术话题。1965年接受清史编委会主任职责后，即着手考虑人才和机构问题。他回顾说：“中宣部会议之后……我想到的是，为了编清史，要培养造就几个把清史作为终身事业的史学工作者，其中一个人就是戴逸。要在人民大学设立清史研究所，就想到要他负责。”“文革”旋即爆发，他饱受迫害直到被结束审查、解放出来后，依然坚持要把清史编纂搞起来。他于1972年给国务院文化组组长、北京市委书记吴德写信，

重提纂修清史，建议在人民大学成立清史研究小组，做些准备和积累。吴德批准同意，并指定郭影秋任组长。同年人民大学被停办，这个虽名为小组、却拥有40人编制的清史研究小组，在郭影秋的努力下，成建制地挂靠在北京师范大学，避免了人才流失。在险恶的政治环境下，郭影秋指示小组以研究《红楼梦》为名开展研究，着手清史大事记的准备工作。

1978年7月人民大学复校，8月即在清史研究小组的基础上成立了清史研究所。郭影秋拄着双拐到所里宣布领导班子，一小时左右的讲话，重点是勉励全所人员为早日编出大型清史而奋斗。据在场的学者回忆，他主要强调两点：一是隔代修史乃中华民族传统，《清史稿》不像样，编纂清史的任务，落到我们的肩上。二是清史所在规划工作时，应该设定一些大项目，作为“骨干工程”，借此锻炼队伍，培养一批人才。在郭影秋的推动下，清史所陆续主持编写出版的《简明清史》（戴逸主编）、《清史编年》（李文海主编）、《清代人物传稿》等重要成果，成为目前新修《清史》的坚实基础，清史所成为我国清史研究的学术重镇，其学者队伍也成为清史纂修的中坚力量。虽然郭影秋生前并没有看到上述学术硕果的全部出版，没有活到党中央、国务院作出纂修清史决定的年头，但他为清史纂修作出的宝贵贡献，因其发挥的巨大作用而不可磨灭。

郭影秋曾在怀念一位首长的诗中，写下“人生固有死，仪范永无穷”的句子。戴逸先生也曾经满怀感情地写道：“尤其在国家启动了清史工程，组织了机构，集中了人才，编纂工作正在紧张进行，每当遇到各种行政上、组织上、学术上的巨大困难的时候，我便会想到影秋校长。他的身影便会显现在我的脑海中，当年他对我耳提面命的教诲也不时重现，这鼓舞着我的信心，使我振作起来，增加了我的力量。”目前清史纂修在党中央的亲切关怀和文化部的坚强领导下，正处于全面三审和统稿定稿的关键阶段，此时回顾郭影秋对清史研究的贡献，缅怀他为党和国家、为民族大义尽瘁奋斗的可敬仪范，必然会给全体清史纂修工作者以激励，推动清史编纂工作顺利进行直至大功告成。

作者简介

崔建飞，1963年生，安徽合肥人。1985年毕业于南开大学历史系，现任文化部清史纂修与研究中心主任。著有《追忆锦瑟蝴蝶》《水浒启示录》等。

后　记

清史纂修工作自2002年启动以来，一大批新的科研成果相继产生。为发挥清史纂修在资政襄政等方面的作用，我们从2006年7月开始编发内部资料《清史参考》（周刊），择要刊登在清史纂修和研究工作中形成的部分科研成果。其内容包括典章源流、名人史事、资料考证、学术争鸣等，力求如实反映清代的政治、经济、文化、社会等各方面情况，为有关部门和领导同志提供参考。

2008年，我们将已刊发的《清史参考》结集出版，取“以史为鉴”之意，定名为《清史镜鉴》。之后每年一编，先后出版了《清史镜鉴》的前九辑。现将2016年的《清史参考》合刊为《清史镜鉴》第十辑。我们将所收文章进行了分类，对文中的生僻字词酌加注释，并重新校订了原文。

《清史参考》编发十年来，得到了许多读者的关心指点，也得到各地清史专家的大力支持，值此《清史镜鉴》第十辑出版之际，谨表示衷心的感谢！

国家清史编纂委员会

文化部清史纂修与研究中心

2017年1月

后　记

[illegible]

[illegible]

[illegible]

[illegible]